KB274051

한류를 만든 보이지 않는 손

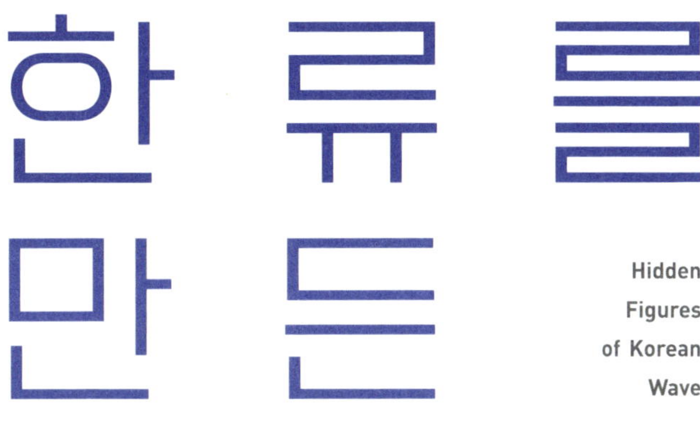

한류를 만드

Hidden
Figures
of Korean
Wave

우리가 몰랐던 12가지 한류 정경

보이지 않는 손

권호진·김현환·황동섭·이수지·한경아·김경희·홍성아·남현정
케이 세소코·야마모토 조호·이소윤·배기형

사우

이 책은 마지막 책장을 덮을 때까지 좀처럼 멈추기 어려울 만큼 흥미진진하다. 한류라는 도도한 파도의 결을 일궈온 저자들이 자신의 삶과 직업의 여정을 생생한 서사로 풀어낸 이 기록 앞에서, 나는 존경하는 마음으로 마지막 페이지를 넘겼다. 이 책은 우리가 미처 알지 못했던 한류의 이면을 드러내는 데 그치지 않고, 우리가 발 딛고 살아가는 세상을 바라보는 시선의 지평을 넓혀주는 귀한 교양서다.

우리는 흔히 '한류'라 하면 화려한 아이돌 스타, 이름난 제작자, 열광하는 팬들, 그리고 수출 실적을 보여주는 차가운 숫자를 떠올린다. 그러나 그것은 방대한 빙산의 일각에 불과하다. 이 책은 스포트라이트의 중심이 아닌, 그 뒤편에서 묵묵히 생태계를 일궈온 '매개자'이자 '감춰진 주역들(Hidden Figures)'의 목소리를 한데 모았다. 생산자와 수용자, 국가와 시장, 텍스트와 삶을 잇는 이 '중간 고리'들이 없었다면 오늘날의 글로벌 한류 현상은 결코 성립할 수 없었을 것이다. 특히 흥미로운 점은 지난 30여 년에 걸친 한류의 진화 과정을 철저히 '현장의 언어'로 증언하는 목소리다. 해외 방송국의 문전에서 번번이 거절당하면서도 포기하지 않았던 프로그램 판매자의 분투, 글로벌 OTT가 등장하기 이전 자발적 자막 번역과 팬덤의 힘으로 언어의 장벽을 허물었던 비키(Viki)와 드라마피버(DramaFever) 같은 초기 플랫폼의 역할, 해외 팬덤의 활동을 보이지 않게 뒷받침해 온 문화·관광 정책 실무자의 노력, 그리고 한국에 대한 인식과 상상을 바꾸어 온 해외 교포와 통신원의 활동은 그 자체로 한 편의 밀도 높은 문화인류학적 기록이라 할 만하다.

저자들은 직업윤리 뒤에 눌러두었던 현장의 진실과 숱한 시행착오, 그리고 그 모든 과정을 거쳐 오늘에 이르기까지의 여정을 솔직하게 드러낸다. 우연처럼 시작된 한류와의 만남이 어떻게 각자의 삶에서 필연적 소명이 되었는지를 따라가다 보면, "가장 개인적인 것이 가장 보편적인 것"이라는 말처럼 한 사람의 뚝심과 열망이 어떻게 세계적인 문화의 정경(情景)을 만들어내는지 새삼 실감하게 된다. 이 책은 일반 독자에게는 한류의 속살을 보여주는 친절한 안내서가, 미래의 진로 앞에서 주저하는 학생들에게는 제작·기획·MICE·정책·학술 등 다양한 커리어의 가능성을 제시하는 생생한 지도가 될 것이다. 보이지 않는 곳에서 한류의 길을 닦아온 모든 이들에게, 그리고 그 경이로운 기록을 세상에 내놓은 저자들에게 아낌없는 박수를 보낸다.

심두보 / 성신여대 미디어커뮤니케이션학과 교수

이 책은 한국 문화 콘텐츠가 어떻게 국경을 넘어 세계로 확산되어 왔는지를 깊이 있고 설득력 있게 보여준다. 이 책은 한류를 단순한 유행이나 산업적 성과로 환원하지 않고, 그 이면에서 작동해 온 다양한 사람들과 맥락, 그리고 문화적 영향력을 차분하게 짚어 나간다. 이 책을 쓴 12명의 필자는 서로 다른 배경과 경험을 지니고 있으며, 그 다양성 자체가 한류를 바라보는 시선을 한층 풍부하고 입체적으로 확장시킨다. 이 책을 함께 만들어낸 필자들에게 진심 어린 축하를 전하며, 이 책을 기꺼이 추천한다.

샘 리처드(Sam Richards) / 미 펜실베니아주립대 사회학과 교수

이 책은 한류의 숨은 주역들을 '정경'이라는 따뜻하고 섬세한 이름으로 불러낸다. 한류는 결코 몇몇 영웅의 성과품이 아니라 보이지 않는 곳에서 일해온 땀과 영혼이 켜켜이 쌓여 만들어진 '사람의 풍경'이다. 한류의 지속 가능한 미래를 고민하는 모든 분들에게, 그리고 성과 너머에 존재하는 생생한 삶의 맥락과 온기를 마주하고 싶은 분들에게, 이 책이 전하는 깊은 울림을 권한다.

이훈 / 한양대 사회과학대학 학장, 전 한국관광학회장

이 책은 몸으로 'K'를 써 내려간 사람들의 기록이다. 조용하지만 뜨거운 언어, 오직 해본 자, 가본 자, 목격한 자만 쓸 수 있는 현장의 말들로 가득하다. 현미경으로 들여다본 한류의 내밀한 풍경, 그 너머에는 우리가 몰랐던 깊고 드넓은 세계가 펼쳐져 있다. 다양한 시선과 관점으로 한류의 정경을 보여주는 이 책, 분야를 막론하고 'K'를 말하는 사람이라면 꼭 읽어야 할 필독서임에 틀림없다.

김일중/한국콘텐츠진흥원 폴란드 비즈니스센터장·문화콘텐츠학 박사

이 책은 한류에 관한 수많은 학술적 논의와는 결을 달리한다. 1990년대 한류의 최전선에서 한류 생산에 참여했거나 한류가 발생하는 현장을 목도한 생산자들이 쓴 에세이집이다. 수많은 통계와 이론과 정책이 포착하지 못한 원초적인 한류의 정경이 담겨 있다. 한류의 맥박을 느낄 수 있는 생생한 에스노그라피다. 내용은 전문적이되 무겁지 않고, 깊이가 있으나 어렵지 않다. 이것이 에세이의 힘이다. 한류를 어느 정도 이해하고 있다고 생각하는 독자일수록 더 놀랄 만한 책이다. 한류의 다음 질문을 고민하는 독자에게, 이 책은 아주 흥미로운 인사이트를 제공할 것이다.

홍경수/아주대 문화콘텐츠학과 교수, 한국언론학회 차기 회장

내가 K-팝을 처음 접한 것은 1990년대 후반이다. 취재를 위해 장기간 머물던 서울의 거리에서 H.O.T.의 노래 〈행복〉을 들었을 때였다. 밝고 경쾌한 멜로디와 친근한 이미지의 이 그룹에 큰 호감을 느꼈지만, 그로부터 몇 년 뒤 K-팝 자체가 세계적인 문화 현상으로 확장되리라고는 당시에는 상상조차 하지 못했다. 일본에서 한국 문화에 대한 지식과 관심은 오랫동안 일부 '한국통' 사이에서만 공유되었다. 그 흐름이 대중적으로 전환된 분기점은 분명했다. 바로 KBS가 제작한 드라마 〈겨울연가〉가 NHK를 통해 방송되었을 때다. 이 작품을 계기로 일반 대중이 한국어를 배우고, 한국 음식을 즐기며, 한국 화장품에 관심을 갖기 시작했다. 이제 한국은 일상의 가까운 존재로 자리 잡았다.

《한류를 만든 보이지 않는 손》은 이처럼 거대한 문화적 파동의 이면을 집요하게 추적한다. 한순간의 유행으로 끝내지 않기 위한 장기적 전략, 콘텐츠 제작자를 넘어선 다양한 이해관계자들의 협력, 무엇보다 실패를 두려워하지 않고 앞으로 나아가려는 결단과 에너지가 어떻게 축적되어 왔는지를 차분하게 검증하고 밝혀낸다. 방송 분야에서 오랫동안 일한 내 시선으로 보아도, 이 책은 한 시대를 기록한 매우 귀중한 증언이며, 다음 세대에게 반드시 전해야 할 중요한 메시지를 담고 있다고 확신한다.

하야시 리에 / 전 NHK(일본방송협회) 전무이사·미디어총국장

우리가 몰랐던
한류 정경을 찾아서

한류는 어느 날 갑자기 세계의 조명을 받은 문화 현상이 아니다. 수많은 사람의 노동, 고집, 상처, 열망, 그리고 '설계되지 않은' 파동이 켜켜이 쌓여 오늘의 풍경을 만들었다. 그러나 우리가 한류라고 부르는 이 장대한 문화의 파도는 대체로 '성공'의 문법으로만 이야기되어 왔다. 히트작, 기록, 조회 수, 수출액, 수상 실적 — 우리는 한류를 말할 때 자연스럽게 이 숫자들을 먼저 떠올린다. 하지만 숫자는 풍경을 설명하지 못한다. 숫자는 얼굴을 보여주지 않는다.

숫자는 그 뒤편에서 생태계를 움직여 온 사람들의 사연을 말해주지 않는다. 이 책은 숫자 밖의 사람들, 표면 아래에서 한류를 움직여 온 이름 없는 주역들, 수많은 현장의 노동, 조용한 고집, 보이지 않는 연결의 손길로 이루어진 문화 풍경을 다시 보자는 시도에서 출발했다.

한류를 산업이나 성과 중심의 언어로만 설명하는 순간, 그 현상을 떠받치는 수많은 감정, 삶, 관계, 맥락이 삭제된다. 그래서 우리는 '정경(情景, affective-scape)'이라는 이름을 다시 붙인다. 정경이란 하나의 문화 현상을 둘러싼 삶의 결, 그 결이 모여 만들어내는 감정의 흐름, 그리고 사회·역사·문화·정치적 맥락이 포개져 형성된 총체적 풍경을 뜻한다. 한류는 콘텐츠 그 자체로 존재하지 않는다. 콘텐츠는 누군가의 해석을 통해 비로소 삶의 일부가 되고, 그 해석은 각자의 현실과 역사, 도시의 공기, 사회적 조건 속에서 다시 색을 얻는다. 그래서 한류를 제대로 보기 위해서는 콘텐츠만이 아니라 이야기와 산업, 현장과 지역, 맥락과 삶이 이어지는 긴 흐름 전체를 함께 바라보아야 한다. 이 책의 모든 글은 그 '정경'을 다시 그리는 작업이다. 그래서 애초 이 책의 가제(假題)를 '우리가 몰랐던 한류 정경'이라고 붙여두었다.

한류 문화 풍경의
정동과 작동

한류는 오랫동안 '눈에 띄는 문화 풍경'으로 여겨졌다. 성공한 콘텐츠, 주목받는 스타, 인상적인 성과가 한류를 설명하는 주요 언어였다. 그러나 실제로 그 풍경을 움직여 온 것은 언제나 보이지 않는 손들이었다. 이 책은 바로 그 손들을 호출하려는 시도다. 콘텐츠를 기획한 사람, 현장을 지킨 사람, 시장을 개척한 사람, 정책과 제도의 영역에서 방향을 고민한 사람, 산업과 학문 사이에서 질문을 던져온 사람들. 이들은 한류의 전면에 서 있었던 주인공이라기보다, 한류가 작동하도록 만든 조건이자 구조에 가까웠다. 이 책의 타이틀을 고심 끝에 《한류를 만든 보이지 않는 손》으로 정하게 된 이유도 여기에 있다.

한류를 하나의 풍경이자 구조로 바라보려는 시선은 여전히 중요하다. 다만 우리는 한 걸음 더 나아가, 그 풍경을 가능하게 했던 사람과 과정, 무엇보다 작동의 방식을 더 직접적으로 말하고 싶어졌다. 한류는 저절로 형성된 정경이 아니기 때문이다. 그것은 감정의 자연스러운 확산만으로 설명될 수도 없고, 제도와 산업의 기획만으로 환원될 수도 없다. 한류는 수용자의 '정동(情動)'이 반응하고 축적되는 과정과, 그 정동을 가능하게 하거나 조율해 온 기획·제도·산업의 '작동(作動)'이 서로 긴장하고 교차해 온 변증법적 결과였다. 누군가의 선택과 책임, 때로는 망설임과 실수까지 포함한 수많은 작동이 있었기에 정동은 지속될 수 있었고, 그 정동의 방향과 밀도가 변화했기에 작동 역시 끊임없이 수정되어 왔다. 한류는 바로 이 불완전한 상호작용의 축적 위에서 형성된 문화적 과정이었다.

나는 한류라는 흐름이 만들어지고, 축적되며, 세계 속에서 다양한 모습으로 전개되어 온 과정을 비교적 오래 지켜봐 온 사람이다. 방송 현장에서의 제작 경험, 국제상 심사 과정에서 마주한 평가의 언어, 해외 마켓과 마케팅 현장에서 체감한 유통과 선택의 논리, 그리고 컨퍼런스와 세미나를 통해 축적된 다양한 해석의 틀과 문제의식에 이르기까지, 이 모든 경험은 나의 관심을 점차 한 방향으로 모아 왔다. 그 방향은 무엇이 성공했는가를 단정하는 질문이 아니라, 그 성공이 어떤 기준으로 정의되고, 어떤 경로를 따라 전달되며, 어떤 방식으로 수용되고 다시 해석되는지를 묻는 데로 향해 있었다. 그런 관심을 따라 시간을 보내다 보니 한류를 성과의 목록으로 바라보기보다, 다양한 주체와 맥락이 얽혀 작동해 온 하나의 과정으로 읽게 되었다. 그 경험들이 겹쳐지며 점점 분명해진 것이 하나 있다. 한류는 결코 몇몇 뛰어난 개인의 재능이나, 우연히 주목받은 사건, 혹은 특정 작품의 돌출적인 성공만으로 설명될 수 없다는 사실이다. 우리가 흔히 기억하는 예상치 못한 흥행, 글로벌 차트 진입, 이름 있는 국제상 수상과 같은 상징적 성과는 언제나 결과의 장면으로 남는다. 그러나 그 장면들 이전에 수많은 시도와 실패, 반복된 설명과 설득, 겉으로 드러나지 않는 선택이 오랜 시간에 걸쳐 축적되어 있었다. 한류는 언제나 그런 과정에서 조금씩 앞으로 나아갔다. 누군가는 결정을 내렸고, 누군가는 조율했으며, 누군가는 묵묵히 현장을 지켰다. 판단과 타협, 직감과 인내, 말없이 감당한 노동이 겹겹이 쌓여야 비로소 하나의 '사건'이 가능해졌다. 그러나 그런 손들은 대개 기록되지 않았고, 이름조차 남기지 못했다. 우리가 기억하는 상징은 많지만, 그 상징을 가능하게 한 과정은 쉽게 잊혔다.

이 책에 글을 실어주신 분들 역시 그런 손들에 가깝다. 이 책에 모신 분들이 한류를 대표해서가 아니라, 각자의 자리에서 그 흐름이 끊어지지 않도록 조금씩, 그러나 꾸준히 지탱해 온 사람들이다. 이 책은 그 손들을 특별한 영웅으로 호명하려는 것이 아니다. 오히려 한류라는 흐름이 어떻게 만들어지고 유지되어 왔는지를 다시 생각해 보기 위해, 그동안 잘 드러나지 않았던 과정을 조심스럽게 불러내려는 시도에 가깝다.

이 책은 '대단한 사람들'을 나열한 기록이 아니다. 이 책에 필자로 참여한 이들보다 훨씬 더 많은 손이 있었고, 지금도 여전히 각자의 자리에서 한류를 떠받치고 있다는 사실을 전제하지 않는다면, 이 책의 의도는 쉽게 왜곡될 것이다. 다만 이 기록이, 보이지 않던 그 손들을 한 사람씩 떠올리게 하고, 한류를 하나의 성취가 아니라 수많은 관계와 시간의 총체로 다시 생각하게 만드는 계기가 되었으면 한다.

《한류를 만든 보이지 않는 손》이라는 타이틀에는 두 가지 뜻이 담겨 있다. 하나는, 한류가 결코 우연이나 단선적인 성공 서사로 만들어진 것이 아니라는 인식이다. 다른 하나는, 이제 한류를 이해하기 위해서는 결과보다 과정에, 스타보다 시스템에, '무엇이 성공했는가'보다 '어떻게 가능했는가'를 묻는 시선이 필요하다는 문제의식이다. 이 책에 실린 글은 영웅담이 아니라 각자의 자리에서 한류를 만들어 온 경험의 기록이다. 동시에 한국 문화 산업이 어디에서 출발했고, 어떤 선택과 경로를 거쳐 지금에 이르렀는지를 보여주는 조용한 증언이다. 서로 다른 위치와 관점을 지닌 글이지만, 공통으로 하나의 질문을 향하고 있다. 한류는 누구에 의해, 어떤 방식으로 수용자들에게 전달되었으며, 그 정경은 어떻게 그려지게 되었는가. 이제 그 질문을, 추상적인 개념이 아니라 구체적인 목소리로 마주하려 한다.

이 책에 등장하는 저자들의 이름과 글은, 한류를 설명하기 위한 하나의 정답이라기보다, 한류가 실제로 작동해 온 과정을 비추는 서로 다른 각도의 빛에 가깝다. 각자의 자리에서 감당해 온 선택과 판단, 망설임과 책임, 말없이 이어져 온 노동의 시간이, 이 책에 고스란히 담겨 있다. 이 책이 이론서 형식보다 수필 형식을 취한 이유도 여기에 있다. 한류는 개념만으로 완전히 포착되기보다는, 경험의 결로 전해지고, 관계의 맥락 속에서 이해되며, 기억과 감정이 겹쳐질 때 비로소 윤곽을 드러내는 문화적 과정이기 때문이다. 독자는 이 책을 통해 한류의 '중심'을 확인하기보다, 그동안 잘 드러나지 않았던 주변의 움직임과 손길을 따라가게 될 것이다. 그리고 그 손길들이 서로 겹치고 이어지며 하나의 정경을 형성하는 순간을 마주하게 될지도 모른다. 이 정경은 단순한 장면의 집합이 아니라, 해외 수용자들이 한류를 받아들이고 자기 삶 속에서 의미화해 가는 과정 위에, 그 과정을 돕고 매개하고 조율해 온 이들의 역할이 덧붙여지며 형성된 정동의 풍경이다. 이 책은 바로 그 지점—한류가 결과가 아니라 정동이 축적되는 과정으로, 성취가 아니라 '수용'과 '매개'의 관계 속에서 형성된 정경으로 읽히는 지점—을 함께 바라보도록 독자를 이끈다.

보이지 않는 손들이 그려낸 한류 정경

이 책이 보여주는 첫 번째 정경은 한류의 시작을 열었을 뿐 아니라, 오늘에 이르기까지 그 길을 다져온 사람들의 기록이다. 한류를 이해한다는 것은 단지 과거 한순간을 복기하는 일이 아니라 누구도 정해주지 않은 길 위에서 방향을 만들고, 그 길을 끊임없이 가꾸어 온 이들의 흔적을 다시 읽어내는 일이다. 이들은 한국 콘텐츠가 세계와 만나는 경로를 직접 개척해 온 '한류의 길잡이들'이다. 이들의 경험은 한류를 화려한 결과가 아닌, 숱한 시행착오와 시도, 직감과 인내의 연속으로 바라보게 만든다.

권호진은 VHS 테이프 하나를 들고 전 세계의 문을 두드렸다. 오늘 우리가 당연하게 여기는 'K-콘텐츠 수출'이라는 개념의 실질적 출발점이었다. 그의 서사는 한류가 우연히 생겨난 파도가 아니라, 현장에서 발로 뛰어 만든 구체적 행위의 결과임을 증명한다.

김현환은 공공 정책의 시선에서 한류 생태계가 지탱되는 방식을 보여준다. 정책은 때로는 보이지 않고, 때로는 과도하게 느리지만, 그는 공공의 손길이 문화 생태계의 기반을 다지고 지평을 넓히는 역할을 차분하고 밀도 있게 설명한다. 그의 서사는 한류가 민간의 창의성으로만 이루어진 것이 아니라 공공과 산업이 함께 만든 구조적 토대 위에서 자라왔음을 일깨운다. 이들의 노력과 선택이 없었다면, 오늘 우리가 말하는 한류도 존재하지 않았을 것이다.

황동섭은 한국 콘텐츠의 감정이 세계에 닿는 방식을 근본부터 새롭게 정의했다. 그는 OST라는 형식으로 드라마의 감정선을 음악으로 확장시켰고, 한국적 정서가 국제적 공감의 언어로 변모하는 과정을 직접 설계한 인물이다. 그의 작업은 한류의 정체성이 '장르'나 '산업'에 앞서 감정의 세계화에서 시작된다는 사실을 보여준다.

이수지는 제작 현장의 구조를 누구보다 정확히 이해하고 기록해온 감독이다. 그는 카메라 뒤에 존재하는 보이지 않는 노동, 협업, 시스템의 층위를 드러내며 한국 영상 산업이 어떻게 구축되고 성장해 왔는지, 그 과정에서 어떤 도전과 혁신이 필요했는지를 생생하게 보여준다. 그의 글은 한류가 강렬한 한 장면이 아니라 수많은 제작자의 지속적인 축적임을 상기시킨다.

두 번째 정경은 한류의 확장 서사를 담고 있다. 한류가 단순히 콘텐츠의 범주에 머물지 않고, 산업·도시·관광·비즈니스·지역 네트워크에 스며들어 실제 생태계로 자리 잡아가는 과정을 기록한 장이다. 즉, 한류가 '작품'에서 '현장과 구조'로 확장되는 순간들을 보여주는 이야기다.

한경아는 한국 관광의 최전선에서 한류와 국가 브랜드의 접점을 누구보다 먼저 발견하고, 현장에서 가장 치열하게 다뤄온 인물이다. 세 차례에 걸친 '한국 방문의 해' 캠페인을 추진하며 관광이 단순한 정책이나 마케팅을 넘어, 사람과 문화를 연결하고 국가 이미지를 변화시키는 구조적 힘임을 증명해냈다. 그의 기록은 숫자로 환산되는 방문객 증가보다, 그 숫자를 가능하게 만든 문화적 맥락, 전략적 선택, 산업 간 협업, 국제적 감각을 드러내는 중요한 증언이다.

김경희는 라틴아메리카라는 '멀지만 가까운' 문화적 공간에서 한국의 드라마와 콘텐츠가 어떻게 현지의 삶과 정서에 뿌리내리는지 보여준다. 그는 오랜 국제 협력과 현장 경험을 바탕으로 한류의 확산이 문화적 동질성이 아닌, 정서적 공명과 삶의 리듬에서 비롯된 연대감을 통해 이루어진다는 점을 설득력 있게 증명한다. 그의 시선은 라틴의 열정과 한국적 서사가 만나는 지점을 누구보다 섬세하게 포착한다.

홍성아는 해외통신원·연구자·현장 관찰자라는 다층적 정체성을 지닌 드문 인물이다. 그는 생산과 소비의 중간 지점—'매개자(mediator)'의 자리에서 한류가 어떻게 흐르고, 어떻게 전달되며, 어떻게 다시 해석되는지를 유통·분배의 관점에서 읽어낸다. 그의 글은 한류를 콘텐츠가 아니라 문화의 흐름으로 바라보는 이 책의 핵심 관점과 정확히 연결되는 중요한 축이다.

남현정은 산업의 최전선에서 기업·플랫폼·파트너십이 어떻게 연결되고, 이 연결이 한류의 확장성을 어떻게 떠받치는지를 몸으로 체득한 사람이다. 그의 경험은 '한류 비즈니스'라는 말이 단순한 경제적 개념이 아니라 사람과 기술, 조직과 조직, 문화와 시장 사이의 역동적 조율이라는 사실을 보여준다. 그의 글은 한류 확장의 배후에서 작동하는 보이지 않는 연결의 메커니즘을 드러낸다.

이 네 사람의 이야기는 한류가 산업·관광·비즈니스·지역적 연결 속에서 어떻게 살아 있는 생태계로 성장했는지를 정밀하게 보여준다. 즉, 이 장은 한류의 외연이 확장되는 과정이 아니라, 한류라는 흐름이 세계 곳곳에서 서로 다른 방식으로 조직되고, 조율되고, 다시 구성되는 방식을 그려낸다. 한류는 이들의 경험을 통해 비로소 '확장되는 문화'로 살아 움직인다.

세 번째 정경은 한류를 다시 읽는 시선, 즉 '해석'의 장이다. 확장된 한류는 이제 한국 내부의 시선만으로는 설명될 수 없다. 세계의 관찰, 각 지역의 해석, 팬과 연구자의 성찰이 더해질 때 비로소 한류는 하나의 완결된 이야기로 모습을 드러낸다. 이 장을 쓴 네 사람은 각기 다른 대륙, 다른 세대, 다른 전공에서 한류를 읽어내는 서로 다른 창을 제공한다.

케이 세소코는 아프리카 내부자의 감각으로 한류를 바라본다. 그의 글은 '한류가 어떻게 보이는가'가 아니라 '왜 사람들은 한류에 감정적으로 반응하는가'라는 더 근본적인 질문을 던진다. 특히 그는 한국에서는 거의 들을 수 없는, 거리와 시간의 간극에서 탄생한 독특한 감정을 드러내며 한류의 진짜 주인은 결국 그것을 받아들이고 재해석하는 수용자임을 명확히 보여준다. 콘텐츠는 한국에서 만들어지지만, 의미는 세계 곳곳의 수용자들이 다시 빚어낸다는 사실을 일깨우는 글이다.

야마모토 조호는 30년 동안 K-팝을 연구해온 일본의 대표적 학자다. 그의 시선은 단순한 해외 팬의 흥미가 아니라 동아시아 문화 흐름 전체를 조망하는 장기적 관찰과 분석을 기반으로 한다. 그는 K-팝이 일본을 경유하며 어떤 방식으로 변형되고, 다시 한국과 아시아 전역으로 되돌아오는지 문화 순환(cultural circulation)이라는 거대한 흐름 속에서 한류를 설명한다. 그의 연구는 한류가 일방향이 아니라 상호 교환과 재해석의 구조 속에서 진화하고 있음을 보여준다.

이소윤은 새로운 세대의 연구자로서 팬덤의 실천, 산업 구조, 음악 노동의 현실을 사회학적으로 해부한다. 그의 글은 K-팝을 '듣는 음악'이 아니라 참여하고 기여하고 재창조하는 새로운 세대의 문화적 장(場)으로 바라본다. 이소윤의 시선은 한류의 중심이 더 이상 콘텐츠 생산자가 아니라 그 콘텐츠를 매일 재구성하는 글로벌 팬덤이 되어가고 있음을 명확하게 드러낸다. 세대의 감각과 연구의 언어가 결합한 글이다.

마지막으로 배기형은 방송 제작, 국제 협력, 연구자 경력을 가로지르며 축적한 경험을 바탕으로 한류를 '콘텐츠'가 아니라 정경—즉, 사람이 살아가는 삶의 풍경으로 읽어낸다. 그의 글은 한류를 산업·유행·경제 효과로만 설명하는 협소한 프레임에서 벗어나 한류를 하나의 경험과 감각의 지도, 세계와 연결되는 삶의 방식으로 바라보게 하는 새로운 시각을 제시한다. 한류가 한국에서 시작되었지만, 오늘을 살아가는 수많은 사람의 경험 속에서 새롭게 '의미화'되고 있다는 사실을 보여준다.

이 네 사람의 글은 한국을 세계에 설명하는 것이 아니라, 세계의 눈으로 한국을 다시 읽는 작업이다. 이를 통해 한류는 더 이상 '한국이 만든 콘텐츠의 성공'이 아니라 세계 여러 지역과 세대가 함께 재해석하고 재구성한 복합적 문화 풍경으로 완성된다.

우리가 몰랐던 한류 정경의 진짜 주인공

이 책에 참여한 저자들은 각자의 자리에서 한류가 움직일 수 있도록 작은 손을 보탠 사람들이다. 그러나 이 손들만으로 한류 전체를 설명할 수는 없다. 한류의 세계는 우리가 흔히 떠올리는 범위보다 훨씬 넓고, 우리가 쉽게 이름 붙일 수 있는 차원보다 훨씬 깊다. 그것은 눈에 띄는 성취의 목록으로 환원될 수 있는 것이 아니라, 이름 없이 자기 자리를 지켜온 수많은 사람의 시간과 선택, 그리고 그 사이를 잇는 보이지 않는 연결들이 켜켜이 축적되며 형성된 문화적 과정이기 때문이다. 이 책은 그 거대한 전체를 대변하려는 시도가 아니다. 다만 그동안 잘 드러나지 않았던 연결의 결을 잠시 함께 바라보며, 한류가 어떻게 가능해졌는지를 다시 생각해 보자는 조심스러운 제안에 가깝다.

그럼에도 불구하고, 이 책이 한류의 '주인공'을 말하고 있다고는 생각하지 않는다. 한류의 진짜 주인공은 한국의 콘텐츠와 문화를 선택하고, 체험하며, 자신의 삶 속에서 다시 의미화해 온 해외의 수용자들이다. 그들은 어떤 이야기와 감정에 반응할지, 그것을 자신의 일상에 들일지 말지를 결정해 왔다. 콘텐츠는 한국에서 만들어졌을지 모르지만, 한류라는 풍경은 수용자의 실천 속에서 비로소 완성되었다. 한류는 전달되는 순간 끝나는 문화가 아니라, 수용되는 순간부터 새롭게 시작되는 문화였다. 이 책의 저자로 참여한 사람들, 그리고 이 기록을 엮은 나 자신 역시 그 과정에서 전달을 조금 거들었을 뿐이다. 우리는 다리를 놓고, 설명하고, 번역하고, 때로는 설득했지만, 그 다리를 건널지 말지를 결정한 것은 언제나 수용자들이었다. 그렇기에 이 책의 중심에는 저자도, 기획자도 없다. 이 모든 연결의 끝에서 한류를 실제로 살아내고 있는 사람들, 다시 말해 한류를 자신의 경험과 감각 속에서 끊임없이 재구성해 온 수용자들이 있을 뿐이다. 이 책이 궁극적으로 도달하고자 하는 지점은 바로 그 사실이다. 한류는 누군가가 만들어 '보여준' 문화가 아니라, 수많은 연결을 거쳐 누군가에 의해 살아 움직여 온 문화라는 점. 이 기록이 그 사실을 다시 떠올리게 만드는 계기가 된다면, 이 책은 이미 제 몫을 다한 셈일 것이다.

이제 우리가 하려는 일은, 한류를 앞세워 말하는 것이 아니라 그 뒤편을 천천히 들여다보는 것이다. 성과를 호명하기보다 조건을 살피고, 결과를 반복하기보다 과정을 되짚는 일이다. 우리는 한류를 가능하게 했던 보이지 않는 손을 하나하나 불러내기보다는, 그 손들이 지나간 자리와 남긴 결을 따라가고자 한다. 그 결들이 모여 형성된 풍경, 숫자 뒤편의 얼굴과 스크린 밖의 마음, 보이는 것 너머에서 작동해 온 관계와 시간의 층위들. 바로 그것이 우리가 다시 써 내려가야 할 새로운 한류 이야기이며, 보이지 않는 손들이 만들어 온 또 하나의 정경—우리가 몰랐던 한류 정경이다.

2026년 2월

배기형

첫 번째 정경:
한류의 기반을 닦은 현장 개척자들

1

✳
첫 번째 한류 정경

한류의 기반을 닦은
현장 개척자들

한류는
우연이 아니다

SBS 미디어넷 부국장
권호진

SBS 미디어넷 부국장, 언론학 박사. 33년 경력의 글로벌 콘텐츠 전략가로, 1992년부터 SBS 프로덕션에서 콘텐츠 수출을 담당하며 한국 영화와 K-콘텐츠 해외 배급을 개척한 '한류 1세대' 주역이다. 국내외 영화 판권 구매 및 영화 제작 투자, 해외 공동제작을 통해 다수의 영화, 드라마, 예능 및 애니메이션 시리즈의 기획과 제작 프로젝트에 참여했다. 미국 CNBC와 합작해 SBS CNBC 채널을 설립하는 등 글로벌 미디어 협업 모델을 구축해 왔다. 미국 '에미상'을 주관하는 국제TV예술과학아카데미 정회원으로, 캐나다 '록키어워즈', 프랑스 '시리즈 마니아', 영국 '글로벌 엔터테인먼트 어워즈', '아시아TV 어워즈' 등 국제 시상식의 심사위원으로 활동하며 K-콘텐츠의 글로벌 위상 제고와 한류 확산에 기여하고 있다.

프롤로그:
한류, 그 필연의 서막

"한류는 얻어걸린 우연한 성공이야."

"운이 좋았던 거지."

사람들은 현재의 한류가 마치 하늘에서 뚝 떨어진 '우연의 선물'인 것처럼 쉽게 이야기한다. 방탄소년단이 빌보드 차트를 휩쓸고, 봉준호 감독이 아카데미상을 거머쥐며, 〈오징어 게임〉이 에미상을 수상했을 때, 세상은 한류를 '뜻밖에' 피어난 '기적'이라 불렀다. 나는 그 말이 정말 싫었다.

한류는 결코 '우연'이 아니다. 한류는 바람처럼 불어온 '행운'이 아니라, 그 길을 닦기 위해 수없이 넘어지고 다시 일어선 사람들의 땀과 믿음으로 다져져 만들어진 단단한 길이다. 그 길을 처음 걸었던 나는, 그것이 얼마나 거칠고 힘들었는지를 아직도 처연히 기억한다. 1992년 '콘텐츠 수출'이라는 개념조차 없던 시절, 나는 수없이 문을 두드렸고, 거절당했고, 다시 시도했다. 단지 한국의 이야기가 전 세계에 통할 것이라는 '가능성'만을 믿고 과감하게 도전했던 것이다. 언제 팔릴지도 모르는 드라마의 VHS 테이프와 홍보 전단으로 가득 채워진 가방을 둘러메고 비행기를 타던 상사맨들, 바로 우리가 콘텐츠 한류의 첫 시작이었다.

톨스토이를 품고 '상사맨'이 되어

나의 출발은 지극히 문학적이었다. 대학에서 러시아어를 전공하고 톨스토이와 도스토옙스키의 서사를 탐독하던 문학청년. 당시 소련의 붕괴는 러시아어 전공자들에게 예상치 못한 기회의 문을 열어주었고, 나는 그 흐름을 타고 LG종합상사 전략사업실에 입사했다. 여의도 트윈타워의 번듯한 사무실, 글로벌 인재들이 모이는 그곳은 모두가 선망하는 엘리트 코스의 시작이었다.

그러나 나의 시선은 늘 경계 너머를 향했다. 상사의 핵심인 전략기획실에서 근무하면서도 영상 프로그램 시장을 조사하고 해외 마켓 출장을 다니는 신규 사업팀에 마음을 빼앗겼다. 88올림픽 당시 KBS 국제방송센터에서 통역 요원으로 일하다 몰래 만져보았던 영상편집기의 차가운

금속성 촉감은 일종의 강렬한 희망으로 남아, '방송국에 들어가 질리도록 편집기를 만져보겠다'는 맹세가 되었다.

외국어는 단순히 문학을 위한 도구를 넘어, 문화와 문화를 연결하는 '매개자' 역할을 할 수 있겠다는 막연한 꿈도 꾸었다. 러시아어와 영어, 그리고 문학적 감수성이라는 인문학적 조합은 상사맨의 수출 현장 경험과 결합되면서 독특한 커리어를 형성했지만, 회사가 원하는 전형적인 상사맨이 되고 싶진 않았다. 나는 문화와 비즈니스, 동양과 서양, 상품과 콘텐츠라는 이질적인 영역의 경계를 넘나드는 '경계인'이 될 운명이었다.

문화와 비즈니스의 '경계인'

1991년 여의도 트윈타워 사무실 맞은편 태영빌딩에서 SBS가 첫 방송을 시작하던 날, '경계인'을 자처한 나의 발걸음은 마침내 그 방향을 정했다. 영화 마니아로서 밤새 영화 평론 노트를 적던 나는 신생 방송국 SBS의 영화부를 목표로 삼았다. 이직의 희망을 안고 찾아뵌 SBS 영화부장님은 당연히 나를 거절했다. 대기업의 전도유망한 자리를 박차고 나온 상사맨에게 방송국 문턱은 높기만 했다.

하지만 포기하지 않았다. 1992년 SBS 자회사인 SBS프로덕션이 설립되자 나는 재도전했고, 결국 'PD 경력 대신 대기업 수출 업무 경력'을 인정받아 마케팅 담당으로 입사하게 되었다. 꿈에 그리던 제작 프로듀서 대신 영상사업 마케터, 훗날 콘텐츠 한류의 문을 연 '시조새'라는 별명으로 운명은 나를 이끌고 있었다.

'한류의 시조새', 그 고독한 비행

당시 SBS에는 그 단어조차 생소했던 '글로벌 마케팅'을 배울 수 있는 선배나 조직이 부재했다. 나는 종합상사에서 배운 '에스키모에게 냉장고 팔기 정신'과 세일즈맨 기법을 방송 콘텐츠에 그대로 준용할 수밖에 없었다. 뭘 어떻게 해야 될지 몰라 고민하던 나는 해외에서 영상 마케팅을 배울 수 있는 곳을 수소문해서 찾아갔다. 그곳은 1993년 프랑스 칸에서 열린 영상 마켓 MIPCOM. 수출 담당으로 처음 국제 마켓에 나갔을 때의 기억은 아직도 생생하다. 화려한 전시장 한구석에 자리 잡은 SBS 부스는 아무도 찾아오지 않아 한산했다. 아니, 한산한 정도가 아니라 적막했다. 나는 낯선 나라의 전시장에서 영어로 제작한 홍보 팸플릿을 붙들고 홀로 앉아 있었다. 혹시 찾아올지도 모르는 바이어에게 설명할 홍보 문구를 영어로 말하는 연습을 하면서. 시간이 지날수록 그 목소리는 점점 작아졌지만, 내 마음속의 불씨는 줄어들지 않았다.

당시 한국 드라마는 해외에서 인지도가 전혀 없었다. 일본 드라마와 홍콩 영화가 아시아 시장을 휩쓸던 시절, 내가 대표작으로 가지고 나간 〈두려움 없는 사랑〉(고현정, 최재성 주연), 〈머나먼 쏭바강〉(박중훈, 린 단팜 주연) 같은 드라마는 눈길조차 받지 못했다. 그 시절 프랑스 칸의 행사장에서는 한국에서 온 '파는 사람'은 존재감이 없었다. 해외 판권을 구매하는 '사는 사람'만이 환영받던 시절이었다. SBS 부스에 쌓여 있던 VHS 테이프 더미는 마치 내 무모하고 고독한 도전의 무게를 상징하는 듯했다. 결국 나는 빈손으로 귀국해야만 했다.

좌절했지만 포기하지 않았다. 여러 해외 마켓을 찾아다닌 노력 덕분에 꿈에 그리던 첫 판매 계약을 체결할 수 있었다. 계약 대상은 드라마가 아니었다. 일본 방송사들이 자체 프로그램을 제작할 때 필요로 하는 다큐멘터리의 일부인 '푸티지(Footage)' 영상이었다. 콘텐츠 완본 전체를 구매하는 것이 아니라, 〈그것이 알고 싶다〉 같은 다큐멘터리 속 한국의 '특이한 일면'이나 흥미 위주의 '자극적인 소재'를 조각조각 잘라 파는 거래였다. SBS 타이틀을 내세울 수도 없던, 말 그대로 조각 판매였지만 이것이 나의 콘텐츠 수출 여정의 시작이었다.

푸티지 조각 거래를 하면서도 틈틈이 영어, 일본어, 중국어로 번역한 자료를 건네며 한국 드라마에 관심을 가져달라고 바이어들에게 매달렸다. 위성으로만 시청 가능했던 홍콩의 STAR TV 측과 수십 번 전화 통화를 하며 회사 소개와 프로그램 제안서를 보냈다. 희망을 가지고 기다렸지만 답신은 오지 않았다. 초대 없이 무작정 찾아가 어렵게 성사된 회의에서도, 그들은 별 관심 없이 듣다가 '온 김에 방송국 구경이나 하고 가라'는 식으로 응대했다. 오랫동안 온전한 드라마는 팔지 못했다.

그러던 중에 아시아 지역에 뉴미디어 격변의 시대가 도래했다. 1993년 홍콩에 케이블 방송사가 출범하면서 다채널 유료 TV 시대가 본격적으로 개막하게 된다. 당시 Wharf Cable이라는 방송사에서 연락이 왔다. "신규 채널에 편성하고 싶은 일본 드라마 가격이 너무 높아 고민인데, 예전에 미스터 권이 가지고 다녔던 한국 드라마가 일본 드라마와 유사했던 걸로 기억한다"라는 내용이었다. '일본 드라마와 비슷하다'라는 애매한 칭찬 같지 않은 칭찬이 세일즈 포인트였던 셈이다. 방송된 드라마를 선별해 일일이 편집·녹화하고, 영어로 번역한 자료를 준비해 현지로 보냈다. 오랜 협의 결과, 드라마 20부작 미니시리즈 〈금잔화〉(손지창, 황신혜 주연)와 52부작 연속극 〈궁합이 맞습니다〉(길용우, 최명길 주연)가 'SBS 타이틀을 걸고' 해외에 정식 수출된 최초의 드라마가 되었다.

첫 드라마 계약 성공은 상사맨의 '발'에서 나왔다. 도어투도어(Door -to-door) 세일즈맨이었던 나는 열리지 않는 문을 끊임없이 두드렸고, 계속된 거절에도 또 찾아갔다. 콘텐츠 조각이라도 판매하면서 어떻게 해서라도 한국의 온전한 드라마를 팔아보려던 집념의 결과였다.

동전의 양면,
세일즈맨의 덕목

첫 거래가 성사된 후, 홍콩 위성방송사인 STAR TV와도 베트남전을 배경으로 한 SBS 개국 대작 드라마 〈머나먼 쏭바강〉 등의 수출 계약이 이뤄졌다. 그러나 수출 계약을 이어 갈수록 나 스스로가 부족하다는 것을 절실하게 느꼈다. 어깨너머로 외국 방송사들의 거래 방식을 엿보고 주먹구구식으로 세일즈 프로세스를 만들어 왔지만, 국제적인 표준에 비하면 너무나 허술했다. 이때, 나는 역지사지(易地思之)의 가치를 깨달았다. 즉, 콘텐츠를 파는 기술을 익히기 위해서는 먼저 구매하는 바이어의 시각을 배워야겠다고 생각했다.

수년 전 나를 거절했던 SBS 영화부장님이 내 직속 상사 본부장으로 발령받게 되었다. 나는 쾌재를 불렀다. 내가 직접 인연을 맺지 못했던 최고의 바이어에게 정식으로 배울 기회가 찾아온 것이었다. 나는 판권 구매 업무를 요청해 겸직하게 되면서, 구매와 판매가 '동전의 양면'이라는 확신을 가지고 일에 몰두했다.

워너브라더스, 폭스, 유니버설, 파라마운트 등 거대 할리우드 스튜디오의 세일즈 방식을 따라다니며 관찰했다. 그들이 프로그램을 판매하는 방식, 프레젠테이션 피칭 노하우, 행사 후에 기념품을 배포하는 디테일까지 모든 것이 나에게는 배움의 교과서였다. 특히 LA 스크리닝 같은 국제 행사가 어떻게 준비되고 프라이빗 스크리닝과 미팅이 얼마나 치밀하게 계획되는지를 보면서, 내가 이전에 했던 수출 방식이 얼마나 미숙

했는지를 깨닫게 되었다.

이러한 구매자 입장의 경험은 콘텐츠 수출의 수준을 대폭 업그레이드하는 결정적인 계기가 되었다. 판매 상대국 방송사의 전반적인 편성 전략을 미리 공부하고, 그들이 원하는 콘텐츠 상품을 잘 홍보하고, 상대방의 협상 포인트를 정확히 짚어낼 수 있는 눈을 가지게 된 것이다. 종합상사에서 배운 국제 매너와 협상 기술에 할리우드 스튜디오의 세련된 마케팅 방식을 접목하니 이제 단순히 세일즈맨이 아니라, 한국 콘텐츠라는 원석을 글로벌 마켓에 맞춰 다듬고 포장하여 가장 효율적인 경로와 방법으로 배급하는 '콘텐츠 유통 기획자'가 되어가고 있었다. 이처럼 한류의 초기 성공은 단지 좋은 콘텐츠가 있어서 뿐만이 아니라, '국제적인 유통 전문가'로서 체득한 노하우와 마케팅 기술이 현장에서 시스템화되는 노력 덕분에 가능했던 것이라고 생각한다.

거절, 좌절, 그리고
피눈물

구매자 시각으로 업그레이드되었지만 콘텐츠 수출 실적은 크게 늘지 않았다. 특히 일본 시장은 아시아 시장 중에서도 가장 높고 단단한 '철옹성'에 가까웠다. 1995년 〈모래시계〉(최민수, 고현정 주연)가 대한민국을 강타했을 때, 나는 이 작품이야말로 일본에 한국 드라마를 각인시킬 수 있는 최고의 카드이자 기회라고 확신했다.

〈모래시계〉의 해외 진출이 고교 선배이기도 한 김종학 감독님의 염원이기도 했기에, 나는 모든 신문의 기사를 일일이 제본하고, 감독님께서 특별히 만들어 주신 해외용 티저 영상을 준비해 NHK 임원을 찾아갔다. 일본 관계자들은 상상할 수 없는 스케일과 이야기라며 극찬을 아끼지 않았다. 나는 이 피드백을 믿고 회사에 돌아와 "현지 반응이 폭발적이니 조만간 계약할 수 있다"라고 감독님께 장담했다.

그러나 몇 번의 추가 출장에도 계약은 진전되지 않았다. 결국 단도직입적으로 계약 여부를 물었을 때, NHK 관계자는 나를 따로 불러 냉정하게 이야기했다. "미스터 권이 열심히 일하는 것에 대한 격려 피드백을 준 것뿐이지, 실제로 계약할 생각은 없습니다." 그 말을 듣는 순간, 내 몸의 모든 세포가 얼음처럼 굳어지는 듯했다. 너무나 속이 상했다. 특히 김종학 감독님께 면목이 없어 눈물이 뺨을 타고 흘러내렸다. 그 눈물 속에는 처절함과 서러움, 그리고 다시 일어서야 한다는 다짐이 섞여 있었으리라.

이것은 단순히 거래가 불발된 실패가 아니었다. 한국 콘텐츠의 가치가 일본에서 인정받지 못하는 현실에 대한 처절한 자각이었다. 그때의 좌절감은 단순한 슬픔을 넘어섰다. 그것은 피눈물이었다. 나는 그 자리에서 잊지 못할 맹세를 했다. '언젠가 이 상황을 반드시 역전시키리라.' 계속되는 거절과 좌절은 나에게 중요한 교훈을 주었다. 국내에서 히트했다고 무조건 해외에서도 성공하는 것은 아니라는 것, 지역별 맞춤 전략이 필요하다는 깨우침이었다. 그때의 눈물이 없었더라면, 이후의 성공은 단순한 행운에 머물렀을지도 모른다. 좌절은 끝이 아니라, 필연을 만들기 위한 강력한 동기였다고 생각한다.

한류 수출 마케팅의
설계도를 그리다

아시아의 미디어 시장이 열리기 시작했고, 특히 대만과 홍콩에서 한국 드라마가 인기를 얻게 되었다. 그리고 2003년, 드디어 기회가 찾아왔다. 일본 NHK 방송국 자회사인 마이코(MICO)에서 아시아 프로그램을 구매하면서 한국 드라마에 관심을 보인 것이다. KBS 드라마 〈겨울연가〉(배용준, 최지우 주연)가 NHK 위성TV에서 폭발적인 인기를 얻자, 후속작으로 계약해 방영된 SBS의 〈올인〉(이병헌, 송혜교 주연)과 〈아름다운 날들〉(이병헌, 최지우 주연) 역시 연달아 큰 성공을 거두었다. 이 성공은 NHK 지상파TV 편성으로 이어졌고, 8년 전 〈모래시계〉를 거절했던 바로 그 일본 시장에서 한국 드라마가 화제작으로 등극하는 현상을 목도하게 되었다.

그러나 나는 여기에 안주하지 않았다. 〈올인〉 성공 이후 NHK가 다음 작품도 같이하고 싶어 했지만 나는 정중히 거절했다. "다음 목표는 후지TV입니다." 후지TV는 당시 일본에서 시청률이 가장 높은 민간 방송사였지만, 시청률을 중시하는 보수성이 짙어 한국 드라마 편성이 더욱 어려운 난공불락의 요새였다.

〈겨울연가〉와 〈올인〉 성공 사례도 후지TV의 문턱을 낮추지는 못했다. 거절, 또 거절. 그때 〈모래시계〉의 눈물 젖은 맹세가 되살아났다. 실패 경험이야말로 가장 정교한 설계도라는 것을 나는 이미 체험으로 알고 있었다. 다시 전략을 세웠다. 후지TV 계열사를 전부 찾아다니다가, 업계 지인의 소개를 받아 광고회사를 만났다. 일본 최대 광고회사인 덴츠(Dentsu)는 NHK의 성공 사례를 보고 이미 한국 드라마에 관심을 갖고 있었다.

나는 〈천국의 계단〉을 제안하며 성공을 장담했고, 덴츠는 후지TV 편성을 적극 추진했다. 이로써 〈천국의 계단〉(권상우, 최지우 주연)은 후지TV 주말 시간대에 편성되어 또다시 대박을 터뜨렸다. 그제야 후지TV는 한국 드라마의 성공 가능성을 인정하고 차기작에도 관심을 표명했다.

하지만 전략적 도미노는 여기서 멈추지 않았다. 〈모래시계〉 때 다짐한 대로, 나는 일본의 주요 방송사를 목표로 삼았다. 다음 작품인 〈파리의 연인〉(박신양, 김정은 주연)은 후지TV 대신 NTV를 타깃으로 했고, 그 계약은 훨씬 쉬웠다. 이후 TBS와 〈발리에서 생긴 일〉(조인성, 하지원 주연)을 계약하며 일본 수출 라인업을 완성했다.

이것이 바로 '한류는 우연이 아니다'라는 명제의 증거이다. 일본에서 거둔 일련의 성공은 우연한 행운의 결과가 아니라, 방송사별 맞춤 전략을 세우고, 목표 시장의 특성과 정서를 고려한, 나름 치밀한 전략적 설계의 결과였다고 믿는다.

작품과 상품 사이에서

일본 시장에서 거둔 성공은 단순히 드라마 수출에만 머물지 않았다. 나는 이때부터 콘텐츠를 '작품'으로 보던 시각에서 벗어나, 다양한 수익을 창출할 수 있는 '상품'으로 생각하고 전략적 문화 가치를 덧붙여 마케팅하기로 했다. 콘텐츠 비즈니스의 다양성이 충분히 세분화되지 못했던 당시 나는 콘텐츠 수출, 판권 구매, 국내 유통, 비디오/DVD 사업, 출판, 애니메이션, 캐릭터 사업 및 기타 부가사업 등으로 영역을 확장해 나갔다.

특히, 마케팅을 경험한 사람의 시각은 제작 PD의 시각과는 분명히 달랐다. 현장의 PD가 60분짜리 드라마를 한 편의 '대중예술 작품'으로 다룬다면, 마케팅을 하던 나는 그것을 하나의 '60분짜리 광고판'으로 간주하고 사업 구상을 했다. 이처럼 기획, 제작, 구매, 판매, 유통을 관통하는 입체적인 비즈니스 방식은 소위 OSMU(One Source Multi Use)라는 용어가 보편화되기 전부터 내 머릿속에 자리 잡아 사업 다각화를 시도했었다. 창작과 비즈니스의 중간 지점에서 콘텐츠의 전체 방향을 설계하고, 투자와 해외 세일즈까지 전 과정을 조율하는, 국내에서는 PD로 통칭되던 일반 프로듀서와 차별화된 특별한 역할을 해보고 싶었다. 당시에는 생소했지만 이제와 생각해 보면 해외 마켓에서 만나 동경했던 글로벌 대형 방송사와 영화사의 '이그제큐티브 프로듀서(Executive Producer)'이자 '커미셔너(Commissioner)'를 꿈꾸며 스스로 그 길을 걷고자 했다.

콘텐츠 사업 분야는 점점 다양하게 늘어났고, 인터넷을 기반으로 하는 각종 사업, 특히 온라인 쇼핑몰이 우후죽순처럼 생겨나던 시기였다. 늘 새로운 신규 사업을 도모하고 싶었던 나는 국내 업계에서는 최초로 콘텐츠 기반 온라인 쇼핑몰을 시도했다. 한류를 처음 시작한 인연 덕분에 유명 연예인 소속사와의 우호적 관계를 바탕으로 한류 스타들의 '셀럽숍'을 온라인에 만들었다. 스타의 모습이 들어간 상품뿐만 아니라 드라마에서 입고 나온 의상과 액세서리 등을 소개하고 온라인 판매까지 했다. 당시에는 꽤 획기적인 쇼핑몰이었다. 론칭하기 전인 의류 브랜드 의상을 배우와 콜라보해서 드라마에 출연하자마자 완판시키는 경험도 했다. 콘텐츠의 인기를 단순히 드라마 판매로 끝내는 것이 아니라, 그 스타가 가진 '문화적 매력'을 상품과 연결하여 부가적인 가치를 창출하는 시도였다. '콘텐츠는 무형의 문화 상품이지만, 무한한 확장이 가능하다'라는 근본적인 믿음과 전략에서 비롯되었다.

또 하나의 결정적인 사업 성과는 판권 로열티(Royalty) 계약이었다. 〈올인〉을 처음 일본에 수출할 당시, 나는 DVD 러닝 로열티를 받을 수 있으리라는 예상을 전혀 하지 못했다. 단지 일종의 명목상 항목으로 집어넣었을 뿐이었다. 그러나 드라마가 현지에서 큰 인기를 얻어 예상을 뛰어넘는 로열티가 들어왔을 때, 나 스스로도 놀라움을 금치 못했다. 이처럼 소비자의 감성적 소비 행태는 상상 이상의 경제적 가치를 창출했고, 로열티 계약은 이후 〈천국의 계단〉, 〈파리의 연인〉 등 히트작에 지속적으로 적용되어 한국 콘텐츠의 지속 가능한 수익 모델을 구축하는 데 핵심적인 역할을 했다. 돌이켜 보면, 이 모든 과정이 상사맨 출신의 '태생성(胎生性)'과 이후 글로벌 콘텐츠 기획자로서의 하이브리드 혼종이 이뤄낸 도전의 결과라고 생각된다.

상사맨의
철학

나는 종합상사 출신의 '상사맨'이다. 그래서 드라마 〈미생〉(임시완, 이성민 주연)의 '장그래'와 〈태풍상사〉(이준호, 김민하 주연)의 '강태풍'을 좋아하고 공감한다. 그들처럼 나도 많은 실패를 했고, 좌절했고, 거절당했어도 다시 일어나 끊임없이 도전했다.

상사맨의 덕목은 실패를 두려워하지 않는 것이다. 무엇보다 끈질기다. 거절당해도 다시 도전하고, 문이 닫히면 또 다른 문을 찾는다. 시장을 개척하는 데 필요한 것은 이론이 아니라 발로 뛰는 실행력이다. 이런 경험이 한류가 시작되는 데 결정적인 원동력 역할을 했다고 자부한다.

상사맨은 체계적인 전략가이다. 무작정 용기로만 덤비는 게 아니라 시장을 분석하고 전략을 세워야 한다. 일본 방송사들과 도미노 계약을 통해 한류의 꽃을 피웠던 것도 그런 체계적 전략 사고의 결과였다고 단언한다.

상사맨은 국제적 감각을 갖고 글로벌 트렌드를 읽어야 한다. 문화적 차이를 이해하고 존중하며, 이를 바탕으로 외국인들과의 협상에 능숙해야 한다. 한류가 아시아를 넘어 세계적 현상이 될 수 있었던 것은 글로벌 시류(時流)에 올라타 트렌드를 선도할 수 있는 국제적 감각 덕분이었다.

에필로그:
한류의 시조새, 그 여정은 계속된다

사람들은 나를 '한류의 시조새'라고 부른다. 처음 날갯짓을 했던 까마득히 오래전의 유물이라는 의미일 것이다. 이 '시조새'가 화석이 되어 박물관으로 가기 전에, 후배들에게 전하고 싶은 말이 있다.

한류는 '우연'이 아니다. 그것은 상사맨을 포함한 수많은 개척자가 발로 뛰며 만든 문화 현상이다. 거절당하고 또 거절당하면서도 포기하지 않았던 이들의 땀과 눈물이 이루어낸 결과이다. 실패와 좌절은 필연이었다. 그 필연을 다시금 꽃피우기 위해서는 시행착오조차 반면교사로 삼았던 과거를 기억해야 한다. 수출 마케팅 노하우 전수가 시스템화되어, 전임자를 고문이나 자문단으로 활용하고, 아카데미를 통해 지적 자본이 이어지는 환경이 갖춰지길 소망한다. 콘텐츠는 결국 사람이 만들고, 사람이 유통하며, 사람이 소비하는 인문학적 산물이다. 그 가치를 지속 가능하게 만들기 위해서는, 시스템을 통한 지적 유산의 축적이 선행되어야 할 것이다. 그리고, 실패를 두려워하지 말기를 바란다. 거절은 당신을 멈추게 하는 '벽'이 아니라 더 단단하게 성장시키는 '문'이다. 세상은 용기 있는 시도를 외면할 수 있지만, 그 길을 끝까지 걸어간 사람만이 새로운 길을 낼 수 있다고 믿는다. 언젠가 여러분이 만들어낼 새로운 한류의 파도가, 선배들이 닦아 놓은 거친 길 위에서 더 단단하고 더 멀리 나아가길 바란다.

나는 앞으로 후배들이 주도할 '정말 생각지도 못한 새로운 한류의 또 다른 성공 신화'를 기대한다. 그것은 내가 흘렸던 땀과 눈물이 헛되지 않았음을 증명하는 가장 아름다운 서사일 것이다. 한류의 여정은 아직 끝나지 않았다. 유능한 후배들에 의해 시조새의 비행이 이어지고, 한류의 여정이 영원히 계속되기를 바라며 응원한다.

그리고 기억하라—한류가 우연이 아니었듯이, 당신의 도전 역시 결코 우연이 아닐 것이다.

2

한류에 담긴
공공의 손길

전 문화체육관광부 차관
김현환

문화체육관광부에서 1994년부터 2022년까지 근무하였고, 지금은 대학에서 주로 문화와 관광 정책을 강의하고 있다. 한류에 대해서도 강의를 하는데, 28년 공직 생활 중 한류와 유독 인연이 많았기 때문이다. 문화산업정책과에서 한국콘텐츠진흥원과 한국국제문화교류진흥원의 관리 업무를 맡았고, 국제관광과와 국제문화과에서 한류 확산을 지원하였으며, 파리와 도쿄에서 근무하며 현지 한류의 성장에도 기여하였다. 콘텐츠정책국장 때는 '콘텐츠산업 3대 혁신 전략'과 '신한류 진흥정책 추진 계획' 등 한류와 관련된 중장기 계획도 다수 수립하였다. 정부의 다양한 문화산업 육성 정책에 직접 참여한 것과, 한류의 시작부터 큰 물결이 되기까지의 과정을 지켜본 것을 공직 생활의 큰 보람으로 생각하고 있다.

정부는 한 일도 없이
숟가락만 얹는다?

공직자를 '공복(公僕)'이라고도 한다. '복(僕)'은 '하인'을 의미하니 '국민의 하인'이라는 뜻이고, 영어의 'Civil Servant'도 같은 맥락일 것이다. 현대 사회에 무슨 '하인'이 있겠는가마는 국민의 세금으로 월급을 받으며 국민을 위해 일하고, 일을 잘못했을 때 국민을 대변하는 국회의원이나 언론에 정신없이 혼나다 보면 꼭 하인처럼 머리를 조아리게 되니, '공복'은 여전히 유효한 명칭인 것 같기도 하다.

일을 시키는 자의 일반적인 심리일까, 하인이 열심히 일해도 주인의 평가는 인색한 경우가 많다. 그런 공복 생활을 28년간 하고 퇴직했다. 나 역시 칭찬보다는 욕먹은 기억이 더 많다. 비난은 대부분 나 개인을 향한 것이 아니라, 부처 전체 혹은 공무원 모두를 싸잡아서 하는 것이었지만 그래도 욕먹을 때마다 힘이 빠지고 맥이 풀렸다.

공직자는 말조심에 익숙하다. 업무상 취득한 비밀의 누설 금지는 당연하고, 정책에 대한 가시 돋친 질의에 답할 때도 순간적으로 머릿속에 여러 가지 리스크를 계산하며, 최대한 단정하지 않고, 짧게 답하려고 애쓴다. 공무원들이 자주 하는 대답으로 "검토해 보겠습니다"라든지 "중장기 과제로 개선해 나가겠습니다"와 같은 애매한 표현이 탄생한 연유다.

말 한마디로 곤욕을 치른 선배들을 숱하게 보기 때문에 초급 공무원 시절부터 그런 스킬을 익힌다. 현직 때는 물론 퇴직하고 나서도 말을 삼간다. 나의 공연한 발설로 애먼 후배들에게 불똥이라도 튈까 염려한다. 때론 분명하게 사실이 아닌 이야기가 회자되어도 대세에 크게 지장 없으면 그냥 조용히 참고 지나가곤 한다. 굳이 옛일을 들춰내서 시시콜콜 따져본들 무엇하랴 하는 마음에서다.

한류가 딱 그랬다. 한류는 민간에서 죽기 살기로 노력해서 만들어 놓은 성과이지, 정부가 한 게 뭐가 있느냐, 방해나 안 하면 다행이다, 성공하니 뒤늦게 정부가 숟가락 얹으려 한다, 등등의 말을 참 많이 들었다. 그 정도까지는 그러려니 했다. 씁쓸했지만 그런 비판이 있을 수도 있지, 생각했다. 그런데 최근, 문화체육관광부가 2020년에 '한류지원협력과'를 신설한 것을 근거로, 정부가 2020년에서야 한류 지원정책을 시작했다고 비판하는 글을 읽었을 때, 이건 정말 너무하다 싶었다.

그 잘못된 비판에 대해 뭔가 한마디해야겠다고 생각하고 있을 때, 한류에 관한 에세이 제안이 와서 흔쾌히 응했다. 아무리 매 맞는 게 일상이었고 말을 삼가는 것이 미덕인 전직 공무원일지라도 한류의 성공에 관해서만큼은 정부 관계자의 한마디가 꼭 필요할 것 같았다. 마침 공직 생활 동안 한류와 관련된 업무가 계속 이어져, 한류 정책에 관한 한 지난 30년 동안의 역사를 소상히 알고 있는 편이었기 때문이다.

나는 한류뿐만 아니라 모든 분야에 있어서, 민간 산업계와 학계, 그리고 공공 부문이 함께 적절히 노력해야 제대로 된 성공이 이루어지고, 이른바 '산(産)·학(學)·관(官)' 3개 부문의 협업 구조가 튼튼할 때 지속 가능한 성공이 가능하다고 믿는다. 결론적으로 말하자면 한류 확산이 지금까지 지속되고 있는 것은 '산·학·관' 각 부문의 노력이 조화롭게 작동한 결과라고 믿는다.

문화산업 분야를 오래 연구하신 한국수출입은행 해외경제연구소의 김윤지 박사가 한류를 '설계되지 않은 성공'이라고 하며 공공 부문을 포함한 각 부문의 노력을 종합적으로 평가한 것을 봤을 때, 내 생각을 옮겨 놓은 것 같아서 기뻤다. 사실 내 생각은 줄거리만 유사했지 어수선했는데, 그것을 깔끔하게 정리해 준 한 문장이었다. 그런 면에서 학자들에게 감사와 존경하는 마음을 갖고 있다.

아무튼, 나는 지금의 한류가 있기까지 정부의 노력이 '전혀 없지는 않았다', 오히려 '상당히 있었다'라는 것을 주장하고 싶다. 그래서 나의 문화체육관광부 공직 생활에서 한류 정책과 관련해서 직접 경험한 것들, 당시의 상황과 뒷이야기, 이후에 나타난 '설계되지 않은' 성과 등에 대해서, 세월이 지난 지금의 소회까지 보태서 정리해보고자 한다.

한류 정책의 시작은
2020년이 아니다

한류가 갑자기 시작되었을 리는 없다. 흔히 한류의 시점을 1990년대 말로 잡지만, 한류가 그때 갑자기 성공한 게 아니고 이전의 노력이 바탕이 되었다는 데에는 이견이 없다. 그럼 한류와 관련된 '정책'은 언제부터 시작되었을까. 합의된 시점이 있는 것은 아니지만, 최소한 1994년 문화체육부(당시의 부처 명칭)에 '문화산업국'이 신설된 시기까지는 거슬러 올라가야 한다고 생각한다. 공교롭게도 나는 바로 그 문화산업국에서 공무원으로서의 첫 업무를 시작했다.

당시 나는 아직 수습 딱지도 못 뗀 사무관이었는데, 문화산업국에서 '제1회 서울국제만화페스티벌(SICAF, 1995.8.)'을 준비하면서 일손이 달려 수습 사무관 중 자원자를 모집하였고, 만화를 좋아했던 나는 제일 먼저 손을 들어 합류하였다. 좋아하는 분야의 업무를 한다는 것도 설레었지만, 이름만 대면 다들 아는 스타 만화가를 직접 보고 대화할 수 있다는 것만으로도 주변 친구들에게 큰 자랑거리였다.

그때만 해도 대규모로 만화 관련 행사를 한 것은 전례가 없었기에, 관람객이 과연 얼마나 올지 가늠이 안 섰다. 혹시라도 한산하거나 텅 비기라도 하면 어떡하나 걱정했는데, 개막 첫날 아침 코엑스(COEX) 행사장 앞에 만들어진 긴 대기 줄을 보고 가슴이 벅차올랐던 기억이 아직도 생생하다. 나는 만화전시 코너 담당이었는데, 오픈 직후에 사람이 너무 많이 몰려서, 병풍식으로 만들어 놓은 한국 만화역사 전시판이 인파에 밀려 쓰러지기라도 할까 봐 상당한 시간 동안 한 귀퉁이를 잡고 서 있으면서도, 너무나 신났던 생각이 난다. 그게 공무원으로서 나의 첫 기쁨이었다.

그때는 모든 게 서툴렀던 신입이어서 그냥 선배가 시키는 눈앞의 일만 처리하느라 바빴는데, 지금 돌이켜보면 우리나라에서 본격적으로 만화산업 진흥정책이 시작된 게 바로 그즈음이었다. 서울국제만화페스티벌은 성공적으로 개최되었고, 이후 '문화산업진흥 기본법 제정(1999년)', '제1차 만화산업 진흥 종합계획 수립(2006년)', '만화 진흥에 관한 법률 제정(2012년)' 등의 정책이 이어졌다. 전국 여러 대학에 만화학과가 신설되었고, 만화산업이 급속도로 성장해 나갔다.

지금 우리나라가 웹툰 원조 국가로서 위상을 누리고 있고, 웹툰 원작 영화나 드라마가 대박이 나기도 하면서 만화와 웹툰의 진가가 이제는 제대로 평가받고 있는 것을 보면 격세지감이 느껴진다. 30년 전 그때 만화 행사 업무에 손을 번쩍 들고 자원한 내가 기특하게도 여겨진다. 그 인연이 특별하게 이어진 걸까. 콘텐츠정책국장 시절에 '만화산업 발전 중장기계획(2019)' 발표, '부천 웹툰융합센터 건립 추진(2019년 착공)' 등을 진행했다. 〈고바우 영감〉 작가 고 김성환 화백께 훈장을 추서하는 업무도 맡았는데, 이는 만화가에게 수여된 최초의 금관문화훈장이었다.

정책은 직접적으로 효과를 내기도 하지만, 중앙정부가 어떤 정책 방향을 수립하고 발표하는 것은 민간 분야에 '시그널 효과'를 갖는다. 그런 점에서 당시 문화체육부가 만화 진흥에 대한 정책 의지를 밝힌 것은 우리나라 만화산업에, 만화학계에 시그널 효과가 있었던 거라고 믿는다. 만일 문체부가 그런 정책 방향을 마련하고 지원을 계속하지 않았더라면 만화·웹툰 산업이 과연 지금처럼 성공할 수 있었을까?

국장 시절 만화 관련 기관을 방문했을 때, 현장에서 웹툰 작업을 하고 있던 작가에게 정부 정책이 실제로 현장에 도움이 되는지 물은 적이 있다. 그 작가는 본인이 한국콘텐츠진흥원 신인 지원사업에 공모하여 1천만 원 상금을 받아 첫 웹툰 작품을 만들 수 있었다며 큰 도움이 되었고, 그 덕분에 작가로서 생활을 시작할 수 있었다고 답했다. 이제 본인은 지원 안 받아도 되니, 형편이 어려운 신진 작가들을 많이 지원해주면 좋겠다는 말도 덧붙였다. 그 말을 들으며 정말 흐뭇했다. 누군가의 절실한 상황에 도움이 되었다는 것은 보람 있는 일이다.

만화산업 진흥정책 사례는 문화산업 전체에도 거의 그대로 적용된다. 정부가 '문화산업국'을 신설한 것은 산업계와 학계에 앞으로 문화산업 분야를 주시하라는 시그널이 되었다. 그 후 영화, 게임, 음악 등 각 분야에서 이루어진 진흥기본법과 지원정책 그리고 진흥 기관의 신설 등은 산업의 기초를 다지는 데 분명히 도움이 되었다.

그럼 왜 2020년에야 '한류지원협력과'를 만들고, '신한류 지원정책'을 발표했을까. 이유는 간단하다. 1990년대 말부터 2000년대 초반 일본, 중국 등에서 한류가 붐을 일으키자, 현지에서는 한류에 대한 반감 또한 발생하였다. 이른바 '혐한(嫌韓)', '반한(反韓)'이라고 하는 움직임이다. 그런 상황에 한국 정부가 대놓고 한류를 지원한다고 알려지면 현지에서는 기획된 '문화 침공' 비슷한 느낌이 들 수 있어, 경계심이나 반발감이 더 강해질 거라는 우려가 컸다.

그래서 당시에 한류 확산을 위한 새로운 정책이 대거 만들어지고 관련 기관도 다수 신설되었으나, 명칭에 의도적으로 '한류'라는 말을 붙이지 않았다. 가급적 '문화산업 진흥' 또는 '문화 교류 지원' 같은 명칭으로만 정책이 이루어진 것이다. 내 기억으로 '한류'라는 명칭을 붙인 것은 2012년 문화체육관광부 내부에 태스크포스 형식으로 '한류문화진흥단'이 만들어져 한류 정책 방향을 논의하고, 《한류백서》(2013)라는 책자를 발간한 정도이다.

그러다가 2020년쯤에는 이미 한류가 세계에 알려질 대로 알려졌고, 한국 정부가 이런저런 지원과 육성 사업을 했다는 것 또한 널리 알려졌기에, 정책 수립에 있어서 더 이상 '한류'라는 명칭을 금기어로 할 필요는 없다고 판단했다. 그때는 한류의 영역이 한국 문화 전반으로 확대되고, 연관 산업에까지 융합 및 파급 효과가 커져서 오히려 한류라는 명칭을 붙여서 종합적으로 관리할 필요가 있게 되었다.

그래서 2020년 6월에 문화체육관광부 콘텐츠정책국 내에 '한류지원협력과'를 신설하였고, '신한류 진흥정책 추진계획'도 발표(2020.7)하게 된 것이다. 이후 13개 관계 부처와 민간 전문가 등이 참여하는 '범부처 한류정책 협의체'도 출범시켰다. 그러니 2020년에서야 한류지원협력과가 만들어졌다고 해서, 그전에는 한류 진흥을 위한 정책이 없었거나 담당 조직이 없었던 것이 결코 아니라는 말이다.

'문화가 밥 먹여줌'을 설명해야 했던 시절

문화가 돈벌이가 된다는 것이 지금은 상식이다. 그도 그럴 것이 〈기생충〉 영화에 나온 짜파구리나 〈오징어 게임〉의 달고나, BTS 멤버가 좋아한다는 매운 라면 등이 하루아침에 세계적 히트 상품으로 뜨게 된 것을 다들 보았기 때문이다. 식품뿐만이 아니다. 늘어난 화장품 수출과 한국어능력시험(TOPIK) 지원자 급증 등의 현상은 한류 효과 외에 다른 말로 설명할 수가 없다.

그러나 문화체육부가 문화산업국을 신설했던 1990년대 중반까지만 해도 상황은 전혀 그렇지 않았다. 문화산업의 중요성을 아무리 열심히 설명해도 "솔직히 문화가 밥 먹여주는 것은 아니잖아요?"라는 순진무구한 반문이 되돌아오곤 했다. 문화의 중요성은 주로 인문적 관점에서만 인정되었고, 예산 배정 등의 우선순위에서는 나라 경제가 어렵다는 이유로, 문화는 급하지 않다는 이유로 대승적 양해를 요청받던 시절이었다.

문화의 경제적 효과를 쉽게 설명한 레전드 사례가 있다. 1994년 당시 김영삼 대통령에게 '첨단 영상산업 진흥 방안'을 보고할 때였다. 영상산업의 부가 가치가 높다는 것을 직관적으로 이해시키기 위해, 그때 대박이 났던 〈쥬라기 공원〉 영화를 예로 들어 "영화 〈쥬라기 공원〉 한 편의 1년 흥행 수입이 우리나라 자동차 150만 대를 수출해서 얻는 수익과 같다"라고 설명했다. 누구 아이디어였는지는 모르겠으나, 그 문구는 신의 한 수였다.

그 말은 수년간 여기저기에 인용되었는데, 나도 각종 보고서에 이 문구를 많이 사용하였다. 나중에 신한류 진흥정책을 만들 때도 3대 전략 중 하나를 '한류로 연관산업 동반성장 견인'으로 잡고, 한류와 소비재 산업 마케팅, 연관 서비스산업 육성, 마케팅 공조 등을 포함한 것도 문화의 경제적 효과를 염두에 둔 포석이었다.

내가 콘텐츠정책국장으로 근무하던 2020년에 한류 역사에 길이 남을 엄청난 일이 벌어졌다. 2월에 영화 〈기생충〉이 한국 최초로 아카데미상을 받았고, 9월에는 BTS의 〈다이너마이트〉가 '빌보드 핫100'에서 한국 최초로 1위를 했다. 직원들과 함께 실시간 뉴스를 들으며 환호했던 기억이 난다. 에베레스트 정상을 함께 밟은 것처럼 너무나 기뻤다. 나라의 큰 경사라 축전, 훈장 수여 등 후속 업무가 잇따랐다.

이건 정말로 '숟가락 얹은' 거라고 할지 모르겠으나, 당시 김대관 문화관광연구원장이 발 빠르게 '기생충 아카데미상 수상'과 '다이너마이트 빌보드 핫100 1위'의 경제적 파급 효과를 분석해주어서 타이밍을 놓치지 않고 홍보에 잘 활용하였다. 그 금액은 1조 4천억 원, 1조 7천억 원 등으로 막대했는데, 이후 관련 예산 확보나 입법 추진에도 유용하게 활용되었음은 물론이다. 그 수치가 아직도 한류의 경제적 효과 사례로 인용되는 것을 볼 때마다, 그때 시의적절하게 분석하기를 잘했다고 생각한다. 동시에 문화가 밥 먹여준다는 것을 어렵게 설명해야 했던 옛 기억이 함께 떠오른다. 30년 사이에 그게 다 추억이 되었다는 것은 얼마나 다행인가.

지원하되 간섭하지 않는다는 원칙의 무게

예술 지원 대상을 선정하고 집행할 때, 정치 권력의 개입을 최소화하고 예술의 자율성을 지키기 위해, 영국은 1945년에 '팔 길이 원칙(Arm's Length Principle)'을 도입하였다. 이는 이후 세계 각국 문화정책의 모범으로 자리 잡았다. 한국에서는 이 원칙이 김대중 정부에서 강조되었고, '지원하되 간섭하지 않는다'라는 핵심 슬로건은 일반 국민의 귀에도 익을 정도로 널리 알려져 있다.

정부가 기관장을 임명하고 기관장 단독으로 운영되던 '독임제' 예술기관들을 '위원회'로 바꾼 것도 정부의 간섭을 막고, 문화예술 전문가들에게 독립성과 자율성을 부여하기 위함이었다. 지금은 '영화진흥위원회'나 '문화예술위원회'를 당연한 것으로 여기지만, 그 기관들이 '영화진흥공사', '문화예술진흥원'이었던 시절이 그리 멀지 않다. 문체부 예술국 사무관 시절, 문예진흥원을 문화예술위원회로 전환하는 업무를 담당했었다. 문화예술진흥법 개정안을 들고 국회를 여러 차례 오갔다. 그때 '지원하되 간섭하지 않기 위해'라는 말을 수없이 했다.

2000년대 중반 문화산업국에서 서기관으로 일할 당시 문화산업 진흥을 위한 아이디어로 모태펀드와 완성보증보험 등의 지원제도 도입이 논의되던 초기에 그 업무를 맡았다. '모태펀드', '완성보증' 등 용어조차 생소한데 이를 윗분들께 보고해야 해서, 시험 준비하듯 따로 공부하고 암기해가며 일했던 게 생각난다. 그 정책들은 투자자금에 늘 목말라

하는 콘텐츠 업계에 큰 도움이 되었고 아직도 이어지고 있다. 문화산업 분야에서 '지원하되 간섭하지 않는다'는 원칙이 가장 잘 실현되고 효과를 본 것은 그 두 정책이 아닐까 싶다.

적극 행정의
나비효과

2010년 가을이 끝나갈 무렵이었다. 한국예술종합학교 연극원 교수를 하시다가 주프랑스 한국문화원장으로 나가 계시던 최준호 원장님의 전화를 받았다. 내용은 이러했다. 아직 유럽에서 대규모 K-팝 공연을 한 적이 없는데, 본인 판단으로는 분명 성공할 수 있을 것 같아서 2011년 6월에 7천 석짜리 공연장을 가계약해 놓았다고 한다. 그 계약을 유지하려면 돈이 필요한데, 예산이 없다는 것이었다.

당시 나는 국제관광과장이었다. 최 원장님은 "김 과장 업무가 아닌 것은 아는데, 공연예술과나 대중문화산업과에서 난색을 표해서 고민"이라고 하셨다. 그때가 11월쯤이었으니 당연한 상황이었다. 정부 예산 사업은 성격상 가급적 불용을 안 시키려고 하기 때문에, 연말이 다가오는 그 시기에 사용 계획이 없는 예산이 남아 있기는 어려웠다.

나는 K-팝 공연의 성공을 확신하는 최 원장님의 전문가적 판단을 믿었다. 어떻게든 도움을 주고 싶어서 방법을 모색했다. 모아진 아이디어는 그 공연을 통해 '한국 방문의 해'와 한국 관광을 홍보하고 관광홍보 예산을 사용하는 것이었다. 실제로 수천 명 관객이 모이고 언론에도 보도되니 홍보 효과도 클 것이었다. 당시 한국방문의해위원회 한경아 국장의 적극적인 협조로 공연장 계약을 위한 예산이 지원되었고, 그리하여 K-팝 파리 공연의 첫 난관이 무난히 해결되었다.

이후 그 공연은 SM엔터테인먼트사 전체 아티스트가 참여하는 대형 콘서트인 'SM Town Concert in Paris'로 개최되었고, 최 원장님의 예상대로 엄청난 성공을 거두었다. 그 성공이 있고 나자, 유럽 각국은 한국의 아이돌 그룹을 앞다투어 초청하였고, K-팝 공연이 유럽 여기저기서 폭발적으로 이루어졌다. 나는 그때 파리의 그 공연을 'K-팝 세계화의 기폭제'라고 명명하였다. 물론 그 성공은 최 원장님의 혜안과 기획, SM 아티스트들의 노력 덕분이지만, 그 첫 단추를 끼우는 데 조금이나마 기여한 것이 내 마음속 큰 자랑이 되었다.

당시 내가 예산을 그렇게 무리해 가면서 지원하지 않았다면 공연장 확보가 안 되어서 결국 그 사업은 포기해야 했을지도 모른다. 그 공연은 최준호 원장님 입장에서도 꼭 해야 하는 사업도 아니었다. 본인이 성공을 확신했고, K-팝 유럽 진출의 좋은 계기가 될 것 같아서 일부러 벌인 사업이었으니 말이다. 수년 전부터 공무원의 소극적인 업무 태도 개선을 위해 '적극 행정'이라는 용어를 만들어 독려하고 있는데, K-팝 파리 콘서트 지원이야말로 적극 행정의 좋은 사례라고 본다.

세계 사람들의 마음을 움직이는
한류의 힘

지난 30여 년간 한류가 확산되는 단계에 맞추어 문화체육관광부의 국제 문화정책 방향도 변화가 있었다. 2002년 FIFA 월드컵 개최 이전에는 지금처럼 한국 문화가 세계 곳곳까지 알려진 것은 아니었다. 문화교류과에 근무하면서 2001년도에 국립국악원 공연단과 남미로 출장 간 적이 있는데, 그때 우리 공연을 신기한 듯 바라보던 남미 사람들이 생각난다. 그때만 해도 한국 문화 홍보정책은 우리에게도 이런 문화가 있다고 일방적으로 알리는 홍보 위주였다. 즉 '일방향'이었다.

그 후 일본과 중국 등지에서 한류 팬덤이 형성되고, 그에 대한 반발로 혐한 분위기가 형성되었다. 그러자 이에 대응하여 우리 정책도 상호 문화 교류를 강조하였고, 방향성은 '쌍방향'이 되었다. 2010년대 이후 한류는 전 세계 곳곳으로 전파되었고, 문화체육관광부의 신한류 진흥정책 추진의 비전도 '세계 문화 다양성에 기여하는 한국 문화'로 제시되었다. 이때의 방향성은 '같은 방향' 또는 방향이 의미가 없는 '무(無)방향'이라고 할 수 있다.

재외 한국문화원은 한류와 밀접한 관련이 있다. 전시와 공연 등으로 한국 문화를 직접 홍보하기도 하고, 한류 콘텐츠 수출을 돕기 위한 간접적 지원 역할도 한다. 주일 한국문화원장으로 도쿄에서 3년간 일한 적이 있다. 그때 근무 여건이 쉽지 않았다. 부임 첫해인 2015년 말에 이른바 '위안부 합의'가 이루어졌고, 그 여파로 한일관계가 급랭했기 때문이다. 양국 언론의 자극적인 보도는 한·일 양국관계를 더욱 악화시켰다. 일본의 혐한 시위대 차량이 한국문화원 앞까지 와서 혐한 방송을 하고 가곤 했다. 그러한 여건에서 나는 문화원 직원들과 함께 업무와 관련된 큰 지침을 정했다. 그것은 '한일 간 정치외교 관계가 아무리 나빠져도 문화 교류의 창구마저 닫아서는 안 된다. 그리고 한일관계가 조금이라도 나아질 것 같으면 문화 교류가 앞장서서 그 회복을 선도해야 한다. 그러니, 문화원은 긴 안목으로 흔들림 없이 일하자'는 것이었다. 고맙게도 직원들은 내가 이끄는 방향에 잘 따라 주었고, 많은 보람 있는 일을 할 수 있었다.

문화원 업무는 우리가 직접 기획하고 현장에서 결과까지 직접 확인할 수 있어서, 그간 중앙정부의 정책 업무만 하던 것과는 완전히 달랐다. 현장에서만 느낄 수 있는 감동과 보람이 있었다. 그때는 정말 일이 재미있었다. 여러 가지 문화원 업무를 개선해 나갔는데, 그중 하나가 가급적 일본 현지 기관과 공동으로 사업을 개최하는 것이었다. 공동 개최를 하면 한일 양국의 문화가 함께 홍보되므로 거부감을 줄일 수 있고, 나아가 양국 문화의 비교 분석, 역사성, 문화적 근접성 등도 생각해 볼 수 있는 장점이 있었다.

특히, 일본 대학교와 공동 개최를 많이 했다. 한일 간 교류가 미래 지향적으로 가기를 원했고, 그 핵심은 '미래 세대'라고 생각했기 때문이다. 부임 초기 한국문화원 방문자가 주로 노년층과 중년 여성들이고 젊은 세대는 거의 없어서 고민이 많았다. 나중에 와세다대학, 도쿄예술대학, 타마미술대학 등과 공동으로 사업을 추진하자, 자연스럽게 양국 대학생들이 문화원에 많이 오가게 되었다. 그 결과 문화원 분위기는 이전보다 훨씬 활기를 띠게 되었다.

주일 한국문화원 경험 중에서 또 한 가지 소개하고 싶은 이야기가 있다. 문화원 주최 '한국어 작문 콘테스트'에 응한 학생 중에, 어릴 적 뇌성마비로 하반신이 불편해 휠체어 생활을 하는 여학생이 있었다. 그 학생이 최고상을 받았다. 나중에 들으니, 한국어를 공부하게 된 사연이 애틋했다. 초등학생 때 집에서만 지내는 그 학생을 위해 할머니가 〈대장금〉 비디오테이프를 구해다 주었다. 너무 재미있어서 몇 번이나 드라마를 보다가 독학으로 한국말을 배우게 되었고, 결국 작문대회 참가까지 하게 되었다는 것이다.

글의 내용은 한국 여행에 대한 것이었다. 한국에 대한 관심이 높아지자 한국 여행을 하고 싶어졌다. 마침내 엄마와 같이 한국 여행을 했는데, 한국 사람들의 친절함에 감동받았다고 했다. 10여 년 전만 해도 한국에서 휠체어 이용자가 대중교통을 이용하는 데 어려운 점이 많았다. 하지만 이동에 곤란한 상황이 닥칠 때마다 매번 어디선가 한국 아저씨들 몇 명이 다가와 휠체어를 번쩍 들어 올려 옮겨주더라는 것이다. 일본에서는 낯선 사람들이 그렇게 친절을 베푸는 것은 상상하기 어려워서, 한국 사람들의 적극적인 친절에 놀랐다고 했다.

같이 여행했던 그녀의 어머니는 그전에는 한국에 대해 약간 부정적인 선입견이 있었는데, 딸과 함께 한국을 다니면서 한국인에 대한 이미지가 완전히 달라졌다고 했다. 그 여학생에게 상을 수여하면서 오히려 내 마음이 경건하게 정화됨을 느꼈다. 이것이 문화의 힘이고, 한류의 힘이구나 생각했다. 어떤 의미에서 그 소녀에게 진짜 한류는 한국 아저씨들의 마음, 투박한 인정인지도 모르겠다.

문화강국의 꿈,
문화로 행복한 국민

파리에 있는 경제협력개발기구(OECD) 사무국에서 근무할 기회가 있었다. 초등학교 때, 가장 재미있는 과목이 뭐냐고 물으면 늘 미술이라고 대답할 정도로 미술을 좋아했다. 그러니 그곳에 살면서 루브르박물관, 오르세미술관의 작품을 수시로 볼 수 있다는 것만으로도 내겐 오랜 꿈의 실현 같은 것이었다. 파리에서 3년간 지내며 내가 주목했던 것은 '예술 창작자'보다 '예술 향유자'였다. 지금도 잊히지 않는 두 가지 경험이 있다.

첫 번째는 파리 정착 초기에 처음으로 로뎅미술관을 방문했을 때 본 풍경이다. 학창 시절 미술 교과서에서만 봤던 작품들이 진품으로 내 눈앞에 있었다. 현란한 아름다움에 감탄하면서 천천히 하나하나 자세히 살피며 전시실을 돌고 있는데, 어느 한 작품 앞에 유치원생으로 보이는 아이들 십여 명이 옹기종기 앉아 있고 선생님이 열심히 설명하고 있었다. 무언가에 얻어맞은 것 같았다. 나는 나이 마흔이 되어 로뎅 작품을 처음으로 보며 감탄하고 있는데, 저 아이들은 유치원 시절부터 보는구나. 얼마나 부러웠는지 모른다.

또 하나는 내가 살던 동네의 성당에서 있었던 일이다. 거기서 작은 음악회가 열린다고 해서 가보았는데, 연주를 감상하는 사람들이 그야말로 평범한 동네 사람들이었다. 나이 드신 분들이 많이 보였다. 놀라운 건 그 노인들이 연주되는 곡을 다 아시는지, 선율에 맞춰 고개를 흔들기도 하고 즐기면서 너무나 행복한 표정으로 감상하고 있었다. 어렸을 때부터 예술을 접하고 자란 사람들은 저렇게 행복할 수 있구나 싶었다.

당시 문체부가 의욕적으로 추진하고 있던 예술교육 정책이 떠올랐고, 우리나라는 언제나 저렇게 되려나 한숨이 나왔다. 훌륭한 예술가를 키워내고 창작을 지원하는 것만큼이나 일반 국민의 문화 향유 수준이 높아지는 것이 중요한데, 한국인들이 내가 본 그 파리 사람들처럼 되기란 요원해 보였다.

그런데 지금 한국에서 놀라운 일이 벌어지고 있다. 용산 국립중앙박물관에서 문화 상품을 사기 위해 오픈런 사태가 벌어지고 있고, 국립현대미술관 전시에 연일 수많은 인파가 넘치고 있다. 국악 공연이나 창극단 공연도 젊은 사람들이 몰리면서 매진 사례가 이어지고 있다. 최근에 게임 음악을 주제로 오케스트라 연주를 하는 콘서트에 갔다 온 적이 있는데, 젊은 남성 관객이 여성 관객보다 더 많아서 깜짝 놀랐다. 중간 휴식 시간에 남자 화장실 앞에 긴 대기 줄이 만들어진 진풍경을 보고 실소가 나왔다. 그도 그럴 것이 여태껏 공연 보러 다니면서 공연장 남자 화장실 앞에 그렇게 긴 줄이 생긴 것은 처음 보았으니 말이다.

이제 우리나라 문화예술 향유자도 그때 내가 본 파리 사람들 수준에 이른 것 같다. 불과 이십 년 사이에 이런 발전이 이루어지다니, 우리나라는 참 대단한 나라다. 예전 문체부 기획조정실 과장으로 근무하면서, 연초에 장관이 대통령께 보고하는 문체부 업무보고 자료를 만들 때, 맨 뒤 페이지에 김구 선생님의 '문화의 힘'을 내용으로 넣어서 마무리한 적이 있다. 그때만 해도 높은 문화의 힘을 가진 대한민국은 '희망 사항'이었다. 그런데 지금은 이미 문화강국의 문턱을 넘어섰다고 생각한다. 현재의 과제는 그 위상을 지속시키면서 국민의 문화 행복지수를 조금씩 더 높여가는 것이라고 생각한다.

한류의 미래, 선순환의 시작을 위하여

콘텐츠정책국장으로 있을 때 문화콘텐츠 각 분야 중장기 계획을 많이 수립하였다. '한국 영화산업 발전 계획(2019.10)', '만화산업 발전 계획(2019.10)', '게임산업 진흥 종합계획(2020.5)', '신한류 진흥정책 추진 계획(2020.7)' 등을 수립하였다. 일복이 많은지라, 5년마다 돌아오는 콘텐츠정책국 각 분야 중장기 계획 수립 업무는 공교롭게 거의 다 내가 국장일 때 이루어졌다.

대통령 보고행사도 두 번이나 하였는데, '콘텐츠 산업 3대 혁신 전략(2019.9)', '디지털 뉴딜 비대면 콘텐츠 산업 성장 전략(2020.9)'이다. 콘텐츠 산업 3대 혁신 전략에서는 '① 정책 금융 확충, ② 선도형 실감 콘텐츠 육성, ③ 연관사업 성장 견인'을 주요 내용으로 정리하였다. 일반 정책도 그렇지만 중장기 정책은 더욱 계획대로만 실현되지는 않는다. 그래도 한발 앞서 미래를 내다보고 방향을 잡는 것이 정부의 역할이다.

문화예술 지원을 위한 '팔 길이 원칙'은 '한 팔'의 거리를 이야기하나, 한류의 경우 중앙정부의 정책은 '한 뼘'의 거리를 두고 설계된다고 말하고 싶다. 지원하되 간섭하지 않아야 하니, 너무 가까워서도 안 되지만, 한류 정책은 현장과의 긴밀한 소통과 산업 트렌드 변화를 면밀히 살피는 것도 필요하기 때문이다. 그래서 한 뼘 정도의 거리이다. 한 뼘 떨어진 정책이어도 제대로 설계되면 커다란 태풍을 몰고 오는 나비효과를 낼 수도 있고, 세계 사람들의 마음에 큰 감동을 안길 수도 있고, 모든 국민을 문화로 행복하게 만들 수도 있다.

글의 첫머리에 이야기했듯 한류는 '산(産), 학(學), 관(官)' 세 부문이 함께 협업하며 돌아가는 세 바퀴 수레와도 같다. 지금도 '산(産)'과 '학(學)'은 빠르게 돌아가며 성과를 내고 있는 것 같은데, '관(官)'이 걱정이다. 내가 열정적으로 일했던 10년 전, 20년 전에 비해 지금 공무원들의 사기가 많이 떨어져 있는 것 같아서다. 공무원은 여전히 나라 정책을 결정하는 중요한 키를 쥐고 있으니, 그들이 의욕을 잃으면 한류의 수레는 오래가지 못하고 무너질 것이다.

내 삶의 좌우명은 '공헌(貢獻)'이고 공직 생활의 화두는 '개선(改善)'이었다. 조금이라도 개선해서 사회와 국가에 공헌하는 삶, 그것이 공직자로서 내가 지향한 삶이었다. 긴 공직 생활에 슬픔도 있었고 좌절도 있었지만, 그때마다 동료들과 어깨 다독이며 힘을 다시 모았다. 최선을 다했고 그래서 행복했다.

주인이 하인을 나무라기만 하면 신나서 일할 리가 없다. 잘못한 일에는 화내고 혼내는 게 당연하지만, 잘한 일에 침묵하지 말고 좀 더 칭찬해 주면 어떨까. 선순환의 시작은 칭찬에서부터인 것 같다. 칭찬은 하인의 사기를 올리고 무기력에서 벗어나게 할 것이다. 국민의 하인인 공무원이 힘을 내서 업무를 개선하고, 공헌하는 삶을 살려고 해야 한다. 그래야 한류도 미래가 있다.

3

좋은 콘텐츠를
만든다는 것

빅오션이엔엠 이사회 의장
황동섭

㈜빅오션이엔엠 이사회 의장과 ㈔한국연예제작자협회 이사를 맡고 있으며, 음반 제작자로 시작하여 지금은 음악, 드라마, 영화, 예능, 공연, 뮤지컬, 매니지먼트 등 콘텐츠 전반적인 사업을 전개해 나가고 있다. 대표작으로는 음반 가수 프리스타일, 빅마마 소울, 원티드 김재석, 박혜경, iii(아이아이아이), 드라마 OST MBC 〈최고의 사랑〉, JTBC 〈빠담빠담〉, KBS 〈김과장〉, MBC 〈로드 넘버원〉을 기획, 제작하였다. 드라마 채널A 〈여행을 대신 해드립니다〉, tvN 〈소용없어 거짓말〉, SBS 〈너의 밤이 되어줄게〉 등을 제작하였으며, 영화 넷플릭스 오리지널 〈제8일의 밤〉, 〈파이프라인〉 등을 제작하였다.

한양대학교 문화콘텐츠학과 박사과정을 수료하였으며, 2014 대한민국 콘텐츠 대상 문화체육관광부 장관 표창과 2019 문화산업발전 부문 문화체육관광부 장관 표창을 받은 바 있다.

'하나음악',
내 음악 인생의 출발점

20대 시절, 무조건 음반 제작자의 길을 가고자 마음먹고 찾아
간 곳, 그곳은 지금도 내 마음속에 따뜻하게 남아 있는 '하나음악'이다.
'하나음악'은 단순한 음반 레이블이 아니었다. 그곳은 마치 음악가들이
서로를 품고 함께 걸어가는 하나의 공동체였고, 한 곡의 음악이 나오기
까지 정성과 사려 깊음이 고스란히 음악 안에 담겨 있었다.

하나음악은 그 시절 나에게는 경외하는 마음을 갖게 하는 이름이었
다. 시장의 흐름이나 대중의 반응에 흔들리지 않고, 음악 자체의 아름다
움과 진심을 지키며 작업하는 레이블. 실제로 그 공간을 마주했을 때 나
는 놀랐다. 하나음악은 거창하지 않았다. 스튜디오는 크지 않았고, 장비
는 꼭 필요한 것만 있었고, 사람들은 조용했다. 그러나 그 안의 공기는

유난히 무거웠고, 진지했고, 무엇보다 깊었다. 마치 한 곡의 음악이 세상에 나올 때까지 모든 과정이 소리 없이 축적되는 공간 같았다. 한 사람의 인생을 온전히 담아내려는 듯한 진심이, 그곳에 있었다.

누구도 급하지 않았고, 모두가 자신의 내면에 귀를 기울이며 작업했다. 빨리 완성하는 것보다, 제대로 나올 때까지 기다리는 방식. 그 과정에서 나는 중요한 것을 배웠다. 음악은 상품이 아니라 삶이라는 것. 그리고 음악을 만드는 사람이라면, 세상이 알아주지 않아도 묵묵히 자신만의 음악을 이어가야 한다는 것.

하나음악이 내게 가르쳐준 것은, 음악을 만드는 사람이라면 세상이 인정하기 전부터 묵묵히 자신만의 음악을 이어가는 이들을 만나게 된다는 것이다. 내게는 그중 하나가 바로 조동진, 조동익 형제가 이끌어온 하나음악의 세계였다. 음악은 상품이 아닌 삶이라는 믿음으로 시작된 하나음악은 2003년 공식적인 활동을 멈췄다. 하지만 그 이후에도 수많은 음악인이 그 정신을 잇기 위한 시도를 이어갔고, 지금까지도 대한민국 음악 역사에서 가장 아름다운 유산을 남긴 레이블로 기억되고 있다.

나는 음악을 기획하고 제작하는 사람으로서, 잠시나마 하나음악의 일원으로 활동했던 그 시절에 진심으로 감사하며, 지금까지도 그들의 방식이 늘 부럽고도 존경스럽다. 빠르게 소비되는 트렌드 속에서 변하지 않는 음악의 진심, 그것이 조동진의 목소리, 조동익의 편곡, 하나음악의 모든 아티스트에게서 느껴졌다. 내가 처음 만난 '음악을 만드는 공간'이었다.

그곳에서 나는 음악이란 무엇인가, 왜 나는 음악을 만들고 싶어 하는

가, 그 질문에 대한 답을 어렴풋이 얻었다. 나는 지금도 수많은 곡을 기획하고 제작하며, 다양한 아티스트와 작업을 이어간다. 때로는 빠르게 소비되는 음악 시장 속에서 흔들리기도 하고, 결정의 무게 앞에서 망설일 때도 있다. 하지만 그럴 때마다 나는 내 음악 인생의 출발점이었던 하나음악의 공기를 떠올린다. 그곳에서 내가 본 사람들, 묵묵히 음악을 만들어가던 모습, 그들이 음악을 대하는 눈빛. 그 기억은 언제나 내가 어느 방향으로 가야 하는지를 조용히 가르쳐준다.

보이지 않는 곳에서
음악을 완성하는 사람

우리는 대개 음악을 들을 때, 그 곡을 부른 가수의 이름이나 그 목소리의 매력에 먼저 반응한다. 때로는 작곡가, 작사가의 이름이 주목받기도 한다. 그 음악이 세상에 나오기까지 전체 그림을 설계하고, 음악 안의 사람과 감정을 처음부터 끝까지 책임지는 사람이 있다. 그가 바로 음반 제작자다.

음반 제작자는 단순히 앨범을 '만드는 사람'이 아니다. 그는 무엇을 만들지, 왜 만들어야 하는지부터 시작해 누구와 만들어 어떻게 전달할지를 고민하는 사람이다. 가수보다 먼저 음악을 상상하고, 엔지니어보다 먼저 사운드를 구상하며, 마케터보다 먼저 청중의 마음을 읽는 사람. 가수의 눈빛, 가사의 감정, 멜로디의 방향성, 심지어 앨범 한 장이 나오는 순간의 시대 분위기까지 모두 계산하고 설계한다. 음반 제작자는 기획자이자 큐레이터이고, 동시에 음악과 사람을 이어주는 통역자다.

내게 음반 제작자라는 직업은 사람의 이야기를 음악으로 옮기는 일이었다. 어떤 아티스트는 말보다 노래로 자신을 설명했고, 어떤 곡은 눈물이 되지 못한 감정을 대신 꺼내주었다. 나는 늘 그 감정의 시작을 함께했고, 그 음악이 세상에 나올 수 있도록 가장 조용하지만 가장 깊숙한 자리에서 일했다.

때로는 이견과 갈등을 조율해야 했고, 수없이 계속되는 수정 끝에 비로소 한 곡이 완성되기도 했다. 그 모든 순간 속에, 나는 분명히 존재했다. 내 손끝에서 시작된 기획이 하나의 앨범이 되었고, 그 앨범은 누군가의 마음속에서 추억이 되었다.

음반 제작자는 결과를 만드는 사람이 아니라, 과정을 지키는 사람이다. 누군가의 꿈이 무너지지 않도록, 한 곡의 진심이 왜곡되지 않도록, 어떤 순간에도 음악이 음악으로 존재할 수 있도록. 무대에 오르지 않아도, 인터뷰를 하지 않아도 괜찮다. 나는, 그 음악이 만들어지는 모든 순간을 함께한 사람이기 때문이다.

음반 제작자는 사람의 이야기를 음악으로 옮기고, 음악을 사람에게 닿게 만드는 사람이다. 들리지 않아도, 보이지 않아도, 그 안에 반드시 제작자의 숨결은 담겨 있다. 음악을 만들어내는 것이 아니라, 음악이 태어날 수 있도록 '길'을 내주는 사람. 나는 그런 제작자가 되고 싶었다. 그리고 지금도, 그 길 위에 서 있다.

음악을 만든다는 건, 어쩌면 사람을 이해하고자 하는 일인지도 모른다. 누군가의 감정, 눈빛, 말투, 상처, 기쁨, 혹은 삶 전체를 단 몇 분의 멜로디와 가사에 담아내야 하는 일이기 때문이다.

　기획자이자 제작자인 나는 늘 무대 밖에서 음악을 준비한다. 누군가의 목소리에 힘을 실어주고, 누군가의 감정을 음악이라는 언어로 번역해 세상에 내보내는 사람. 그렇게 나는 지금까지 수많은 음악을 만들어 왔고, 그 노래들은 어느 순간부터 내 인생의 연대기가 되어 있었다.

　나는 종종 생각한다. 음악을 만드는 일은 결국 사람을 믿는 일이라고. 그 사람이 어떤 이야기를 가지고 있는지, 어떤 결을 가진 목소리를 내는지, 그리고 어떤 방식으로 세상과 연결되고 싶은지를 기획자는 누구보다 먼저, 누구보다 깊게 이해해야 한다.

　내가 지금까지 함께한 아티스트는 많다. 2025년 8월 말 데뷔한 걸그룹 아이아이아이(iii)는 가상세계에서 현실로 온 걸그룹이라는 콘셉트로 본격적인 활동을 시작했고, B.A.P 문종업은 아이돌이라는 이미지를 넘어, 아티스트로서의 자아를 찾아가던 시기의 열정이 강렬하게 기억난다. 박혜경, 장한별, 이혜인, 그레이시 등은 각자 삶의 궤적을 음악으로 풀어낸 진정성 있는 보컬들. 그들의 목소리는 곧 이야기였다. 크라운제이, MC 한새, 레디오, 프리스타일은 시대를 반영하되 자기 색을 잃지 않으려 애썼던 이들. 그들과의 작업은 늘 '트렌드'와 '진심' 사이의 균형을 고민하게 했다. 빅마마 소울, 원티드 김재석은 목소리 하나만으로 공간을 채우는 사람으로서 나는 그 울림을 어떻게든 더 많은 이에게 들려주고 싶었다.

아티스트와의 작업은 단순한 계약이나 프로젝트가 아니었다. 그건 늘 '관계'였고, '신뢰'였고, '공감'이었다. 그들이 진짜 하고 싶은 이야기가 무엇인지 알아내는 데 많은 시간을 들였고, 내가 생각하는 '좋은 음악'이 아니라 그 사람이 들려주고 싶은 '진짜 음악'이 되도록 조율했다. 그렇게 만들어진 음악은 곡 이상의 의미를 가졌다. 그건 그 사람의 기록이었고, 그 시기의 감정이었고, 나에게는 '한 사람을 이해한 증거'였다.

드라마 OST는 내가 가장 오래, 그리고 깊이 있게 다뤄온 영역이다. 단순히 '드라마에 쓰일 노래'를 만드는 것이 아니라, 극 속 인물이 말하지 못한 감정을 음악으로 전달하는 일. 대사보다 조용하지만, 더 깊이 가슴에 남는 언어였다. 나는 지금까지 수많은 드라마 OST를 제작했다. 그 리스트는 단순히 작업 이력을 넘어, 내가 함께했던 수많은 이야기의 조각이기도 하다.

MBC 〈최고의 사랑〉 OST는 1위 곡을 가장 많이 낸 OST이기도 하다. 써니힐 〈두근두근〉, 허각 〈나를 잊지 말아요〉, 아이유 〈내 손을 잡아〉, 케이윌 〈리얼 러브송〉, 지나 〈내 사람이라서〉 등 무려 5곡이 멜론 차트 1위를 기록한 바 있다. 단일 OST로는 엄청난 기록을 세운 것이다. 특히나 아이유 〈내 손을 잡아〉는 한참이 지나 다시 역주행했다. OST도 시간이 지나 다시 울릴 수 있다는 걸 처음 체험하게 해준 곡이다.

SBS 〈펜트하우스〉, 〈열혈 사제2〉, 〈재벌X형사〉는 극의 강렬한 서사와 감정을 따라가기 위해, 매 순간 긴장하며 감정선의 중심을 유지하려 노력했다. tvN 〈철인왕후〉, 〈소용없어 거짓말〉은 시대극과 판타지를 넘나드는 작품 안에서도 감정은 결국 사람의 것임을 새삼 느끼게 해주었다. 그 감정을 따라 음악을 만든다는 건 장르를 초월한 일이었다. KBS 〈굿닥터〉, 〈김 과장〉, 〈넝쿨째 굴러온 당신〉, JTBC 〈그녀의 신화〉, 〈욱씨 남정기〉, MBC 〈내 마음이 들리니〉 등 일상의 이야기부터 사회적 메시지까지 다양한 작품과 함께하면서 OST가 작품 전체의 분위기를 결정짓는 중요한 요소임을 실감했다. OST 작업은 감정을 설계하는 또 하나의 일이다. 즉 드라마 OST 작업은 또 다른 의미의 '감정 번역'이었다. 아티스트가 아닌 캐릭터의 감정을 대신 말해주는 음악이었다.

또한 다양한 프로젝트 앨범을 통해서 음악의 실험과 확장의 장을 열고자 했다. 기획자에게 음악은 단지 누군가를 위한 결과물이 아니라, 새로운 가능성을 실험하고 확장하는 도구이기도 하다. 나는 기획자로서 시야를 넓히고자 국내외 다양한 프로젝트 앨범에도 참여하고, 기획했다. 국내 탑 프로듀서 라이언 전과 이달의 소녀, NCT U 등 K-팝 기반의 글로벌 콜라보를 기획하였으며, 그 외에도 Sing of Influencer, Change Key Project 등 SNS·인디·서브컬처 기반 뮤지션과의 협업을 통해 플랫폼과 마케팅, 세계관 설계까지 포함한 프로젝트 기획을 시도하였다.

이 프로젝트들은 단순한 음반 제작을 넘어서 '음악이 어디까지 확장될 수 있는가'에 대한 질문과 시도였다. 브랜딩, 콘텐츠 융합, 글로벌 유통까지 고려하며 음악을 '새로운 방식으로 전파하는 방법'을 고민했던 시간이었다.

그 과정에서도 나는 결코 잊지 않았다. '좋은 음악은 결국 사람의 감정에 닿아야 한다.' 기획이 아무리 화려해도, 그 안에 진심이 없다면 사람들은 듣지 않는다. 그래서 나는 '마케팅'보다 '메시지'를, '속도'보다 '감정'을 우선하는 기획자로 남고 싶었다.

지금까지 내가 만든 음악은 어쩌면 내 이름 없이 기억되고 있을 것이다. 하지만 괜찮다. 내가 만든 음악 속에는 분명히 내 마음이 있고, 나의 선택이 있고, 사람들과 나눈 이야기의 조각이 담겨 있으니까. 어떤 음악은 누군가의 첫사랑 배경이 되었고, 어떤 곡은 병원에서 울고 있는 사람의 이어폰 속에 있었으며, 어떤 OST는 운전 중 라디오에서 흘러나와 그날의 감정을 위로했을지도 모른다. 음악이 그렇게 누군가의 하루를 바꿀 수 있다면, 나는 충분히 만족한다. 나는 곡을 만들지 않는다. 멜로디를 쓰지도 않고, 무대에 서지도 않는다. 그러나 나는 사람을 보고, 음악을 듣고, 그 둘을 이어주는 일을 한다. 내가 만든 모든 음악은 단순한 작업물이 아니라 누군가의 진심이었고, 동시에 나의 기록이었다.

나는 프리스타일 〈Y(Please Tell Me Why)〉로 대중적 성공을 이루었고, 드라마 〈최고의 사랑〉 OST 〈내 손을 잡아〉의 역주행을 직접 경험했다. 수많은 아티스트와 드라마 OST 앨범을 제작하며 한 시대의 감정과 장면을 음악으로 담아내는 일을 해왔다. 그 모든 작업의 이면에는 음악이 진심일 수 있다는 것을 믿게 해준 '하나음악'의 철학이 있다.

세상의 박수보다 스스로의 울림을 더 소중히 여겼던 그들처럼, 나 역시 한 곡이 누군가의 인생에 남기를 바라는 마음으로 음악을 만든다. 그것이 내가 이 길을 계속 걸어가는 이유이기도 하다.

추억과 기억을
노래로 남긴다는 것

한 장의 사진처럼 그때 그 시절 우리의 추억을 떠올리게 만드는 노래가 있다면 음반 제작자로서 큰 영광이 아닐 수 없다. 수많은 작업 중에서도 특별히 내 마음에 오래 남는 노래가 있다면, 단연 가수 프리스타일의 〈Y(Please Tell Me Why)〉일 것이다.

2004년, 내 나이 스물여섯. 아직은 서툴고 불안한 20대 중반인 내가 음반 제작자로서 처음으로 세상에 큰 울림을 낸 작품이었다. 지금도 선명하게 기억난다. 단순하고 반복되는 멜로디, 감정을 꾹 눌러 담은 가사, 어딘가 공허한 듯하지만 따뜻하게 다가오는 보컬. 그 조각들이 만나 하나의 노래가 되었고, 그 노래는 예상보다 훨씬 더 멀리, 더 깊게 사람들의 마음속으로 스며들었다.

〈Y(Please Tell Me Why)〉는 큰 사랑을 받았다. 특히 싸이월드라는 2000년대의 상징적 공간에서 수많은 이의 감정을 대변하는 음악이 되었다. 누군가는 이별의 노래로, 누군가는 사랑의 시작으로, 또 누군가는 그저 그 시절의 배경음악으로 〈Y(Please Tell Me Why)〉를 기억했다. 그렇게 이 노래는 시간을 품은 음악이 되었고, 나에게는 인생의 방향을 결정짓는 곡이 되었다.

어쩌면 그때부터였던 것 같다.

"나는 음악으로 누군가의 기억 속에 남는 사람이고 싶다."

그 생각이 지금까지도 내 발걸음을 이끌고 있다. 프리스타일의 〈Y(Please Tell Me Why)〉는 내게 단지 '성공한 음반'이 아닌, 제작자로서 나를 탄생시킨 노래였다. 그 노래 덕분에 나는 지금까지 이 길을 걷고 있다.

중국 대륙에 울려 퍼진 나의 노래, 그리고 침묵

지금도 여전히 어디선가 흘러나오는 프리스타일의 〈Y(Please Tell Me Why)〉는 나에게 '성공'이라는 단어의 처음이자, '책임'이라는 단어의 시작이기도 했다. 어느 날, 한국저작권위원회 중국 사무소로부터 뜻밖의 소식을 들었다. 〈Y(Please Tell Me Why)〉 중국어 버전이 중국에서 크게 히트하고 있다며 계약은 되어 있는지, 정산은 되고 있는지 확인하려고 연락이 온 것이었다. 내가 제작한 익숙한 멜로디가 낯선 언어 위에 얹혀 있었고, 방송과 광고, 온라인 플랫폼에서 아무렇지 않게 흘러나오고 있었다. 확인차 당장 달려간 중국 베이징 중심 번화가에서 중국어 〈Y(Please Tell Me Why)〉가 흘러나오고 있었다.

당시 나는 대만 글로벌 직배사의 제안으로 대만 유명 아이돌 가수에게 〈Y(Please Tell Me Why)〉 저작인접권 및 저작권 권리를 승인했고, 내가 제작한 음원 데이터를 보내주었다. 하지만 계약한 회사가 아닌 다른 회사의 가수가 부르게 되면서 수익 배분이 전혀 이루어지지 않고 있었다. 이로 인해 대만에서 1위를 기록하고 중국 대륙으로 넘어간 후 이 노래가 크게 히트한 것이었다.

처음에는 어안이 벙벙했다. 내가 만든 노래가 국경을 넘어 사랑받는다는 건 기쁘고 감사한 일이지만, 정당한 대가나 존중 없이 사용된다는 건, 마음이 도둑맞는 기분이었다. 나는 한국저작권위원회 중국 사무소와 함께 법률 자문을 받으며, 가능한 모든 대응을 시도했다. 하지만 당시 중국 내 저작권 체계는 지금처럼 정비되어 있지 않았고, 법적으로 완전한 보호를 받는 데는 현실적인 한계가 많았다. 그 경험은 나에게 한 가지를 깊이 가르쳐주었다. "음악은 들리는 것만으로 완성되지 않는다. 그 음악이 어디서 왔고, 누가 만들었는지를 존중받을 때 비로소 온전해진다."

지금도 나는 누군가의 기억 속에 머무는 노래 한 줄을 만들기 위해 작업한다. 그 노래가 세상을 돌고 돌아 어디에서든 울릴 때, 그 울림이 한 사람의 노력에서 시작된 것임을 기억해주는 세상이 되길 바란다.

무대 뒤에서 지켜야 할 것들

음반 제작자는 히트곡이 있느냐가 성공의 척도라고 한다. 그런 관점에서 보면 나는 음반 제작자로서 성공한 사람이라고 생각한다. 감사하게도 수많은 사람의 마음을 울렸으니 말이다. 그저 '히트곡 하나 만들었다'는 단순한 자부심이 아니라, 어떤 장면에서는 위로가 되고, 어떤 이에게는 추억이 되고, 또 누군가에겐 헤어짐의 배경이 되어준다는 걸 처음 실감했던 곡이었다.

그런데 이 곡이 국경을 넘어 중국에서 허락 없이 사용되고 있다는 사실을 접했을 때, 처음으로 알 수 없는 무력감과 분노, 슬픔이 동시에 밀려왔다. 내 의지와 상관없이, 정당한 대가나 협의 없이, 누군가 그 노래를 마치 자신의 것인 양 사용하고 있었다.

그 순간, 음악이 단지 '예술'이나 '감성'으로만 존재하지 않는다는 것을 뼈저리게 깨달았다. 음악은 누군가의 시간이고, 노동이고, 권리이며, 이름이다. 그 권리가 쉽게 침해당할 수 있다는 것도 알게 되었다. 그 일은 나에게 단순한 소송이나 법적 대응의 문제가 아니었다. 그건 '음악을 만드는 사람들'이 이 산업 안에서 어떤 위치에 있는지를 돌아보게 만든 계기였다. 그때 나는 결심했다. 무대 뒤에서 침묵하는 사람이 아니라 음악을 지키는 사람이 되자.

이후 나는 2012년 1월 31일 한국연예제작자협회 최연소 이사로 선출되었다. 나이가 어리다는 이유로, 혹은 제작자는 단지 투자자일 뿐이라는 시선 속에서도 '제작자도 창작자'라는 사실을 조금씩, 하지만 분명하게 증명하고 싶었다. 음악을 만드는 일은 음 하나를 찍는 일이 아니다. 그 안에는 수많은 결정과 책임, 수면 위로 드러나지 않는 선택들이 있다.

그 이후 나는 자연스럽게 음악 산업의 정책과 방향을 설정함에 있어 한국연예제작자들을 대표하여 의견을 발제하고, 문화체육관광부와 한국콘텐츠진흥원에서 활발하게 활동을 해나갔다. 음악 콘텐츠 가치평가 전문위원으로, 서울국제뮤직페어(MU:CON) 한중음악산업포럼과 글로벌 엔터테인먼트 엑스포를 기획하고, 건전한 음원·음반 유통 캠페인과 건강한 사이버 세상 만들기 캠페인을 기획하는 등 자리는 작아 보일 수 있지만, 제작자의 권리를 지키기 위해 제도권에서 목소리를 내고 있다.

음악 산업은 하루가 다르게 변화하고, 기술은 언제나 사람보다 빠르다. 그 속에서 나는 기술이 아닌 '사람'을 기준으로 삼고 싶었다. 아티스트, 제작자, 연출자, 디자이너, 엔지니어, 그리고 음악을 듣는 수많은 청중. 이들이 서로를 존중할 수 있는 환경, 음악이 정당하게 흐를 수 있는 구조를 만드는 데에 작은 힘이나마 보태고 싶었다.

나는 14년 넘게 한국연예제작자협회 임원으로 활동하고 있으며, 한국문화콘텐츠라이센싱협회 자문위원, 산업통상포럼 문화분과위원, 한국대중문화산업총연합 윤리강령 제정위원 및 이사, 서울국제뮤직페어 한중 음악산업 포럼 기획자, 국가직업표준 개발위원, 연예기획사 전수조사 연구위원을 역임했다. 누군가는 이력을 말하지만, 나는 역할이라고 생각한다. 음악을 만드는 사람으로서, 무대 뒤의 책임도 음악만큼 무거워야 한다는 걸 믿기 때문이다.

나는 여전히 음악을 만들고, 누군가의 마음에 닿을 멜로디를 고민한다. 동시에 그 음악이 지워지지 않고, 도둑맞지 않으며, 제대로 존중받을 수 있는 세상을 함께 만들어가고 싶다. 누군가는 노래를 만든다. 누군가는 노래를 부른다. 그리고 나는, 노래를 지킨다.

산업이 만든 무대, '드림콘서트'라는 역사

음악 산업에 몸담고 있다 보면, 무대 위에 있는 사람만이 주인공이 아니라는 걸 자주 느끼게 된다. 노래를 부르는 아티스트, 환호하는 팬들, 무대를 밝히는 조명과 음향, 그 모든 요소가 하나의 '축제'라는 세계를 함께 만드는 주체다. 그런 무대가 오랜 시간 이어질 때, 그것은 단순한 이벤트를 넘어 '역사'가 된다. 그 대표적인 예가 바로 '드림콘서트(Dream Concert)'다. 나는 한국연예제작자협회 이사로서 역사의 한 페이지를 써 내려가고 있는 드림콘서트 디렉터로 10년 이상 참여하고 있다.

드림콘서트의 시작은 대중음악을 위한 대한민국 제작자들의 연대 무대였다. 1995년, 서울 올림픽주경기장에서 첫 무대를 올린 드림콘서트는 당시 아직 체계화되지 않았던 K-팝 산업 안에서 각 소속사와 장르를 넘은 국내 아티스트가 한자리에 모이는 전례 없는 프로젝트였다. 주최는 한국연예제작자협회로 당시 국내 연예 제작자들이 "우리 스스로 대중음악의 발전을 위한 하나의 장을 만들자"라는 뜻을 모아 기획한 대규모 공연이었다. 가수 김건모, 이승환, 015B, 서태지와 아이들 이후를 잇는 신세대 아티스트들이 참여하며 청소년을 위한, 또 대중음악의 미래를 위한 '희망의 무대'로 자리 잡기 시작했다.

성장과 변화 속에서 세대를 잇는 K-팝의 기록. 그 후로 드림콘서트는 한 해도 빠짐없이 매년 개최되며, 세대를 이어온 K-팝 아티스트들의 성장 기록이자 축제의 장이 되었다. 1세대 아이돌: H.O.T, 젝스키스, S.E.S, 핑클, 2세대: 동방신기, 소녀시대, 빅뱅, 슈퍼주니어, 원더걸스, 3세대: EXO, BTS, TWICE, Red Velvet, 4세대 이후: NCT, Stray Kids, NewJeans, IVE, LE SSERAFIM 등 드림콘서트는 모든 세대의 K-팝 흐름을 기록하는 무대였고, 국내 팬뿐 아니라 전 세계 팬이 한류의 중심을 경험하는 현장으로 자리매김했다. 특히 2000년대 이후에는 단순한 콘서트를 넘어 청소년 희망 메시지, 평화 통일, 반마약 캠페인, 공익 캠페인 등 사회적 메시지를 담은 행사로 발전했다.

1995년 출범한 드림콘서트는 누적 출연자만 531팀, 국내외 150만 관객을 동원한 장수 공연으로 2019년 25회 드림콘서트는 한국기록원으로부터 국내 '최장 기간·최대 규모 콘서트'로 한국 기네스에 공식 인증을 받았다. 2024년 30회째 드림콘서트가 개최되며 매해 사회적 이슈를 주제로 긍정의 메시지를 담은 캠페인 및 공익적 행사를 개최해 대한민국 대중문화산업과 한류 시장 확산에 크게 기여하고 있다. 30년 이상 단한 해도 거르지 않고, 모두가 각자의 소속과 이해를 넘어서 협력해 만든이 무대는 단순한 콘서트를 넘어 산업이 하나의 문화유산을 지켜낸 사례로 평가받는다.

K-팝의 중심에는 수많은 히트곡과 스타가 있지만, 그 무대를 꾸준히 만들어 온 산업적 연대의 힘은 상대적으로 덜 주목받았다. 드림콘서트는 모든 땀과 헌신이 집약된 무대다. 팬들이 보는 화려한 무대 뒤에는 제작자, 기획자, 협회 관계자, 현장 스태프, 기술자, 마케터 등 수백 명이 오랜 시간 준비하고, 조율하고, 버텨온 노력이 있다.

나는 드림콘서트를 통해 '제작자의 책임'과 '연대의 가치'를 뼈저리게 느껴왔다. 음악은 혼자 만들 수 없다. 수많은 이해관계를 넘어 오직 '음악'이라는 이름으로 한 무대에 서는 일이 얼마나 어려운지, 그것이 왜 소중한지를 매년 실감한다. 기획자는 때로는 결정을 내리는 사람이지만, 더 자주 갈등을 조율하는 사람이고, 때로는 보이지 않는 곳에서 무대를 성사시키는 조력자다. 그 역할은 기억되지 않는 방식으로 쌓여 간다. 그래서 나는 드림콘서트를 '기억되지 않는 수많은 이름의 기록' 이라 부른다. 아티스트와 팬은 전면에 서지만, 그 뒤에서 묵묵히 무대를 이어온 제작자들과 협회 구성원들 역시 K-팝이라는 세계적인 흐름을 가능하게 한 중요한 축이었다.

드림콘서트는 단순한 음악 페스티벌이 아니다. 산업이 스스로 만들어낸 가장 문화적인 얼굴이며, 팬과 아티스트, 제작자가 한 해 한 해 쌓아 올린 공동체적 유산이다. 나는 이 무대를 통해 배웠다. 음악 산업의 진정한 힘은, 개인의 스타성과 유행을 넘어서 지속 가능한 구조와 연대에 있다는 것. 그 믿음을 갖고, 나는 오늘도 다음 세대의 무대가 더 튼튼하고, 더 건강하게 이어질 수 있도록 무대 뒤에서 조용히 준비한다.

〈내 손을 잡아〉, 다시 손을 내밀다

OST는 드라마의 그림자 같은 존재다. 주인공이 말을 멈춘 순간, 음악이 조용히 등장해 마음을 건드린다. 장면이 끝나고 대사가 사라진 후에도, 음악은 오래 마음에 머문다. 나는 OST를 단지 배경음이 아닌, 이야기의 또 다른 주인공이라 믿는다. 수많은 드라마와 수많은 OST 가운데, 내게 가장 선명하게 남아 있는 곡은 바로 MBC 드라마 〈최고의 사랑〉(2011)의 OST, 아이유가 부른 〈내 손을 잡아〉다.

그해 봄, 나는 이 드라마의 감정선을 오랫동안 읽고 있었다. 로코(로맨틱 코미디) 장르에 조심스럽게 감춰진 외로움과, 자신을 드러내지 못하는 한 사람의 불안, 그럼에도 불구하고 사랑을 말하고 싶은 인물들의 절절한 마음이 보였다. 이야기를 머릿속에 떠올릴수록, 어떤 음색이 이 감정을 대신 말해줄 수 있을지 고민하게 됐다. 그 순간 떠오른 이름이 있었다. 아이유. 〈좋은 날〉로 막 대중적 성공의 문을 연 시기였다. 그러나 나는 그보다 더 오래전부터, 그녀의 목소리 안에 있는 맑은 슬픔, 숨겨진 단단함, 조용한 용기를 알고 있었다. 그 감정은 〈최고의 사랑〉이 말하고자 하는 것과 아주 닮아 있었다. 그래서 나는 확신을 갖고 그녀에게 이 곡을 맡겼다. 아이유가 직접 작사, 작곡한 〈내 손을 잡아〉는 드라마보다 먼저 시청자들의 마음을 사로잡으며, 모든 음원 차트 1위를 기록했다.

음악은 늘 앞으로만 가는 것처럼 보인다. 매일 새로운 곡이 쏟아지고, 매 순간 트렌드가 바뀐다. 사람들의 관심은 언제나 신곡에 쏠리고, 어제의 노래는 오늘의 기억 속으로 사라져간다. 그렇게 음악은 태어나 소비되고 쉽게 잊힌다.

하지만 이상하게도, 어떤 노래는 쉽게 사라지지 않는다. 잊혔다고 생각했던 곡이, 시간이 한참 흐른 뒤 다시 사람들의 플레이리스트에 이름을 올린다. 그 현상을 우리는 '역주행'이라고 부른다. 이 노래의 진짜 이야기는 10년이 지난 후에 다시 시작되었다.

2021년경, 아이유가 자신의 콘서트에서 부른 〈내 손을 잡아〉 라이브 영상이 소셜미디어를 통해 퍼져 나갔고, 수많은 사람이 이 노래를 다시 듣기 시작했다. 사람들은 "이 노래 왜 이렇게 좋았지?" 하고 다시 재생

버튼을 눌렀다. 그렇게 차트에 다시 올라온 이 노래는, 단순한 유행이 아니라, 기억 속에서 돌아온 감정이었다.

역주행은 과거의 재방문이 아니다. 사람들은 역주행을 그저 '과거의 유행이 다시 돌아온' 정도로 여긴다. 하지만 나는 그렇게 생각하지 않는다. 역주행은 그 시절엔 미처 다 담아내지 못했던 감정이, 다시 우리에게 말을 걸어오는 순간이다. 우리가 놓친 것, 혹은 너무 빨리 지나쳐버린 음악이 어느 날 다시 등장해 묻는다. "지금의 너는, 이 노래를 어떻게 듣고 있니?" 우리는 그 노래에서 그 시절의 나를, 혹은 지금의 나를 만나게 된다. 그것이 바로 역주행의 힘이다. 시간이 음악을 덧입히는 방식.

제작자로서 역주행은 감정이 복잡한 경험이다. 처음에는 곡이 다시 빛을 보고, 사랑받고 있다는 사실이 그저 감사하고 반갑다. 곧이어 묵직한 감정이 따라온다. "이 노래가 왜 지금 다시 울림을 갖게 되었을까?", "그때도 좋았지만, 지금 더 간절한 이유는 무엇일까?" 사람들이 과거의 노래를 다시 꺼내 듣는 이유는 단지 멜로디가 좋아서가 아니다. 그 노래가, 지금 이 순간의 감정과 연결되기 때문이다. 내가 제작했던 〈내 손을 잡아〉도 마찬가지였다. 그 노래는 '사랑'이라는 주제를 담고 있지만, 실제로는 위로, 기다림, 용기, 그리고 두려움을 말하고 있는 곡이다. 그 감정들이 10년 뒤 다시 세상에 필요해졌고, 사람들은 본능처럼 그 노래로 되돌아왔다.

음악이 단순히 '기록'이라면, 발매일과 순위에만 의미가 있을 것이다. 하지만 진짜 음악은 기록이 아니라 감정이다. 그 감정은 시간이 흘러도 살아 있고, 다시 누군가의 마음속에서 피어난다. 역주행은 그 감정이 다시 피어나는 현상이다. 다시 말하면, 음악이 죽지 않았다는 증거이고, 제작자의 진심이 시간 너머로 이어졌다는 증명이다.

아이유의 〈내 손을 잡아〉는 처음 나왔을 때도 사람들의 마음을 붙잡았지만, 10년 뒤에도 여전히 그 마음을 놓지 않았다. 그건 단순한 성공이 아니다. 시간을 이긴 감정의 증명, 그리고 음악이라는 매체가 얼마나 오래도록 인간의 감정 곁에 머무를 수 있는지 보여주는 한 사례다.

〈내 손을 잡아〉는 누군가에게는 이별의 기억이고, 누군가에게는 연애의 시작이고, 누군가에게는 그저 조용한 위로일 것이다. 나에게 이 곡은 "당신의 선택은 틀리지 않았습니다"라는 음악의 손짓이었다. 그 손을 다시 잡으며, 나는 이 길을 계속 걸어갈 수 있었다. 음악을 만드는 사람에게도 음악이 위로가 될 수 있다는 것을 이 노래는 내게 처음 알려주었다. 순간을 위해 만든 음악이 시간을 건너 다시 들릴 때, 그건 누군가의 기억이 살아나는 일이다. 그리고 나는 그런 음악을 만드는 사람이고 싶다.

그 순간 나는 생각했다. 제작자로서 우리가 해야 할 일은 '빠르게 소비될 히트곡'을 만드는 것이 아니라, 언젠가 다시 돌아올 노래를 만드는 것이라고. 그리고 그 노래가 다시 돌아올 때, 그곳에 또 다른 누군가가 감정의 손을 내밀 수 있도록 묵묵히, 진심으로, 음악을 만들어야 한다고.

빅오션이엔엠,
깊은 물결을 만드는 이야기

음악을 기획하고, 한 곡의 감정을 다듬던 나는 언젠가부터 더 큰 이야기를 꿈꾸게 되었다. 노래 한 곡의 울림을 넘어, 사람들의 삶 전체에 깊이 스며드는 서사와 콘텐츠의 세계. 그렇게 나는 '빅오션이엔엠(BIGOCEAN ENM)'이라는 이름의 회사를 창업했다. 이번에는 업계에서 가장 친한 사람들과 함께했다. 작은 물방울이 모여 커다란 파도를 만든다는 의미를 담은 이름이다. 작은 감정 하나에서 시작된 이야기가 세상의 수많은 마음을 움직일 수 있다는 믿음에서 출발했다.

빅오션이엔엠은 드라마, 영화, 음악 등 엔터테인먼트 각 영역을 선도하는 회사들이 모여, 우수한 능력과 라인업을 보유하고, 분야별 IP와 인력, 인프라를 공유하여 공격적으로 TOP IP와 창작자를 확보, 본격적인 장르 간 크로스 오버(Cross-over) 콘텐츠를 제작하며, 글로벌 & OTT 시장에 적합한 신규 콘텐츠를 적극 개발할 계획으로 의기투합하여 시작되었다. 바다처럼 깊이 있고 스펙트럼이 넓은 콘텐츠를 만들어, 바다처럼 전 세계에 닿을 수 있는 엔터테인먼트 미디어 기업이 되고자 만들어진 회사다.

빅오션이엔엠은 종합 엔터테인먼트 기업으로 성장하며, 〈열혈사제2〉, 〈재벌X형사〉, 〈내일〉, 〈그해 우리는〉과 같은 드라마와 영화 〈제8일의 밤〉, 〈파이프라인〉 등 다양한 콘텐츠를 성공적으로 글로벌 시장에 선보이며 꾸준하게 흥행성을 입증하였다. 빅오션이엔엠의 영화 〈진범〉은 2019년 개봉작이지만, 2025년 5월 넷플릭스에 진입 후 이례적인 역주행을 통해 국내 영화 부문 1위를 기록하기도 했다.

빅오션이엔엠은 세계적인 프로덕션 선도기업으로 자리매김하기 위해 2025년도 글로벌 시장을 겨냥하여 다양한 콘텐츠를 선보임과 동시에 흥행 콘텐츠 제작에 집중할 계획이다. 가장 먼저 2021년 국내 방송되었던 SBS 드라마 〈너의 밤이 되어 줄게〉는 지난 5월 25일, 글로벌 OTT 넷플릭스를 통해 다시 한 번 시청자들에게 선보이고 있다. 도그티비 채널(PP 사업)을 운영하고 있는 자회사 '빅프렌즈'의 예능 프로그램 〈집 나가면 개호강〉도 쿠팡플레이와 JTBC에서 방송되며 시너지 콘텐츠를 제작하고 있다. 그리고 카자흐스탄 현지 법인을 설립하여, 예능 〈하트체크〉, 영화 〈과속스캔들〉을 리메이크하여 2025년 1월 개봉해 좋은 성적을 거두었다. 튀르키예, 러시아 등 다양한 나라에서 발굴된 IP를 지속적으로 기획, 개발 중이며, 글로벌 파트너십을 바탕으로 좋은 IP 확보를 위해 지속적으로 노력하고 있다. 또한 일본 메이저 방송사와 국제 공동제작 프로젝트를 진행 중이며, 나이지리아 영화 공동제작에도 이미 착수한 상태이다.

콘텐츠의 장르와 스타일은 모두 다르지만 하나같이 감정의 진정성을 놓치지 않으려는 제작 철학을 고수했다. 우리는 알고 있었다. 진심으로 만든 콘텐츠는 언젠가 반드시 사람의 마음에 닿는다는 것. 이제 빅오션이엔엠은 '감정이 중심이 되는 콘텐츠'를 설계하는 제작사로 자리 잡았다. 즉, 우리는 음악적 감성으로 이야기를 기획하는 스토리텔러 집단이다. 빅오션이엔엠이라는 이름에는 작은 감정 하나로도 큰 세상을 움직일 수 있다는 뜻이 담겨 있다. 그것은 곧 우리의 제작 철학이기도 하다.

음악은 수단이 아니라 감정의 주체다. 드라마든 영화든, 결국 사람의 진심이 핵심이다. 모든 콘텐츠는 플랫폼보다 사람에게 먼저 닿아야 한다. 앞으로 빅오션이엔엠은 국내를 넘어 글로벌 시장에서 감성 중심 콘텐츠의 새로운 기준을 제시하려 한다. K-콘텐츠가 가진 힘은 단지 포맷이 아닌 정서의 밀도라고 믿기 때문이다.

비로소 나는 제작자로서의 선택에 확신을 가진다. 그 모든 질문은, '빅오션이엔엠'이라는 이름으로 세상에 울림을 만들어낸다. 작은 파도가 모여 바다가 되듯, 빅오션이엔엠은 사람의 감정에서 시작된 이야기를 모아 더 큰 감동을 만들어내고 있다. 나는 지금도, 그 물결을 가장 가까이에서 이끌어가고 있는 제작자로 살아가고 있다.

좋은 콘텐츠를 만드는
가장 확실한 방법

좋은 콘텐츠란 무엇일까? 그 질문에 대한 나의 대답은 아주 단순하다. 사람의 마음을 흔들 수 있는 이야기, 그리고 그 안에 담긴 진심. 그것이 바로 좋은 콘텐츠다. 나는 지금, 그런 콘텐츠를 만들기 위해 '빅오션이엔엠(BIGOCEAN ENM)'이라는 이름 아래 하루하루를 기획하고, 창작하고, 고민하며 살아가고 있다.

회사 이름을 정할 때, 나는 바다를 떠올렸다. 작은 파도가 모이고 모여 거대한 해류를 만들 듯, 한 사람의 감정에서 시작된 이야기가 세상을 울리는 콘텐츠가 될 수 있다고 믿었기 때문이다. 우리는 단순히 '보이는 콘텐츠'를 만들고 싶지 않았다. 우리가 만드는 이야기는 감정을 건드리고, 사람을 울리고, 오래 기억되는 콘텐츠여야 한다. 그게 우리가 지향하는 콘텐츠의 본질이다. 좋은 콘텐츠는 '잘 만든 것'이 아니라 '깊은 감정이 담긴 것'이다.

많은 콘텐츠가 쏟아지는 시대다. 기술도 빠르고, 소비도 빠르다. 하지만 나는 믿는다. 콘텐츠의 본질은 여전히 '사람의 감정'에 있다는 것. 그 감정을 진심으로 다룰 줄 아는 기획, 그 이야기를 소중하게 꺼낼 줄 아는 제작, 무엇보다 감정을 시청자와 '공감'으로 연결할 줄 아는 태도. 빅오션이엔엠은 감정의 깊이를 잊지 않는 제작사가 되고자 한다. 하나의 드라마, 하나의 스토리, 하나의 캐릭터, 하나의 대사, 그 모든 것 안에 진심을 담아내는 것. 그것이 '좋은 콘텐츠'를 만드는 가장 확실한 방법이기 때문이다. 그렇게 우리는 콘텐츠를 통해 감정의 파장을 만들어 내는 사람들이 되었다.

우리는 이제 단순한 '제작사' 역할을 넘어, 감정을 중심으로 콘텐츠를 설계하는 기업으로 성장하고자 한다. 장르나 플랫폼에 갇히지 않고, 형식보다 사람에 집중하며, 유행보다 진심을 먼저 고민하는 기획으로, K-콘텐츠의 정서를 전 세계와 연결하는 창작 기반의 문화 회사로 확장해 나갈 것이다. 그 과정에서 우리는 더 많은 창작자와 협력하고, 더 깊은 이야기를 발굴하며, 단 한 편의 콘텐츠라도 사람의 마음을 움직일 수 있는 작품을 만들고 싶다. 콘텐츠는 결국 사람을 위한 것이다. 그렇기에 좋은 콘텐츠를 만든다는 건 결국 사람을 진심으로 대하는 것과 같다.

빅오션이엔엠이 그리는 미래는 거창하지 않다. 사람의 마음에 닿을 수 있는 이야기를, 한 편씩 정직하게 만들어가는 것. 언젠가 누군가가 '이 작품 내 인생작이에요.', '이 노래를 들을 때면 그때를 떠올리며 위로를 받았어요'라고 말해준다면, 그 한마디가 우리에겐 가장 큰 성과이자 존재 이유가 될 것이다. 우리는 파도를 만든다. 하지만 그 파도는 거칠지 않다. 조용히 마음속을 흔들고, 부드럽게 일상을 바꾸며, 어느 순간 기억에 남는 이야기로 잔잔히 남는다. 그것이 바로 빅오션이엔엠이 만들고 싶은 콘텐츠다.

4

한국 영상산업의
현장 기록

Director's Choice 감독
이수지

디지털미디어콘텐츠에 특화된 영상 연출자로, MV 및 광고 프로덕션을 통해 영상업계에 입문한 후 15년째 활동 중이다. 이화여대 의류학과를 거쳐 카이스트 문화기술대학원에서 인문-예술-공학을 융합한 연구를 다수 수행하고, 이어 한양대학교 문화콘텐츠학과에서 박사과정을 밟고 있다.

디지털 스튜디오 '와이낫미디어' 1호 연출자로 초기 시즌제 웹드라마 간판작을 다수 연출했으며, 국내 미디어 스타트업 태동과 발전기를 겪어온 주역 중 하나이다. 현재는 제작사 '디렉터스초이스'를 운영 중으로 제22회 부천국제판타스틱영화제에서 장편 연출작 〈오션라이크미〉를 상영하는 등 영화, 웹드라마, 브랜디드 내러티브 영상 전 분야에서 두루 활동 중이다.

주 연구 분야는 시청자와 영상 매체 사이의 인터랙티비티로 집중하고 있으며, 수년간 서울대학교, 이화여자대학교, 동덕여자대학교 등에서 영상 기획 및 제작 분야의 교과목 강의를 겸하고 있다.

연출부 알바생이 느낀
촬영 현장의 열기

상업 영상 제작 현장에 처음 발을 들인 때는 2010년 초봄, 아직 쌀쌀한 날씨가 아물지 않은 2월 후반 즈음이었다. 한창 대학생들이 많이 드나들던 공모전 관련 커뮤니티에서 닿은 인연들로, 한 아티스트의 뮤직비디오 촬영 현장에서 일일 연출부 아르바이트를 경험할 기회가 생겼다.

영상 관련 전공생이 아니었던 필자는 카메라가 무언지, 영상이 무언지 문외한인 채로 그저 현장에서 짐을 나르고, 카메라 샷이 돌아가는 동안 지나가는 차량과 행인들에게 잠시만 기다려달라며 어렵사리 양해를 구하는 역할에 열과 성을 다했다. 양재천 일대에서 아침부터 종일 돌아가는 야외 촬영에 양 볼과 손이 시려올 때쯤, 조감독이 다가와 물었다.

"20대 여자 단역이 지금 연락 두절인데, 감독님이 네가 하면 어떻겠냐는데?"

말이 끝나기가 무섭게 분장팀원들이 달려들어 급하게 머리와 얼굴을 매만졌다. 펑크 난 단역 역할은 '맨발로 거리를 걷는 정신 나간 여자'였는데, 얼렁뚱땅 신발과 양말을 벗고는 차디찬 보도블럭을 멍하니 걸어가는 그 단순한 액션을 제대로 못해서 몇 번이나 NG를 냈는지 모른다. 당시엔 실로 '이게 무슨 일인가' 싶어 정신이 없었던 때이니, 어쩌면 제대로 정신 나간 여자처럼 보였을지도 모르겠다는 희망 아래 완성된 영상을 재생해 봤는데….

화면에 3초 정도 나왔을까? "얼떨결에 출연까지 했어"라고 어디에 자랑하기도 부끄러울 만큼 풀 샷(full shot) 속에 잠깐 지나갈 뿐인 내 모습이 사뭇 어색하기도, 신기하기도 했다. 얼어붙은 발가락에 자꾸만 쥐가 나는데도 남은 촬영 시간 동안 아프다는 투정 한마디를 못할 만큼 정신 없이 돌아가는 촬영 현장에서, 생생한 열기와 묘한 흥분을 느꼈던 당시의 질감이 아직도 새록새록하다. 그렇게 생소하고도 굵직하게 남은 경험을 계기로 15년이 흐른 지금까지 영상업계에 머무르며 직접 겪고 목격한, 우리네 영상산업 지형이 달라져 온 이야기를 조심스레 남기고자 한다.

뮤직비디오와
OST를 통해 익힌 감각

첫 영상 촬영장 경험 이후, 당시 대학교 3학년을 막 통과한 필자는 긴 휴학계를 던지고 본격적으로 영상 프로덕션 일에 뛰어들었다. 본래 의류학을 전공하면서 선배들이 그러했듯 패션 기업 MD 취업을 계획하고 있었지만, 당시 빠르게 퍼져 나가는 온라인 쇼핑몰의 기세로 인해 백화점 중심의 패션 리테일과 하이패션 업계도 슬슬 불황기로 접어들 것이라는 전망이 파다한 때였다.

때마침 인기 절정이었던 싸이월드에서는 사진 위주의 서비스에서 동영상 중심 서비스로의 이전이 포착되었는데, 가정 내에 지원되는 인터넷 속도가 점점 빨라지고 있으니, 앞으로는 동영상 소비율이 점점 높아지겠다는 판단이 섰다. '수요가 많은 곳에서 내 기술을 키우고 있으면 언제 어디서든 먹고살 수는 있겠지' 하는 생각에, 첫 아르바이트를 나갔던 프로덕션에서 본격적으로 연출부 생활을 시작하게 됐다.

그렇게 첫 사회생활을 시작한 프로덕션은 뮤직비디오와 광고를 주로 제작하던 곳이었는데, 시쳇말로 도제 환경에서 '어깨너머로 배우는' 방식이었다. 이때는 다수의 영상 프로덕션이 일관된 체계와 규격이 부재한 채 상호 간의 신뢰와 의리만으로도 거래가 가능했던, 일명 낭만의 시대라고 일컬어도 무방할 것이다. 계약서를 작성하지 않는 현장이 다수였고, 촬영 시작 시각은 정해져 있어도 끝나는 시간은 정해져 있지 않은 강행군이 가능했다. 지금은 즐비한 ARRI 사의 ALEXA Mini 카메라가 한국에 몇 대 없었던 장비 수입 초기 시기에는, 카메라를 먼저 임차한 프로덕션의 촬영 세트장이 아직 마감되지 않아 다음 임차 순번인 타 프로덕션 조감독이 세트장으로 직접 찾아와서는 불안한 다리를 덜덜 떨다가 촬영이 끝나자마자 장비를 챙겨 달려가는 사건마저 있었다. 영상 제작 현장 노동에 대한 엄격한 관리감독 체계를 준수해야 하는 현재로서는 감히 상상도 하지 못할 일들이다.

비록 선배들의 어깨너머로 훔쳐 배우듯 눈치코치로 생존해야 하는 때였지만, 기반 지식 없이 냅다 실무부터 뛰어든 것이 오히려 속도전에 유리했는지 어느덧 필자 또한 기획, 촬영, 편집 등 여러 포지션을 넘나드는 판도에 성큼 올라서기 시작했다. 몸담은 프로덕션의 주 종목이 뮤직비디오이다 보니, 자연스레 가요계의 대세가 누구이고 어떤 장르가 선호되는가에 관심을 기울일 수밖에 없었다.

이때에도 빅뱅, 소녀시대, 2PM, 원더걸스와 같은 2세대 아이돌이 대중의 중심에 가장 강력한 존재로 서 있기는 했으나, 그렇다고 가요계가 아이돌로만 완전히 점철되었다고 말하기는 어려웠다. 힙합 씬이나 인디밴드도 대중을 겨냥한 소프트한 느낌의 곡을 내놓으면서 상당한 인지도를 쌓아가고, 공연장과 방송을 오가며 꽤 활발한 활동을 해나갔다. 정통 발라드와 R&B 가수들 또한 꾸준히 주목을 받았다.

이렇듯 음악 시장이 여러 결로 살아 있었던 덕분에, 뮤직비디오 역시 하나의 포맷으로 국한되지 않았다. 현장을 구성하던 제작자들의 출신 또한 제각각이었다. 주로 영화과 등에서 서사 연출을 배운 이들이 마치 소리 없는 단편 영화와도 같은 드라마타이즈 뮤직비디오 시장을 이끌었고, 광고 제작에 종사하거나 시각/영상디자인을 공부한 이들은 화려한 색감과 화면 구성 아이디어로 이미지타이즈 뮤직비디오 영역을 주로 점유했다. 서로 다른 배경과 경험, 훈련을 거친 이들이 만들어낸 영상물이 뒤섞이다 보니, 이 시기 한국의 가요계는 듣는 음악의 차원뿐만 아니라 보이는 영역마저 자유로운 사유와 실험이 허용되는 필드였다. 앞에서 언급한 것처럼, 툭하면 열악한 철야 강행군이 이어짐에도 이 산업의 부족한 체계가 한동안 유지됐던 기저에는 창작의 재미와 낭만이 넘치는 코드가 존재하고 있었다.

이 시기, 필자는 영상 편집 능력이 성장하면서 뮤직비디오 작업과 더불어 드라마 OST 영상 편집을 종종 맡기도 했다. 그 시작을 제대로 끊은 작품이 바로 SBS 주말드라마 〈시크릿 가든〉이었다. 주연 배우 현빈이 직접 부른 곡인 〈그 남자〉의 영상 편집이 첫 본격적인 편집 작업물이었는데, 마침 〈시크릿 가든〉이 사회적 신드롬에 가까운 인기를 얻으며 드라마와 OST가 함께 폭발적인 반응을 일으켰다. 그 위력이 얼마나 대단했는지, 2011년 1월 〈시크릿 가든〉 OST로 기획된 콘서트는 티켓 오픈 5분 만에 전 석이 매진되기도 했다.

그 후 SBS 드라마 〈마이더스〉, 〈다섯 손가락〉, 〈주군의 태양〉 등 OST 영상을 꾸준히 편집하게 되었는데, 이는 후에 필자가 사전 교육 없이도 웹드라마 연출로 전향할 수 있는 큰 자산이 되기도 했다. 그 내막은 이러하다. OST 영상을 편집하기 위해서는 드라마 편집실에서 넘어온 날것의 편집본(색 보정을 제외한 음악 편집이나 CGI 작업 등 종합 편집이 안 된 것)을 다루게 되는데, OST 영상에서는 주로 대사가 있는 구간보다 감정이 뭉

근하게 묻어나는 표정 위주의 샷(shot)을 따로 자르고 모아서 사용한다. 이를 위해서는 드라마 3~4편 분량의 모든 컷 전환 지점을 잘게 잘라놓고 감정선 종류별로 다시 분류해야 하는데, 그 과정에서 자연스럽게 전문 드라마 편집자가 서사물을 편집하는 스타일과 호흡을 체득하는 효과가 있는 것이다.

흔한 한국 드라마에서 보듯, 등장인물 둘이 크게 다툰 후 한 명이 먼저 떠나버리고 그 뒷모습을 남은 인물이 아련하게 바라보는 장면이 있다고 치자. OST 작업자로서 이 장면을 아무 음악이 들어가지 않은 버전으로 보고 있노라면, 조금은 피식 하는 웃음이 새어 나오기도 하고 분위기가 허전한 그 순간이 당혹스럽기도 하다. 그러나 이 드라마를 위해 만들어진 OST 후렴구를 그 아련한 표정과 합체하면 우리가 아는 바로 그 '한국 드라마' 특유의 촉촉한 느낌이 단번에 살아난다. 게다가 시청자가 뒷이야기를 보지 않아도 후에 어떤 감정선과 사건이 펼쳐질지 머릿속 그림을 자동으로 그려보게 하는 효과가 있다. 이는 둘 중 한 명이 감정을 쏟아내고 떠나버리면 남은 인물을 잠시 앙각 니샷(knee shot, 카메라가 인물의 무릎 위쪽부터 머리까지를 담는 샷) 정도로 슬쩍 보여주고는, 감정 표현과 씬이 상대적으로 건조하게 마무리되는 서구권 드라마와 크게 대조되는 연출 방식이다.

그렇게 다년간 OST 영상 작업을 거치는 동안, OST 산업이 드라마 제작과 하나의 유기체로 결합하기 위해 최적의 자격을 모색하는 방안을 발견했다. OST 기획 및 제작을 주력으로 하는 기업과 어느새 OST 전문 보컬로 일컬어지는 가수 라인업 또한 생겨나고, 서사를 덮어버릴 정도로 튀지 않으면서 여러 씬에 두루 들어갈 수 있는 기능성을 겸비하는 작곡 스타일, 드라마가 종영된 후에도 단독 음원으로서 꾸준히 상위권 차트에 머무르게 하기 위한 OST 영상 배포, 콘서트 기획으로 팬 경험을 확장시키는 시도 같은 것 말이다. 드라마 전개의 흐름과 호흡에 맞추어 파트1, 파트2 등으로 OST 음원 발매 시기를 나누는 전략 또한 흔해졌다.

한국의 드라마 기획/제작과 음악 산업이 규합해 지속적인 부가가치를 확장하는 흐름을 가장 가까이에서 목격하는 것에 덤으로, 영상 편집을 위해 아직 방영 전인 드라마 분량을 미리 받아볼 수 있는 재미 또한 참으로 쏠쏠했던 기억이 있다. 주변인들 아무도 모르는 줄거리를 혼자만 알고 있느라, 간질간질한 입을 꾹 닫으려 얼마나 노력했던지….

필자는 위에서 서술한 시기를 훗날 '한류'라는 이름으로 설명될 한국 콘텐츠 산업의 중요한 감각을 미리 연습한 시기였다고 느낀다. 장르를 넘나드는 음악, 그것을 번역하는 다양한 영상 문법, 그리고 인기 높은 서사가 가진 힘을 또 다른 콘텐츠로 확장하며 생명력을 이어가는 방식까지. 아직 한국 콘텐츠의 지배적인 소비는 내수 시장에 머무른 채로 우리끼리 환호와 영광을 나누고 있었지만, 지금에 와서야 그 시기의 축적이 결코 국내에만 머무를 성질의 것은 아니었음을 알게 된다.

당시에는 미처 인식하지 못했지만, 같은 시간대 저 멀리 다른 대륙의 미디어 생태계에서는 우리와는 전혀 다른 차원의 산업이 태동하고 있었다. 개인이 영상을 올리고, 시청자가 곧 유통자가 되는 시대. 영상의 생산 주체가 산업에서 개인으로 이동하는 거대한 흐름이 서서히 밀려오고 있었던 것이다.

그리고 2015년 전후로, 국내에 스타트업형 디지털 스튜디오가 속속 등장하기 시작했다.

디지털 스튜디오로의 우연한, 그러나 예정된 행보

2013년도 인디밴드 크라잉넛의 7집 타이틀곡 〈Give me the money〉 뮤직비디오로 갓 연출 입봉을 마친 직후, 필자는 2014년에 돌연 대학원에 입학했다. 이 또한 주변인들 누구도 예상하지 못했던 돌발 행동이었으나 나름의 판단이 있었다. 앞서 말했듯 한창 이런저런 뮤직비디오 작업에 참여했을 때는 국내 가요의 장르도 꽤나 다양했고, 나름 가슴 절절한 로맨스 풍이나 충격 반전 스토리도 자유로이 구상하고, 내러티브식 연출과 편집 기회가 다수 있었다. 그러나 가요 시장의 판도가 점차 아이돌 중심으로 굳히기에 들어가면서 이미지타이즈 뮤직비디오가 파이의 대부분을 차지하게 됐고, 이미 아이돌 뮤직비디오에 정통한 이들이 존재하기에 갓 연출자로서 살아남기를 시작해야 하는 필자로서는 새 경쟁력을 찾아야 한다는 생각이었다.

그렇게 입학한 카이스트 문화기술대학원에서 인문사회와 예술, 공학인들이 한데 섞여 있는 환경과 네트워크를 접하며 당시 핵심 키워드인 '융합'이 무엇이고 어떻게 이루는 것인가에 대해 얼마나 골몰했는지 모른다. '디지털 스토리텔링'을 둘러싼 연구, 프로젝트에 참여하면서 그동안 만드는 과정을 익히고 펼치는 것에 급급했던 영상에 대한 시야 또한 활짝 넓어지는 순간이 넘쳐났다. 콘텐츠의 내용과 미학 이외에도 콘텐츠의 메타적 측면을 다양한 전공을 가진 연구자들과 최초로 고민하고 살펴보는 시간이 이어지고, 어느덧 석사 졸업 논문 시기를 앞두고 있었다. 그동안 막연하게 미뤄놨던 진로 고민이 닥쳐오기 시작했다.

다시 영상업계로 돌아갈 수 있을까? 혹은 연구자로서의 진로를 모색해야 할까 고민이 짙던 시기, 교양 수업 중 교수님이 남긴 한마디가 마음에 와닿았다.

"여러분, 만약에 여러분에게 이미 쌓인 커리어가 있다면 그것에는 다 이유가 있습니다. 커리어는 소중한 겁니다. 그러니 함부로 포기하지 마세요."

그날부로 방송사 공채 준비를 시작했다. 공채 시기까지 남은 시간은 대략 6개월. KBS에 지원하기 위한 필수조건으로 한국어 능력시험도 치르고, 다른 학생들처럼 스터디에 합류하기는 어려웠지만 최대한 정보를 끌어모으며 이런저런 준비와 졸업 논문 작업을 병행했다. 그 후 몇 군데에서 탈락의 고배를 마시며 석사 논문 심사 시기를 앞둔 2015년 하반기, CJ ENM 온스타일 PD 공채에 합격했다.

CJ ENM에 입사하기 위해 테스트를 치르는 과정 중에 진행 담당자가 '올해 처음으로 우리 회사가 적자를 면했다'며 좋은 시기에 입사 지원한 것이라 언급한 것이 참 인상적이었다. 옹기종기 모인 입사 지원자들이 작은 탄성을 질렀는데, '이렇게 큰 기업이 그동안 적자였다니?' 하는 의미였을 것이다. 이때 CJ ENM은 국내 예능 최강자인 나영석 PD를 이적하게 한 위상이 있었기 때문이다. 내수 시장 중심이었던 엔터테인먼트 산업군에서 먼 훗날의 회수를 기약하고 쏟아부은 자본과 담대함은 얼마나 거대했을 터인가. 그것이 드디어 손익 분기점을 넘어가기 시작했다는 반가운 신호였을 것인데, 미생들은 아직 엔터테인먼트 산업이 가진 하이 리스크 하이 리턴 구조를 알 도리가 없으니 그저 '우리가 어렵사리 닿고자 하는 미지의 세계는 예상보다 더 험난한 곳인가' 하는 아득한 추측만이 떠돌 뿐이었다.

엉겁결에 대학원이 있던 대전에서 서울로 급히 올라왔다. 인턴 PD로 배정된 팀은 새로운 예능 프로그램 론칭을 위해 기획 아이디어를 내고 있었다. 오전 10시까지 출근해 늦은 밤까지 매일 릴레이 회의가 이어졌는데, 퇴근 후 졸린 눈을 비비고 완성해야 하는 졸업 논문이 너무도 벅차 도저히 버틸 수 없는 지경에 이르렀다. 아직 어린 마음에 성급한 결정이었을지도, 혹은 그것이 운명을 가르는 결정이었을지도 모를 일이지만 제대로 된 졸업이 우선이라는 일념으로 일주일 만에 퇴사 의사를 밝혔다. 어렵게 들어온 길인데 어찌 그리 가볍게 결정하느냐는 질타와 설득이 이어졌지만 다른 길이 없다고 느꼈던 터라 눈물을 머금고 다시 대전으로 돌아왔다. 멍하니 드러누워 있는데 대학원 선배에게 전화가 걸려왔다. '스타트업을 만들어서 영상 연출할 사람이 필요한데, 같이하면 어떻겠냐' 하는 제안이었다.

그렇게 해서 나는 국내 대표 디지털 스튜디오 중 하나인 와이낫미디어에 1호 연출자로 합류하게 되었다.

무료 시청 웹드라마,
어떻게 먹고살았나

필자가 와이낫미디어에 합류한 2016년 초, 사업 극초반에는 제작 외주 영상 등을 만들면서 소규모 수익을 쌓았다. 그러다 시간이 조금 지난 후에는 자체 자본을 조금씩 들여 짧은 콩트 형식의 코믹물로 콘텐츠 실험에 돌입했다. 목표는 회사가 보유하고 있는 '콜TV'라는 이름의 디지털 채널에 많은 구독자를 모으고, 자체 IP를 지속적으로 생산하여 콘텐츠 프랜차이즈 수익 구조를 형성하는 것이었는데, 이미 한걸음 먼저 출발한 '72초TV'가 이러한 디지털 스튜디오의 기조를 보여주고 있었다.

디지털 스튜디오들이 초반부에 주목했던 플랫폼은 2015~2016년에 사용자가 가장 많이 집중되어 있었던 페이스북(現 메타)이었다. 스타트업 형태로 설립된 이 기업들이 단순 영상 제작사와 다른 점은 페이스북, 유튜브와 같은 디지털 플랫폼 내에 자체 페이지 혹은 채널을 설립하여 구독자를 보유하고 있다는 점이다. 일반 영상 프로덕션이 영상 제작 용역을 수행하고 제작비 중 일부를 수익으로 남기는 것과 달리, 디지털 스튜디오는 자신들이 보유한 채널에서 우선 (가급적) 자체 자본으로 영상 연재물을 제작하여 무료로 공개한 뒤, 그것이 IP로서의 가치가 입증되면 그로부터 발동되는 수익 구조를 모색한다.

이런저런 콘텐츠 실험이 이어지다가 2016년 10월, 콜TV에 공개된 〈전지적 짝사랑 시점〉 시리즈가 선풍적인 인기를 기록했다. 그 기세를 이어서 필자가 처음으로 연출한 웹드라마 〈사당보다 먼 의정부보다 가까운〉이 자리를 잡았다. 이때부터는 전사적으로 웹드라마 IP를 집중 개발하기 시작했는데, 기존에 발표한 웹드라마를 시즌제로 지속 생산하는 동시에 새로운 IP를 따로 개발하면서 이전 작품과 연결된 세계관을 형성하기도 했다. 필자가 와이낫미디어 초창기 시절 연출한 웹드라마 IP 또한 대부분 캐릭터 스핀오프 형식으로, 서로 꼬리에 꼬리를 물고 이어지는 구성이다.

IP	유형	시즌 구성	이전 IP와의 관계	기획/산업적 특징
〈사당보다 먼 의정부보다 가까운〉	시즌제	시즌 1-3	기반 IP	연애 서사 중심의 장기 IP로 정착
〈오피스 워치〉	시즌제	시즌 1-3	〈사당보다 먼 의정부보다 가까운〉의 파생 IP (이사랑의 쌍둥이 언니 '이사라'가 주연)	회의 장면 기반 제작지원사 노출 (시즌1: 조니워커, 시즌2: 위메프, 시즌3: 쏘카)
〈김 팀장의 이중생활: 소비 편〉	캐릭터 스핀오프	단기 시리즈	〈오피스 워치〉의 인기 조연 캐릭터 '김 팀장'이 주연	복수 브랜드 노출에 최적화
〈사랑방 손님〉	캐릭터 스핀오프	단기 시리즈	〈사당보다 먼 의정부보다 가까운〉 '이사랑' 캐릭터의 후속 서사	브랜디드 웹드라마

[표 1] 와이낫미디어 웹드라마 IP의 스핀오프 연결 구조(필자 정리)
이 중 〈사당보다 먼 의정부보다 가까운 시즌2〉를 제외한 나머지 작품을 연출했다.

〈사당보다 먼 의정부보다 가까운〉의 시즌1 여주인공 '이사랑'을 연기한 배우는, 웹드라마 〈오피스 워치〉의 여주인공으로도 출연하였지만 같은 배역은 아니었다. 〈오피스 워치〉에서는 전작의 주인공 '이사랑'의 일란성 쌍둥이 언니 '이사라'가 존재한다는 설정을 넣어, 언니 이사라가 다니는 광고 대행사에서 벌어지는 사내 로맨스로 출발한 새 IP였다.

이 IP는 전략적으로 제작 지원과 협찬을 유치하기 위한 기획물로, 전개 내용 중 회의 장면에서 제작 지원사 브랜드명과 상품 소개가 가능한 구조로 설계했다. 각각 시즌1에서는 '조니워커', 시즌2에서는 '위메프', 시즌3에서는 '쏘카'가 등장했다.

〈사당보다 먼 의정부보다 가까운〉과 〈오피스 워치〉가 각자의 속도대로 시즌3까지 향해 나아가는 동안, 각자에서 파생된 또 다른 산물도 탄생했다. 〈사당보다 먼 의정부보다 가까운〉 시즌1의 주인공 '이사랑'은 몇 년이 흐른 뒤 우연히 만난 옆집 남자와 또 다른 사랑을 하게 되는 〈사랑방 손님〉에 다시 등장했다. 실제 〈사랑방 손님〉은 소개팅 어플리케이션 'Pairs'의 브랜디드 웹드라마로 제작된 건으로, 해당 건을 위해 새로운 기획을 마련하는 것보다 이미 개발된 IP의 한 꼭지를 물어와 리부팅하는 방식을 택했다. 기획의 경제성을 올리면서도 디지털 스튜디오가 보유한 구독자, 시청자에게 이미 인지된 정보를 다시 꺼내어 놓는 것이 더 지표 달성에 유리하기 때문이다.

같은 맥락을 더 고도화하여 기획한 것은 〈김 팀장의 이중생활: 소비편〉이었다. 〈오피스 워치〉에 등장한 캐릭터들은 대부분 시즌1에서 시즌3까지 같은 배역과 배우로 유지되었는데, 이 중 '김 팀장'이라는 여성 캐릭터가 시청자에게 유독 큰 호응을 얻은 바 있다. 초기 시즌에는 백치미에 일은 끝까지 안 하면서 요령만 피우는 얄미운 상사 캐릭터로 등장했다가, 시청자와 미운 정 고운 정이 들면서 후반 시즌에서는 가장 사랑받는 캐릭터로 남게 되었다. 다만 오피스물 특성에 따라 여러 인물의 서사가 잘게 분포되다 보니 인기 캐릭터의 서사를 종횡 부문에서 모두 보여주기는 어렵다는 한계가 다소 아쉽던 때, 여러 광고주의 협찬 니즈를 한 번에 소화할 수 있으면서도 김 팀장 캐릭터의 팬들을 포섭할 수 있는 기획물로 〈김 팀장의 이중생활〉이 탄생한 것이다. 골자는 김 팀장이 퇴근 후에 언박싱 유튜버로 활약한다는 설정이며, 각 에피소드에서 2/3는 김 팀장이 회사에서 겪는 서사를 단독 주연으로 깊게 보여주는 서사 씬에 할애하고, 나머지 1/3은 김 팀장의 언박싱 유튜버 씬에서 각 광고 아이템이 노출되는 구성이다. (실제로 유튜버 씬은 서사 씬을 촬영한 시네마 카메라가 아닌 스마트폰 및 DSLR로 촬영하였으며, 배우에게도 꽉 짜여진 스크립트 없이 페르소나 위주의 연기를 하도록 성긴 대본이 제시되었다.)

그 외에도 KB카드, 산타토익, 버커루 등 다양한 브랜드가 디지털 스튜디오가 보유한 인기 IP를 활용하여 1회성 브랜드 바이럴 영상을 만드는 작업에 합류했다. 2017년 TNGT는 자사 모델인 박보검 배우가 와이낫미디어의 흥행 IP인 〈전지적 짝사랑 시점〉 특별 편에 출연하는 형식으로 온라인 바이럴 영상을 제작했다. 〈전지적 짝사랑 시점〉이 가진 특유의 포맷(짝사랑 주제, 대사와 속마음 내레이션이 지속적으로 교차됨. 1편 전체를 원테이크로 제작)을 유지하고 와이낫미디어 내부 인력이 영상을 기획, 제작한 후 해당 영상을 자체 채널인 콕TV와 TNGT 공식 채널에 각각 공개하는 방식이다.

디지털 스튜디오는 IP를 처음 론칭할 때는 소규모 자본을 들여 직접 웹드라마를 제작했지만, 점차 IP를 확장하는 과정에서 광고대행사로부터 기획된 디지털 광고 슬롯을 함께 물고 기획물에 착수했다. 또는 기업으로부터 직접 제작 지원 등을 유치하기도 했다. 물론 지상파 드라마 지원액에 비하면 가격대 차이가 다소 있긴 하지만, 점차 자기 자본을 들이지 않고도 다음 시즌의 양적 팽창을 기대할 수 있는 가능성을 차츰차츰 높여 나갔다.

디지털 스튜디오 산업 구조와 별도로, 창작 파트를 담당하는 연출자로서 가장 떨리는 순간은 에피소드가 공개된 직후 시청자 반응을 살펴볼 때이다. 웹드라마의 가장 큰 매력이자 잔인한 점은 실시간으로 시청 관련 지표가 집계되고 그 외 직간접적 반응(좋아요, 싫어요, 댓글 등)을 곧바로 수집할 수 있다는 점인데, 연출작 중 〈오피스 워치〉의 경우 페이스북에 업로드된 직후부터 1분에 1만 뷰씩 쑥쑥 오르는 조회 수가 얼마나 놀라웠는지 모른다. 대략 10분 내외 정도 되는 이 연재물 하나하나의 규격 자체는 단편 영화와 유사하지만, 웹드라마 세상의 화력은 단 몇 시간 만에 백만 뷰, 천만 뷰 이상을 기록하며 단편 영화가 쉬이 달성하기 어려운 지표를 훌쩍 뛰어넘고 있었다.

2016년 즈음까지 콘텐츠 주 채널을 페이스북에 집중했던 디지털 스튜디오들은 서서히 그 중심을 유튜브로 이관하기 시작했다. 동영상에 완연히 집중된 플랫폼으로 경쟁 무대가 옮겨가면서, 2017년에는 네이버웹툰과 스노우가 공동 출자로 설립한 '플레이리스트'도 등장했다. 이곳은 웹드라마 경쟁 반열에 반걸음 늦게 합류하긴 했으나, 〈연애플레이리스트〉 시리즈를 서막으로 이후 작품들이 연이어 화제가 되며 후발 주자임이 무색하게 '유튜브에서 무료로 볼 수 있는 숏폼 학원 로맨스물'의 최강자 중 하나로 올라섰다.

유튜브에서 벌어진 디지털 스튜디오의 웹드라마 경쟁전은 2021년 전후까지 매우 치열했지만, 세상 모든 사람이 웹드라마의 존재를 알지는 않았다. 시청층을 확장하기 위해 학원물, 대학물, 직장물 등 다양한 소재가 등장했지만 연출자로서 체감되는 주 시청자는 여전히 10대에서 20대 초반에 머물렀다. '학원 끝나고 집에 가는 차에서 보려고 달려왔다', '시험 공부하다가 잠깐 머리 식힐 겸 본다'는 댓글이 워낙 귀엽게 느껴졌던 때문인지도 모른다.

필자의 학창 시절에는 '귀여니' 작가의 인터넷 소설을 모르는 이가 없었다. 〈늑대의 유혹〉, 〈그놈은 멋있었다〉, 〈도레미파솔라시도〉 등 반항아 남주와 평범한 여주가 만나 사랑에 빠지는 학원물에 모두가 흠뻑 빠졌고, 등굣길에 만난 친구랑 어제 본 연재 내용으로 담소를 나누다 '꺄악!' 하는 탄성을 동시에 외쳐대던 모습이 기억난다. 생각해보면 지금의 20대가 보고 자란 웹드라마는 그 시절 귀여니 소설에 비견되는 것들이다. 와이낫미디어에서 한 차례 이직을 거친 후, 퇴사하여 개인 프로덕션을 설립한 2020년부터는 수도권 중고등학교에 이따금 특강을 나가기도 하였는데, 작품 이력을 소개하면 특강이 끝난 후 싸인을 해달라는 학생들이 우르르 몰려들곤 했다. 대학에서 강의를 시작하면서부터는 20대 초중반 학생들이 자신들이 학창 시절에 즐겨 보던 웹드라마를 예시로 들어 설명하니 눈을 반짝이며 강의에 집중하는 것이 느껴졌다.

이렇듯 과거 순정 만화를 넘겨 보던 세대에서 인터넷 소설을 탐닉하던 세대를 거쳐, 쉬는 시간에 잠깐 보는 유튜브 웹드라마로 정서를 나눈 세대를 관통하는 하나의 공통점이 있었으니, 바로 모두가 좋아하는 장르인 '로맨스'라는 점이다.

'한국식 로맨스'를
선호하는 이들

인류가 오랫동안 선호해왔던 이야기 소재 중 사랑 이야기는 어딜 가나 제1의 지위를 차지한다. 두 사람이 만나 사랑하는 이야기는 세계관을 어렵게 설명할 필요도 없고, 공감과 몰입을 유도하기 위해 갖은 장치를 도입하는 수고도 덜어진다. 커플의 케미스트리가 좋을 만한 캐스팅을 찾고, 금기 요소가 살짝 낀, 예컨대 '원수의 자식을 사랑했네', '친구의 애인을 사랑했네'와 같은 설정이 있다면 금상첨화다. 요즘 같이 글로벌 단위의 시청자에게 다가가기에도 인류 공통의 정서인 '사랑'은 가성비 최고의 소재로 꼽힌다.

개인적으로 로맨스보다는 장르물을 즐겨 시청하는 편이지만, 아이러니하게도 주 연출작 대부분이 로맨스이거나 로맨스를 필시 탑재한 코미디물에 해당한다. 경험상 작품의 초기 기획안에 로맨스 코드가 적거나 부재한 경우, 제작사에서 "로맨스는 필수로 넣어달라"라고 요구하거나, 더 세밀하게는 매 화마다 일정 레벨 이상의 스킨십 씬이 최소 1개씩은 들어가도록 넣어달라는 요청도 있었다. 해외 시청자들을 감안할 때, 자막 번역 과정에서 내밀한 대사의 뉘앙스가 조금씩 파괴될 수는 있어도 솔깃한 장면으로 표현되는 위력은 누구에게나 똑같이 통한다는 전략 때문이다.

이처럼 짧은 호흡의 웹드라마에서 가장 빨리 반응을 일으키는 장르는 언제나 로맨스로 귀결됐다. 플롯의 이해에 필요한 정보량이 적은 데다 자잘히 분포된 스킨십, 모두가 고대하는 키스 씬, 눈물의 재회 장면처럼 클리셰의 재활용도가 높아 누구나 감정선을 따라갈 수 있는 게 제일 큰 장점이다. 무엇보다 로맨스는 두 인물을 최전선에 두고 대화 위주로 풀어내는 설계가 가능하다 보니 제작 스케일 부담이 낮은 점이 주요하게 작용한다. 무료 시청을 지향하는 웹드라마는 아무리 많은 제작 지원과 협찬 등을 끌어모으더라도 자체적으로 시청 수익을 낼 수 없다는 한계가 존재하니, 시즌제 연재가 용이한 최고 가성비 장르로 로맨스가 채택된 것이다.

유튜브 시대를 타고 공개됐던 웹드라마는 해외 시청자들에게도 자연스럽게 닿아, 연출작 중 일부는 중국 및 동남아권 국가로 건너가기도 했다. 〈사당보다 먼 의정부보다 가까운〉 시즌3는 회당 약 15분 X 16부작으로 제작되었는데, 전체 에피소드 공개가 끝난 후 중국 텐센트에서 운영하는 숏클립 플랫폼 'yoo(요우스핀 有视频)'에 회당 5분 단위로 쪼개어 추가 유통되었다. 클린본 영상에 중국어 번역 자막을 입힌 뒤 재추출하는 작업을 거쳤다.

또 다른 사례는 〈오피스 워치〉의 리메이크 판권 판매이다. 해당 판권이 판매된 국가는 인도네시아였는데, 인도네시아 버전 연출 감독을 맡은 탈레브 와주디(Thaleb Wahjudi) 감독이 직접 한국으로 건너와 간단히 인터뷰를 나눴던 경험이 있다. 에피소드 내용 중 회식 자리에서 술을 마시는 장면 등이 있는데, 인도네시아에서는 매체 콘텐츠에서 술자리 장면 연출이 어려워 이를 어떻게 표현해야 할지 등에 대한 고민을 나눈 자리였다. 시즌제로 작품을 이어가면서 가장 중요시했던 포맷 요소가 있는지, 혹 포맷 바이블 등이 있는지 하는 구체적인 질문을 주고받는 과정에서 재미있는 일화를 풀었던 기억이 있다.

캐릭터를 유지하기 위해서 매 시즌마다 출연 배우들이 한날한시에 모두 모일 수 있게 갖은 애를 쓰던 와중, 한 명의 배우가 사전에 계약된 해외 공연으로 시즌2 출연이 불발된 때가 있었다. 이 배우가 맡았던 역할은 '빈진호'라는 신입사원으로, 몸매가 통통하고 다소 둔한 성격이지만 우직하고 착한 심성으로 극 중 선배인 '박 대리'와 연애 관계로 발전하는 캐릭터였다. 그런데 갑작스레 시즌2에 출연이 불가해지자, 박 대리와의 로맨스 서사 또한 붕괴되면서 예정했던 시나리오 설정(빈진호를 짝사랑하는 경쟁자가 나타나면서 삼각관계가 펼쳐짐)이 크게 뒤집힐 위기에 처했다. 이에 고민하던 기획/제작진은 시즌2의 빈진호가 다이어트에 성공한 설정을 넣기로 조정하고, 시즌1의 배우와 외모가 유사하면서도 슬림한 체형을 지니고, 그의 목소리와 어투, 행동거지 등을 모사할 수 있는 배우를 찾기로 결심했다. 적임자를 찾기 위해 수많은 신인 배우와 오랜 시간에 걸쳐 오디션을 거친 결과, 실제로 '시즌1의 배우가 다이어트를 하면 이런 모습이지 않을까' 싶은 배우를 기적적으로 발견하고 무사히 시즌2 촬영을 마친 비하인드가 있다. (이후 시즌3에서는 원래의 배우가 복귀하여 다시 '요요가 왔다'는 설정이 또 붙었다.)

인도네시아 측 관계자들은 이러한 노력에 감복했고, 그때의 연은 이후로도 SNS상으로 계속 이어졌다. 후에 공개된 인도네시아 버전 〈오피스 워치〉는 원작의 미장센을 거의 동일하게 구현한 작품으로 동남아권 각종 OTT에 공개되었고, 연출 감독과의 교류도 간간이 이어졌다. 몇 년 후 한류 붐을 타고 한국 드라마가 전 세계로 퍼져나가던 시점, 탈레브 와주디 감독과 인도네시아 프로듀서가 화상 미팅을 청하며 물어온 질문이 있었는데, 내용이 매우 간단하면서도 자세히 답하기가 참 어려운 내용이었다.

"한국은 로맨스를 어쩜 이리 잘 만드나요? 비결이 뭔가요?"

"음..."

순간 답을 머뭇거리게 된 속내에는 그저 '우리 식의 로맨스를 꾸준히 체득해 온 감각이 한국 제작진에게는 기본 탑재되어 있지 않을까' 하는 가늠이 있었다. 이들에게 로맨스 구성을 만들 때 어디에 어떤 폴(pole)을 세우고, 어느 지점에 키스 씬을 넣고, 어떤 컷에서 호흡을 길게 빼고 OST를 넣는지 등의 해석식 문법을 설명하는 것도 좋은 답변은 아닐 듯했다. 우리에겐 원래 내재된 감각이어서 구태여 한 올씩 풀어 설명하기가 어색하고 어려운 부분인지, 아니면 내 연출 경험이 아직 무르익지 못해 즉각적인 언어로 치환되지 못한 탓인지, 잘 모르겠다.

"사실 설명하기가 어려워요. 그냥 자연스럽게 그렇게 흘러간 것 같아요."

그때는 그렇게 애매한 답변만을 남겼지만, 분명한 것은 자타가 공인하는 한국식 로맨스만의 주파수가 존재하고, 그 주파수가 국경을 넘어가면 마치 한국인끼리만 아는 어떤 초유의 비법으로 빚어진 듯한 '특수한 감도'로 전해진다는 사실이다. 더욱 솔직한 답변을 이 글을 통해 대신하자면 감독도, 배우도, 스태프도 현장에서 다 같이 호흡하며 '이 정도 표현이 우리 정서에 알맞다'는 것을 동시에 느낀 결과가 아닐까, 라고 전하고 싶다. 그 자연스러움은 훈련의 결과가 집단적으로 체득된 것일 테다. 세대를 거쳐 전수된 정서의 기억과 호흡 방식이 시대에 맞게 진화하는 방향, 템포, 그리고 그 결과로 도출된 표현의 리듬이 그저 창작자들 사이에 자연스럽게 동기화되는 느낌이다. 우리에겐 누군가 딱히 선언한 매뉴얼이 없지만, 우리 식의 로맨스가 서술되는 공유된 기술력이 있는 것이다.

어설픈 대화였지만, 소박한 자부심이 들었다. 어쨌든 한국의 로맨스를 탐내 하는 이들과 대화를 나누었으니까.

말하지 않아도 아는, 우리 사이 적당한 거리 두기

로맨스물이 가진 힘은 영상에서 표현된 감성이 스크린 너머 시청자 가슴에 일렁이듯 전이되는 것에 있다. 앞서 언급했던 웹드라마 제작 시절, 가장 매료되었던 동시에 가장 조심스러웠던 점이 바로 그 전이가 양방향으로, 그것도 빠르게 일어난다는 점이었다. 에피소드가 공개되고 단 몇 분이 채 지나지 않은 때부터 시청자는 댓글로, 좋아요로, 공유 수로, 작품이 전한 감정에 즉각적으로 반응했다.

긍정적 댓글이 다수이지만, 간혹 특정 장면에서 '어떻게 표현되어 좋았다', '이해가 잘 가지 않는다' 등 시청자가 남긴 정확한 피드백은 다음 회차에 반영하거나 표현 강도를 조정하기에 좋다. 유튜브 웹드라마는 (내부 시사 과정이 간략하고 심의도 생략되어 있기 때문에) 업로드 직전까지 디테일 수정을 거듭하거나, 유사시에는 재빠르게 재업로드를 해도 결정적인 타격은 없으니 조금만 부지런하다면 그때 그때 다수 시청자의 입맛을 적절히 맞춰 나가기에 용이한 점이 있다. 우스갯소리지만, 그동안 읽어 내려갔던 수많은 댓글 중에 가장 뇌리에 박힌 것은 3년을 내리 연출한 〈오피스 워치〉 시즌3에서 '감독은 모두를 위해 지구를 떠나라!'는 내용이긴 하다.

돌이켜보면 이 과정은 모두 자연스레 펼쳐진 시청자와의 상호작용이었다. 그동안 마주한 한국 웹드라마 시청자들은 조용한 수용자로만 머무르지 않고 다음 이야기를 함께 소망하고 구축해 나가는 공동 창작자처럼 기능했다. 이때의 경험은 현재 박사과정 연구 테마로도 이어졌다. 창작자에게 시청자 개개인의 의견을 어떻게든 쉬이 전송할 수 있게 된 현재, 시청자는 얼마나, 어떻게, 무엇을, 또 무엇으로 기인해 상호작용하고자 하는가? 태생이 일방향적 전달에 치중되어 있는 영상이 시청자와 직접 교류할 수 있게 된 세상에서 이 둘의 적당한 거리 두기를 연구하는 것이 주 관심사이다.

김태호 PD 사단이 제작한 〈지구마불 세계여행〉은 이른바 좋은 거리 두기의 최신 좌표를 보여준다. 유튜브의 기본 기능을 활용해 시청자 참여 형식을 게임화하는 전략을 채택해 그다지 어렵지 않은 액션만으로도 시청자가 참여자로 기능하도록 설계했다. 이 프로그램은 3명의 여행 유튜버가 각자의 여행 콘텐츠로 벌이는 경합이 주 내용인데, 여행 클립이 유튜브에서 먼저 선공개되고 이후 ENA 채널을 통해 스튜디오 촬영 분량이 추가된 TV 버전이 따로 방영되었다. 이는 동일한 내용을 다른 플랫폼에서 반복 소비하게 만드는 단순 유통 전략이 아니라, 서로 분리된 시청 경험을 병치시키는 실험과도 같다. 유튜브에서는 시청자가 각 여행 유튜버의 경합에 직접 개입할 수 있는 설계(조회 수와 좋아요 수를 산정하여 순위 결정)를 강조했고, TV판에서는 보편화된 예능 형식과 감각으로 제작해 우리가 잘 아는 익숙한 맛의 콘텐츠로 가공해냈다. 시청자와 거리감이 서로 다른 두 플랫폼이 동시에 가동되면서도 서로 다른 차원으로 기능하도록 한 점이 특히나 영리하다.

이 콘텐츠가 추구한 게임화 전략의 효과를 탐구하는 과정에서, 연구와는 별도로 '한국의 시청자들이 꽤 열정이 넘친다, 또 순수하고 매너가 좋다'라는 인상을 받았다. 이 프로그램이 참여를 유도한 주 대상은 국내 시청자 위주로 설정되어 있어 시청자가 남겨주는 지표에 어느 정도 편중이나 한계가 있을 법한데, 〈지구마불 세계여행〉이 3개의 시즌을 이어가는 동안 제작진이 시청자에게 요청한 참여 행동에 대한 응답은 꾸준하게도 이어졌다. 또 각 시즌마다 3명의 유튜버가 사이좋게 한 번씩 나누어 우승하는 결과를 안으며 (이것이 시청자들의 단합된 의도인지 아닌지는 확실치 않지만) 결국 아름다운 그림까지 성사시키는 쾌거도 이뤘으니 말이다.

필자는 이 콘텐츠의 제작진과 수많은 시청자가 이룬 건전한 거리감과 적당한 균형감을 주목한다. 제작진이 짜놓은 판에 흥미롭게 올라와 딱 자신의 간단한 몫을 하고 난 뒤엔 그저 기쁘고 설레는 마음으로 내 참여 결과를 지켜보는 시청자들의 일관된 패턴이 보이기 때문이다. 마치 어느 장소에 수많은 관람객이 우르르 모였다가도 나갈 때 즈음엔 자발적으로 쓰레기를 치우고 퇴장했다는 여느 반가운 미담이, 유튜브 어느 한구석에서도 똑같이 발견된 것만 같은 느낌을 준다.

이런 풍경을 보고 있자면, 한류의 에너지란 콘텐츠의 인기에만 달려 있는 것이 아니라, 소비자가 참여하는 방식에 담긴 품격도 포함된다는 생각이 든다. 시청자가 콘텐츠를 제공하는 이의 의도를 파악하고 또 그 것을 인정하는 태도, 무언의 기준 아래 다수가 콘텐츠와 자신 사이에서 적절히 유지하는 거리감 말이다. 전부가 그렇지는 않겠다만, 이제 디지 털 지형 내에서 색다른 중력에 비교적 잘 적응한 대다수 사람은 어느 순 간 적당한 선을 넘지 않으면서도 콘텐츠에 공감하는 법을 알아낸 듯하 다. 연구를 통해 시청자는 단순 수용자가 아닌 콘텐츠 참여자이자 공동 창작의 일부임을 강조하는 한 사람으로서, 디지털미디어 시대의 시청자 들이 지닌 세련된 거리 감각이야말로 우리네 콘텐츠 생태계의 완성도를 높이는 한 요소임을 함께 인정받고 싶은 바람이 든다.

독수리의 눈으로 본
한류 정경

가끔 지금까지 걸어온 궤적을 머릿속으로 훑어볼 때가 있다. 처음 뮤직비디오 촬영 현장을 경험했던 2010년대 초, 그리고 지금의 디 지털 플랫폼과 글로벌 팬덤이 얽힌 한류 시대에 이르기까지의 흐름 말 이다. 처음에는 영상 제작 현장 흐름부터 익히는 것이 중심이었고, 그다 음으로는 디지털 스튜디오의 등장과 확장 과정에서 함께 호흡한 것, 그리고 이제는 시청자와의 상호작용을 꾀하는 콘텐츠 기획 연구로 옮겨온 걸음이 이어진다.

필자의 한정된 경험이 영상산업의 지형을 대변하기에는 턱없이 협소하지만, 적어도 높은 하늘을 나는 독수리의 눈으로 바라본 너른 한류 정경이라 한다면, 서술한 이야기를 통해 한국 영상산업의 변화 중 한 조각쯤은 전할 수 있으리라 믿는다. 다행히 독수리의 시력이 약 5.0이나 된다 하니, 상공 30미터 위에서도 필자가 내민 조각은 용케 발견하지 않을까. 시간이 흘러 다음 시대의 정경을 다시 기록할 수 있게 된다면, 이번에 남긴 조각 옆으로 더 큰 이야기 조각을 이어 붙일 수 있길 고대해본다.

*
두 번째 한류 정경

한류의 확장과 연결

1

한류로 날아오른 한국관광

한국방문의해위원회 사무국장
한경아

1994년 메리어트 호텔 그룹의 르네상스 서울 호텔 입사를 시작으로 프랑스의 리조트 그룹인 클럽메드 바캉스, 온라인 여행사인 넥스투어, 미국의 여행 플랫폼인 트래블로시티 등 국내 및 글로벌 관광기업에서 관광 홍보, 마케팅 총괄 책임자로 근무했다. 2010년부터 (재)한국방문의해위원회에서 마케팅 본부장을 거쳐 사무국장을 맡아 범국가적 관광 캠페인인 2010 − 2012, 2016 − 2018, 2023 − 2024 한국 방문의 해 캠페인을 세 차례 추진했으며, 한류를 활용한 외래 관광객 유치를 위해 힘썼다. 2010년에 관광학 박사학위를 받았고 2012년과 2019년에 대통령 표창을 2회 수상했으며, 한국문화관광연구원 이사, 문화체육관광부, 외교부 및 서울시 자문위원으로 활동했다. 30여 년간 관광 분야에서 일하며 호텔, 리조트, 여행 플랫폼, 관광 캠페인 등 해외와 국내 관광산업의 다양한 현장에서 경험을 쌓은 관광 전문가이다.

한류와 쇼핑 관광의 콜라보,
코리아그랜드세일

한류의 전 세계적인 인기로 많은 외국인이 한국에 와서 백화점 또는 거리 매장에서 쇼핑하는 모습을 요즘 심심치 않게 보게 된다. 언제부터 외국인들이 쇼핑을 목적으로 한국에 왔을까? 한류는 1990년대 후반부터 중국과 일본 지역에서 한국 드라마로 서서히 열풍이 불다가 2010년 이후에 K-팝으로 아시아를 넘어 영향력이 확대되었다. 한류로 형성된 한국에 대한 친밀감은 방한 관광으로 이어졌고, 한국 브랜드에 대한 호감도 함께 높아졌다. 건국 이래 처음 찾아온 호기를 적극적으로 활용할 방법이 필요했다. 외래 관광객 1,000만 명 달성이라는 야심찬 목표하에 '2010-2012 한국 방문의 해' 캠페인이 탄생하였고 외국인에게 관심 높은 '쇼핑'을 주제로 관광객을 유치하자는 데 공감대가 형성되었다. 상품 할인과 더불어 다양한 구매 혜택을 제공하여 방한 매력도를 높이자는 취지의 코리아그랜드세일(Korea Grand Sale)은 2011년에 그렇게 시작되었다.

필자가 2010년 한국방문의해위원회(이하 방문위) 마케팅본부장으로 입사하여 처음 맡은 사업이 바로 코리아그랜드세일이었다. 입사하기 전 이미 완성된 기획안은 홍콩의 쇼핑 관광 행사를 벤치마킹해 만들어져 있었다. 그 당시에는 자세한 배경도 모르고 일단 발등에 떨어진 불을 꺼야 한다는 심정으로 직원들과 함께 유통업체를 찾아다니며 행사에 동참할 것을 설득하기에 바빴다. 그러나 백화점들은 홍콩을 모델 삼아 큰 폭의 할인을 내세운 이 행사가 우리나라 유통 시스템에 맞지 않는다며 참여를 꺼리고 있었다. 그래도 유통 분야의 참여를 이끌어내기 위해 백화점, 면세점 등을 직접 발로 뛰며 찾아가 설득했다. 시간이 별로 없는 상황에서 많은 기업을 만나려고 한겨울에 동동거리며 뛰어다니다가 하이힐 굽이 2번이나 부러졌다.

그렇게 정신없이 다니면서 준비한 행사는 2011년 1월 방문위 주관 첫 번째 코리아그랜드세일로 무사히 막을 올릴 수 있었다. 첫 행사에는 55개 기업이 참여했는데 짧은 준비 기간을 감안한다면 만족스럽지는 않지만 실망스럽지도 않은 결과였다. 무엇보다 첫 행사를 준비하며 직접 발로 뛰면서 현장에서 보고 느낀 점이 많다는 것이 큰 위안이 되었다. 처음 기획안과는 달리 홍콩과 한국의 유통 시스템이 너무 다르다는 것을 현장에서 체감하였다. 또한, 상시 할인이 제공되는 온라인 쇼핑몰이 등장하고 전 세계적으로 쇼핑 환경이 변해가는 시점에서, 오프라인 쇼핑 관광은 할인 중심보다는 관광객에게 기분 좋은 경험을 주는 새로운 방식으로 변화해야 한다는 것을 느꼈다. 그러기 위해서 홍콩처럼 대규모 할인을 내세우는 쇼핑 관광이 아니라 우리만의 차별화된 행사로 만들어야 한다는 절박함이 생겼다. 그래서 2회 행사부터는 한국 제품에 매력을 느끼는 외국인들이 직접 한국에 와서 쇼핑과 함께 다양한 문화를 경험하도록 유도하는 쇼핑 관광과 한류 체험이 결합된 행사로 새롭게 기획하기 시작했다.

마침 시기적으로도 K-드라마 이후 K-팝이 해외에서 주목을 받으며 한류가 아시아를 넘어 확산되고 있었다. 다른 국가에서 경험할 수 없는 우리만의 차별화된 콘텐츠를 쇼핑 관광과 결합한다면 승산이 있으리라는 확신이 생겼다. 큰 폭의 할인율을 앞세우기보다는 항공, 교통, 숙박, 식음료, 페이먼트(결제), 체험, 공연 등 다양한 분야가 행사에 참여토록 유도하고, 각각의 기업들이 할인 혜택을 제공함으로써 외국인 관광객이 할인받는 품목을 다양하고 풍성하게 만들었다. 할인뿐만 아니라 1+1 등 행사 기간 동안 참여 업체가 할 수 있는 최대한의 서비스와 특별 이벤트를 내놓도록 하고 그 내용을 모두 모아서 관광객들이 다양한 분야의 혜택을 고루 누릴 수 있는 코리아그랜드세일이 되도록 포지셔닝해 나갔다. 다행히도 관광 비수기 타개를 목적으로 1월과 2월, 겨울에 개최되는 행사임에도 불구하고 관광객이 점차 늘기 시작했다.

매해 진행된 코리아그랜드세일은 2025년 1월에 15회를 맞아 1,680개 기업이 참여했으며, 55개 기업이 참여했던 첫 행사 대비 참여도가 30배 증가했다. 코리아그랜드세일의 성장 배경에는 높아지는 한류의 인기가 큰 비중을 차지했다고 볼 수 있다. 더불어 한국 시장에서 쇼핑 관광의 장점과 단점을 현장에서 파악하고 쇼핑 관광을 한류 체험과 편의 서비스 개념으로 넓히고자 노력한 방문위의 발 빠른 전략도 일정 부분 기여했다고 생각한다. '2010−2012 한국 방문의 해'를 계기로 막을 올린 쇼핑 관광은 외국인들에게 한국 여행 시 가장 큰 매력 요인으로 확실히 각인되었다. 이제부터 우리만의 차별화된 쇼핑 관광이 내수 기반을 넓히고 국가 경제에 기여할 수 있도록 전략을 고도화해 가야 한다. 지난 15년간 쇼핑 관광을 현장에서 추진하면서 매해 느끼는 점은 한류와 결합된 쇼핑 관광이 앞으로도 더 크게 발전해 갈 수 있는 무궁무진한 잠재력을 지녔다는 것이다.

우리나라 상품은 질이 좋고 신뢰도가 높으면서 디자인이 세련되고 가격이 합리적인 것으로 널리 알려져 있다. 요즘 대세인 가성비가 좋은 것이다. 이런 장점에 한류 콘텐츠를 잘 결합한다면 다른 나라에서는 경험할 수 없는 우리만의 차별화된 매력적인 쇼핑 관광으로 발전시켜 갈 수 있을 것이다. 쇼핑에 관심이 높은 관광객을 한국으로 유치해서 그들이 쇼핑뿐만 아니라 한 걸음 더 들어가 한국의 문화에도 관심을 갖도록 기획한 것이 바로 쇼핑 관광축제인 코리아그랜드세일이다. 단순히 물건을 구매하는 쇼핑을 넘어서 다양한 문화의 소비로 이어질 수 있도록 K−컬처를 테마로 하는 K−팝, K−뷰티, K−푸드, K−윈터, K−헤리티지 등 프로모션을 제공하여 쇼핑 관광객에게 특별한 경험을 선사하기 위해 노력했다. 외국인들의 K−컬처에 대한 관심은 한국 제품 구매로 이어지고 궁극적으로 한국 방문으로 연결되고 있다. 한류 콘텐츠를 쇼핑 관광과 잘 융합해 간다면 한국이 기분 좋은 경험을 선사하는 아시아 대표 쇼핑 관광지로 우뚝 서게 될 것을 확신한다.

홍콩, 일본과 차별화된 한국의 쇼핑 관광

행사 준비로 한창 바쁜 겨울 어느 날, 홍콩관광청에서 우리 방문위를 찾아왔다. 코리아그랜드세일의 성공 요인이 무엇인지 알고 싶어서였다. 특히 어떻게 그 많은 기업이 쇼핑 할인뿐만 아니라 각기 다른 혜택과 다양한 콘텐츠를 가지고 행사에 참여할 수 있는지를 궁금해했다. 처음 코리아그랜드세일 기획안이 홍콩의 쇼핑 관광을 벤치마킹했을 정도로 홍콩은 쇼핑 관광의 천국이라 불리고 있었기에 그들의 방문은 우리 모두를 흥분시키기에 충분했다. 코리아그랜드세일이 홍콩을 모델 삼아 기획되었지만 이제는 거꾸로 홍콩관광청이 우리 사례를 참신하게 보고 벤치마킹하고 싶어 했던 것이다.

대규모 쇼핑 할인에 집중하고 있던 홍콩은 한국의 쇼핑 관광이 할인 및 혜택과 함께 한류 체험, K-팝 콘서트, 문화공연, 겨울 스포츠 등 다양한 콘텐츠와 결합할 수 있다는 데 높은 관심을 보였다. 그들의 방문 이후 필자 또한 홍콩의 쇼핑 관광이 어떻게 진행되고 있는지 궁금했다. 그러던 차에 문화체육관광부 국제관광과에서 방문위 사업을 지원하던 당시 유병채 과장이 홍콩 총영사관으로 발령을 받아 이동하게 되었고, 홍콩 현지의 쇼핑 관광을 직접 경험한 후 작성한 보고서를 공유해주었다. 덕분에 홍콩의 생생한 쇼핑 관광 현황을 잘 파악할 수 있었고 더욱 확신을 갖고 홍콩과는 차별화된 코리아그랜드세일을 발전시켜 갈 수 있었다.

뒤이어 일본쇼핑관광협회에서도 찾아왔다. 2013년 일본은 첫 쇼핑 관광 행사로 일본쇼핑페스티벌(Japan Shopping Festival)을 기획하면서 앞서 2011년에 열린 코리아그랜드세일을 벤치마킹하기 위해 우리를 방문한 것이다. 그 당시 일본은 엔저 현상까지 등에 업고 쇼핑 관광을 활성화할 수 있는 유리한 상황이기도 했다. 특히 타 국가와는 달리 일본에서는 쇼핑 관광의 육성을 위해 쇼핑관광협회를 별도로 만들었다는 점이 참신하게 보였다. 일본쇼핑관광협회 니쓰 겐이치 사무국장은 코리아그랜드세일의 모든 것을 알고 싶어 했다. 그들이 몇 차례 공식적으로 우리 방문위 사무실을 찾아와 한국의 쇼핑 관광을 배우고 싶다고 했을 때 우리 직원들은 협조를 꺼리는 눈치였다. 그러나 필자는 생각이 달랐다. 아무리 설명을 해줘도 그들이 따라올 수 없는 한류를 우리는 갖고 있기에 한국의 쇼핑 관광과 일본의 쇼핑 관광은 다를 수밖에 없다는 확신이 있었다. 그들을 멀리하기보다는 오히려 이번 기회에 한국과 일본이 상호 협력해서 유럽이나 미국의 관광객을 쇼핑이라는 테마로 함께 유치할 수 있는 좋은 기회라는 생각이 들었다. 우리가 유럽을 여행할 때 인접 국가에 들르듯이 멀리서 오는 관광객들이 한국에 왔다가 일본을 들러 갈 수 있다면 관광객과 한일 양국에도 모두 좋은 것 아닌가? 또한, 한일 간 민간 교류나 관광객의 왕래를 쇼핑 관광으로 더욱 확대할 수 있는 절호의 기회라고 생각했다.

곧바로 일본쇼핑관광협회에 우리의 미래 구상을 제안했더니 그들도 흔쾌히 동의를 했고 실행을 위한 아이디어를 격의 없이 나누다 보니 어느새 한 팀처럼 가까워졌다. 우리의 제안과 아이디어는 결국 방문위와 일본쇼핑관광협회 간의 MOU로 결실을 맺게 되었다. 2014년 10월 16일, 일본 동경에서 일본 관광업계 관계자들과 기자들이 참여한 가운데 성대하게 한일 간 쇼핑 관광 활성화를 위한 MOU가 체결되었고 그 자리에는 일본여행업협회(JATA)의 타가와 히로미 회장이 참석해서 더욱 뜻깊은 자리가 되었다. 이후로 한국과 일본 양국은 각국의 쇼핑관광축제가 열릴 때마다 서로 상대방의 행사를 알리고 관광객의 왕래를 유도했다. 해외 박람회에도 함께 참여하여 유럽과 미국 등 먼 거리의 관광객들을 향해 한일 양국의 쇼핑 관광을 알리고 한국에 오면 일본을, 일본에 오면 한국을 함께 여행할 수 있도록 적극적인 홍보 활동을 펼쳤다.

서로를 응원하면서도 묘한 경쟁심이 있었던 점은 부인할 수 없을 것 같다. 해외 마케팅을 함께 하면서도 이왕이면 일본보다는 한국에 더 많은 관광객이 왔으면 하는 마음이 있었기 때문이다. 일본은 한류와 결합하여 콘텐츠가 풍부해진 한국의 쇼핑 관광을 부러워했고, 우리는 일본 정부의 적극적인 사후 면세 정책과 일본 상인들의 친절 서비스 '오모테나시'를 부러워했다. 일본쇼핑관광협회와 교류하던 몇 년간 한일 양국은 역사적인 이슈로 많은 부침을 겪었다. 가깝고도 먼 나라인 일본이지만 쇼핑 관광이라는 같은 주제로 묶인 우리는 왕래와 친목의 끈을 놓지 않았다. 두 국가 간에 정치적, 외교적 이슈로 힘든 시기가 있어도 민간 간의 교류는 물이 흐르듯 이어져야 한다는 마음이 서로 통했기 때문이리라.

일본쇼핑관광협회의 니쓰 겐이치 사무국장과는 여러모로 뜻이 잘 통했다. 미래를 진취적으로 보는 시선도 비슷했다. 그래서 함께 쇼핑 관광에 대한 더 큰 미래를 도모했다. 그것은 한일 양국이 주축이 되어 홍콩, 싱가포르, 말레이시아, 마카오 등 쇼핑관광축제를 하는 각국 기관들과 협력하여, 글로벌 쇼핑 관광 포럼을 만들어 서로의 경험을 공유하고 아시아지역의 쇼핑 관광을 함께 키워가자는 것이었다. 포럼의 첫 번째 개최는 한국이 맡고 그다음은 일본에서 개최하는 것으로 뜻을 모았으나 이후에 코로나가 터졌고 양국을 오가던 비행기는 발이 묶였다. 관광산업을 모두 집어삼킬 정도로 예상치 못했던 큰 사태가 벌어져 한동안 왕래가 끊겼지만 쇼핑 관광에 대한 양국 간의 열정은 멈추지 않고 언젠가 다시 이어지리라 믿는다.

한국인은 정말 친절하지 않은가

오래전 대학 시절, 홍콩 영화를 보고 장국영의 팬이 되었다. 장국영이 사는 곳이 홍콩이라는 이유만으로 막연한 관심이 생겼고 홍콩은 언젠가 꼭 가보고 싶은 1순위 해외 여행지가 되었다. 세월이 흘러 메리어트 호텔 그룹의 르네상스 서울 호텔에서 일하게 되었고, 첫 해외 출장으로 홍콩을 방문하게 되었다. 여행이 아닌 출장이었지만 장국영이 있는 홍콩에 간다는 것은 그 자체로 벅찬 기쁨이었다. 마치 홍콩에 가면

스크린에서 봐왔던 장국영을 만날 것 같은 환상에 사로잡혀 며칠간 잠을 설칠 정도였다. 설레는 마음을 안고 서울을 떠나 비행기가 홍콩 공항에 닿았을 때, 그때의 벅찬 감정은 아직도 생생하다.

홍콩 출장은 아시아 지역 본사 및 협력사들과의 미팅이 촘촘히 잡혀 있는 바쁜 일정이었지만 단지 장국영이 사는 홍콩에 있다는 이유만으로 모든 순간이 즐거웠다. 출장 일정 중 휴일에는 홍콩 구석구석을 다니며 여행했다. 음식을 맛보고, 커피를 마시고, 택시를 타고, 영화 속 장소를 가보고, 홍콩의 멋진 야경을 즐겼다. 처음 접하는 곳이었지만 내 스타가 사는 곳이어서인지 전혀 낯설지가 않았다. 길을 잃어서 난감할 때나 식당에서 서툴게 주문할 때 다행히도 홍콩 사람들이 친절하게 도움을 주었다. 이후 필자는 자칭 홍콩 홍보대사가 되어버렸다.

한국 드라마와 K-팝 스타에게 열광하며 한글을 배우고 한국을 찾아오는 한류 팬들을 만나면 예전 홍콩을 여행하던 내 모습이 떠오르며 격세지감이 느껴져 큰 감동을 받는다. 그들을 만나면 꼭 어떤 한류 스타를 좋아하느냐고 묻는데, 좋아하는 스타의 이름을 당당하게 말하는 그들의 얼굴은 젊은 시절 내 모습과 많이 닮아 있음을 느낀다. 그래서 궁금하다. 한류 스타가 좋아서 한국에 와서 한국의 모든 것을 경험하는 그들은 어떤 감정과 어떤 느낌을 한국에서 갖게 될까. 그들이 꿈꿔왔던 한국에 와서 좋은 대접을 받았을까? 혹시 기대와 달리 불친절한 태도나 바가지요금에 상처받지는 않았을까? 관광을 연구하고 실행하는 필자는 한류 관광객들이 한국을 떠날 때 어떤 마음인지 늘 궁금하다.

낯선 나라를 여행하다 보면 어린아이처럼 모든 것이 서툴 수 있다.

특히 영어가 잘 통하지 않는 나라에서는 난감한 상황이 많이 벌어진다. '2010-2012 한국 방문의 해' 캠페인을 추진하던 시기에 우리의 가장 큰 고민은 어떻게 하면 외국인들이 한국을 친절하게 느끼게 할 것인가였다. 그 당시 외국의 많은 지표는 한국이 불친절한 나라라고 가리키고 있었기 때문에 한국을 찾도록 유도하는 한국 방문의 해 캠페인에 불친절 이슈는 큰 걸림돌이 되고 있었다. 한국인의 불친절한 태도는 종종 일본인의 깍듯한 친절과 비교되며 뭇매를 맞기도 했다. 그래서 시작한 것이 바로 '환대 캠페인'이었다. 관광업계 종사원 대상으로 친절 서비스 교육을 실시하고, 자정 캠페인을 벌이고, 대학생들을 미소 국가 대표로 선정하여 환대 캠페인을 확산시켰다. 환대 캠페인의 목적은 관광업계 종사원과 우리 국민을 대상으로 관광 산업의 중요성을 알리고 한국 방문의 해를 맞아 한국을 찾는 외국인 관광객을 친절하고 따뜻하게 맞이하도록 유도하는 것이었다.

어디서부터 시작해야 할까 고민하던 차에 궁금증이 생겼다. 우리 국민이 정말 불친절한가? 우리에게는 버선발로 손님을 맞는 환대 문화가 예로부터 있지 않은가. 그렇다면 왜 외국인들은 한국인을 불친절하게 느끼는 걸까? 생각이 이렇게 흐르자 왜 우리 국민이 불친절하다는 오명을 얻었는지 그 이유가 알고 싶어졌다. 우선 외국인에게 왜 친절하지 못한지에 대해 국민 대상 설문 조사를 벌였다. 결과는 놀라웠다. 외국인을 만나면 피하고 싶은 이유가 바로 '영어를 못 해서'가 1위로 나왔기 때문이다. 외국인에게 친절하게 다가가고 싶지만 영어로 말해야 한다는 두려움으로 외국인의 시선을 외면하게 되고 이러한 태도가 결국 한국인은 불친절하다는 오명으로 이어진 것이다. 이유를 파악하고 나니 우리 국민을 대상으로 하는 환대 캠페인의 방향성을 제시할 수 있었다. 우리는 캠페인 슬로건을 '우리가 먼저 안녕하세요'로 정하고 대대적으로 전 국민 대상 환대 캠페인을 벌였다.

우리의 메시지는 '친절은 언어가 아니라 태도'라는 점을 국민에게 알리는 것이었다. 즉 영어를 못하더라도 미소로 맞이하고 손짓 발짓으로 길 안내를 한다면 그것이 바로 친절이라는 점을 말하고 싶었다. 슬로건과 전달할 메시지가 정해지자 환대 캠페인 광고를 만들어 TV와 라디오를 통해 메시지를 전파했다. 환대 캠페인은 메시지 전달자가 매우 중요하다. 그래서 우리의 목소리를 잘 전달해 줄 사람으로 외국인들에게 인지도가 높은 한류 스타들을 섭외했다. 라디오를 통한 환대 메시지는 스포츠 한류 스타인 김연아 선수가 담당해주었고, TV를 통한 환대 캠페인 광고에는 〈겨울연가〉로 인기가 높은 최지우 배우가 목소리를 내주었다. 김연아 선수와 최지우 배우는 모두 기꺼이 캠페인에 동참해주었고 두 분의 역할에 힘입어 전 국민 대상의 환대 캠페인은 많은 관심을 받으며 널리 확산될 수 있었다. 한류 스타가 좋아서 한국에 온 관광객이 지하철에서 길을 묻다가 또는 시장 골목에서 만난 한국인의 친절에 감동받았다는 얘기를 들으면 조금이나마 환대 캠페인이 제 역할을 했기 때문이 아닐까 생각해본다.

전 세계를 열광시킨
K-팝 커버댄스 페스티벌

한국방문의해위원회가 주최한 전 세계인 대상 K-팝 커버댄스 페스티벌은 2011년에 시작되었다. K-팝의 열기가 뜨거워지면서 한국 가수들의 퍼포먼스를 따라 하는 커버댄스가 세계적으로 확산되고 있는 데서 착안한 행사이다. K-팝의 인기는 보는 팬덤을 벗어나 함께 참여하고 즐기는 팬덤으로 발전해 가고 있었다. 이에 한류 열풍을 주도하는 K-팝을 활용해 관람만 하는 것이 아니라 전 세계인이 직접 참여할 수 있는 글로벌 한류 행사를 탄생시킨 것이다. 행사의 목적은 K-팝을 매개로 전 세계인과 소통하면서 팬들의 한국에 대한 관심을 높이고 궁극적으로 한국 방문을 유도하는 것이었다. 전 세계를 대상으로 열린 글로벌 페스티벌로서 1차 온라인 예선과 2차 해외 본선을 통과한 K-팝 커버댄스 참가자들을 한국으로 초청해서 최종 결선에 설 수 있는 무대를 제공했다.

그 당시 아시아에만 머물던 K-팝의 인기가 유럽 및 미국, 중남미 등으로 서서히 확산되고 있었다. 아울러 자체 영상을 제작해서 올릴 수 있는 유튜브가 등장해 영상을 수동적으로 보는 것을 넘어 일반인도 직접 찍어서 올릴 수 있는 환경이 마련되었다. 게다가 K-팝의 노래와 춤을 따라하며 자발적으로 영상을 제작해서 유튜브를 통해 공유하는 해외 팬들이 늘고 있는 상황이었다. 마침 한국 방문의 해 캠페인을 해외에 널리 알리는 홍보 활동이 필요한 시점이어서, 전 세계인이 함께 참여하고 즐길 수 있는 K-팝 커버댄스는 관광 캠페인을 해외에 효과적으로 알리는 데 안성맞춤이었다.

실제로 얼마나 호응이 있을지 반신반의하면서 첫 행사를 진행했는데 놀랍게도 64개국에서 1,700여 개 팀이 참여할 정도로 반응이 매우 뜨거웠다. 1차 예선을 통해 커버댄스에 대한 뜨거운 반응을 확인한 후, 예선을 통과한 참가자들을 대상으로 러시아, 브라질, 일본, 미국, 태국, 스페인 등 아시아를 넘어 유럽 및 북남미 지역에서 본격적인 2차 해외 본선을 진행하게 되었다. 치열한 해외 본선 과정은 MBC 8부작 특별방송, 〈커버댄스 페스티벌 K-팝 로드쇼 40120〉으로 제작되어 해외의 K-팝 열풍을 TV 방송을 통해 국내에 전할 수 있었다. 특히 2차 해외 본선에는 당시 유명한 K-팝 아티스트인 샤이니, 에프엑스, 카라, 2PM, 비스트 등이 심사위원으로 참여해서 해외 팬들의 이목을 집중시켰다.

방문위는 K-팝 커버댄스 페스티벌을 추진하면서 한국 방문의 해 캠페인을 해외에 널리 알리기 위해, 2011년 6월 10일과 11일, 유럽에서 처음 열린 SM엔터테인먼트의 K-팝 공연을 공식 후원했다. 인기 높은 K-팝 공연과 커버댄스를 연결하여 한류를 활용한 관광 홍보에 시동을 건 것이다. 프랑스 파리에서 열린 'SM타운 라이브 월드투어'는 K-팝이 아시아를 넘어 유럽과 미주 시장으로도 확장될 수 있음을 보여준 기념비적인 공연이었다. 원래 이 공연은 1회로 기획되었지만 유럽 팬들의 성원에 힘입어 2회 공연으로 일정이 늘어날 만큼 파리에서 K-팝의 열기는 뜨거웠다. 공연에 참석한 팬들은 한국어로 노래를 따라 불러 아티스트뿐만 아니라 우리 모두를 놀라게 하였다.

방문위가 후원한 K-팝 파리 공연이 큰 성공을 거두면서 커버댄스 페스티벌 온라인 예선과 해외 본선은 해외 팬들의 뜨거운 관심과 참여로 성황리에 진행될 수 있었다. 우리는 K-팝 파리 공연이 일회성 이벤트로 끝나지 않고 열기가 유럽 전역으로 확산되도록, 같은 해 9월에 스페인에서 K-팝 커버댄스 페스티벌 해외 본선을 기획했다. 결과는 기대 이상이었다. 파리 공연으로 자극받은 유럽 젊은이들은 K-팝을 통해 끼를 분출할 수 있는 곳을 찾았고, 그들이 스페인으로 대거 몰리면서 유럽의 커버댄스 페스티벌 해외 본선 장소에는 많은 인파가 넘쳐났다. 파리 공연이 유럽에 K-팝을 성공적으로 안착시켰다면 이어서 펼쳐진 유럽의 커버댄스 페스티벌 해외 본선은 K-팝의 열기를 유럽 곳곳으로 널리 확산시키는 데 조금이나마 기여했다고 생각한다.

유럽에서 열린 'SM타운 라이브 월드투어'의 성공은 아티스트들의 뛰어난 실력 덕분이기도 하지만, 그와 더불어 뒤에서 묵묵히 열정적으로 한류를 지원하는 정부 공무원과 해외문화홍보원의 노력이 있었기에 가능했다. 한국 방문의 해 캠페인을 해외에 널리 알리고자 고심하고 있을 때 당시 문화체육관광부 국제관광과 김현환 과장의 도움으로 예산 지원을 받을 수 있었고, 덕분에 K-팝 파리 공연을 후원하며 유럽에도 관광 캠페인을 홍보할 수 있는 길이 열린 것이다. 유럽에 한류를 확산하고 동시에 '한국 방문의 해'를 홍보하기에 K-팝만큼 좋은 것이 없다는 것을 정부도 민간도 확신했기에 가능했던 일이었다.

K-팝 파리 공연에는 SM에 소속된 동방신기, 소녀시대, 슈퍼쥬니어, 샤이니, FX 등 당시 최고 인기를 누리던 아티스트들이 대거 참여했

기에 주목도가 매우 높은 공연이었다. 어렵게 받은 예산이 효과적으로 잘 쓰일 수 있도록, 우리는 공연명을 '2010-2012 한국 방문의 해 기념, SM타운 라이브 월드투어 인 파리'로 정하고 한국 방문의 해 캠페인이 진행되고 있음을 해외에서 적극적으로 홍보했다. 공연장을 찾은 1만 4,000명 한류 팬을 대상으로 한국 관광 홍보관을 운영했으며 공연장에서는 '2010-2012 한국 방문의 해'를 소개하는 홍보 영상을 상영했다. 관광 캠페인이 열리고 있으니 한국으로 많이 방문해 달라는 메시지를 담은 홍보물은 모든 해외 홍보 활동에 효과적으로 활용되었다.

해외 본선은 유럽뿐만 아니라 아시아에서도 개최되었다. 필자는 태국 방콕에서 열린 해외 본선에서 2PM 멤버들과 함께 심사위원으로 참석한 적이 있는데, 그 당시 태국에서 K-팝의 열기가 상상 이상으로 뜨거웠던 기억이 있다. 태국은 커버댄스 열기가 뜨거운 나라답게 참가자들이 수준 높은 무대 매너와 의상을 선보여 모두를 놀라게 했다. 이날 우승은 애프터스쿨의 '뱅'을 커버한 남성 7인조 '넥스트스쿨' 팀이 차지했다. 모두 남성으로 구성된 팀이었는데, 걸그룹의 노래와 춤을 자신들만의 방식으로 재해석해 인상적인 퍼포먼스를 펼쳤다. 단지 K-팝이 좋아서 인터넷으로 만나 팀을 꾸린 지 1년이 되었다는 이들은 무대에 최선을 다했고 결선을 위해 한국에 가게 되어 정말 기쁘다면서 감격의 눈물을 흘렸다.

모든 팀이 K-팝을 따라 하는 커버 수준을 넘어 자신만의 표현으로 재창조하는 것을 보고 그들의 재능에 감탄이 절로 나왔다. 태국에서는 K-팝 커버댄스 팀이 전문 뮤지션만큼 대우받으며 큰 인기를 누린다고 하니 그것만 봐도 K-팝의 열기가 얼마나 대단한지 이해할 수 있었다. K-팝의 인기는 공연장에서만 느낄 수 있는 것이 아니었다. 캄캄한 방콕 시내 옥외 광고판에 우리나라 아이돌의 얼굴이 등장하고 백화점과 대형마트 곳곳에도 2PM 멤버들의 사진과 영상이 나타났다. 그야말로 K-팝이 방콕 시내 전체에서 흘러넘치고 있었다. 현장에서 K-팝의 열기를 직접 체감하면서 K-팝 커버댄스 페스티벌이 전 세계 히트작이 될 것을 확신하게 되었다.

K-팝 커버댄스 전사들, 꿈꾸던 한국에 오다

뜨거웠던 해외 본선을 모두 마치고 2011년 10월 3일, 한국에서 K-팝 커버댄스 페스티벌 최종 결선이 진행되었다. 대망의 결선 무대는 해외 팬들에게 한국의 전통문화를 보여주고자 경상북도 경주에서 펼쳐졌다. 2011년 6월부터 시작된 온라인 예선을 거쳐 해외 본선을 통과한 총 16개 팀, 66명이 한국 결선 무대에 서게 되었다. 경주에서 열린 최종 결선 대회는 치열한 경쟁을 뚫고 각국에서 대표로 선발된 커버댄스 팀들의 열정으로 가득 찬 무대였다. 나이지리아 3인조 팀인 슈퍼지리아는 4일 동안 4개국을 거쳐 한국에 도착했으며, 일본 출신 코토립은 12세 소녀로 대회 최연소 참가자였다. 특히 한국에서 아이돌이 되고 싶어 대회에 참가한 코토립은 일본어로 '몇 살이냐'고 묻는 질문에 한국어로 대답해 관객들을 놀라게 하였다. K-팝으로 시작된 한국에 대한 관심이 한국어로까지 이어진 것이다.

첫 행사에 이어 2012년에 2회째 열린 K-팝 커버댄스 페스티벌은 더 많은 72개국 1,850여 개 팀이 참가하면서 단기간에 인기 높은 글로벌 행사임을 입증했다. 해외 본선도 10개국 11개 도시에서 열릴 만큼 규모가 커졌다. 2회 K-팝 커버댄스 페스티벌 홍보대사는 그 당시 큰 인기를 얻었던 걸그룹 씨스타였는데, 씨스타는 러시아 모스크바 아레나에서 치러진 해외 본선 심사위원으로도 참여했다. 온라인 예선과 해외 본선을 통과한 총 13개 팀, 69명은 한국으로 초청되어 최종 결선 무대에 오르게 되었다. 2012년은 싸이의 〈강남 스타일〉이 전 세계를 강타하며 K-팝 확산에 정점을 찍은 해였다. 우리는 결선을 위해 한국에 온 참가자들과 함께 영원히 추억될 기념비적인 이벤트를 하고 싶어 〈강남 스타일〉 플래시몹을 기획하게 되었다. 세계 각국에서 모여든 커버댄스 결선 참가자들이 광화문 광장에 모여 〈강남 스타일〉로 플래시몹을 벌이는 진풍경이 펼쳐졌다. 이 모습을 신문과 방송 매체들이 앞다투어 전 세계로 전파했고 국내 주요 일간지 1면에 사진이 실릴 정도로 큰 반향을 일으켰다. 참가자들에게 잊지 못할 특별한 추억을 남겨주고자 했던 기획이 전 세계에 한국 관광을 홍보하는 기대 이상의 큰 효과를 얻은 셈이었다.

우리 방문위는 최종 결선 무대 외에도 한국에 어렵게 온 모든 참가자가 한국 문화를 체험할 수 있는 시간을 마련해 주었다. 각국에서 모인 참가자들이 처음에는 서로 서먹해했지만 결선 대회를 치르고 한국 문화를 함께 체험하면서 한층 가까워진 것을 느낄 수 있었다. K-팝이라는 공통분모가 있었기 때문에 국경과 인종, 언어를 뛰어넘어 모두가쉽게 친구가 될 수 있었으리라. 우리는 K-팝으로 하나가 된 참가자들을 그냥 보내기가 아쉬워서 참가자 모두를 'K-팝 커버댄스 홍보대사'로 임명하기로 했다. K-팝을 연결고리로 만난 인연이 끊어지지 않고 이어지길 바라는 마음이기도 했고, 자국으로 돌아가 K-팝을 더욱알리고 한국을 널리 홍보해주길 바라는 마음으로 홍보대사 임명식을진행했다. 한 명, 한 명, 이름을 호명하며 임명장을 수여하자 그들 얼굴에는 감격스러운 표정이 가득했다. 그 표정을 아직도 잊을 수가 없다. 한국이라는 나라가 그들에게 얼마만큼 큰 의미가 있는지를 느낄수 있었던 순간이었다. 그때 한국에 온 커버댄스 경연자들이 지금은모두 각자의 나라에서 여전히 한국에 대해 좋은 감정을 갖고 한국을홍보하고 있으리라 기대해본다.

〈강남 스타일〉이 바꾼
만찬장 풍경

2012년 싸이(PSY)의 〈강남 스타일〉은 유튜브를 타고 전 세계를 강타했다. 더불어 한국의 '강남'은 해외 관광객의 주목을 받는 핫한 관광지로 급부상했다. 서울은 외국인들에게 한국을 대표하는 이미지로 널리 알려져 있다. 그중에서도 명동이나 인사동, 경복궁 등 외국인 관광객들이 선호하는 관광지는 대부분 강북지역에 집중되어 있었다. 강남은 상대적으로 관광지로서는 잘 알려지지 않은 곳이었다. 하지만 싸이의 세계적인 히트곡 〈강남 스타일〉 열풍으로 강남은 한국의 관광지로서 단숨에 도약했다. 노래의 인기에 힘입어 '2012 강남 페스티벌'도 열렸다. 강남구 홍보대사인 소녀시대와 슈퍼주니어 등이 참가하는 콘서트와 '코리아그랜드세일'의 강남 버전인 '강남그랜드세일'도 기획되었다. K-팝이 관광지 홍보와 관광산업에 얼마나 큰 영향을 주는지 보여주는 사례였다.

〈강남 스타일〉의 위력을 느낀 또 하나의 사례는 바로 2012년 서울에서 열린 국제스콜클럽(SKAL International)의 '스콜세계총회'를 통해서였다. 국제스콜클럽은 전 세계 항공, 호텔, MICE 산업 및 여행업계 종사자들이 회원으로 가입하고 있는 관광 전문가로 구성된 국제 민간기구이다. 2012년 당시 국제스콜클럽은 90개국, 총 500여 클럽에 20,000여 명의 회원을 보유하고 있었다. 스콜세계총회는 국제스콜클럽에서 매년 개최하는 총회로 전 세계 관광·여행 업계의 최대 행사라고 할 수 있다. 국제스콜클럽은 매년 다른 국가에서 세계총회를 개최하며, 전 세계 회원들에게 개최국의 관광지를 직접 체험하고 그 잠재성을 평가할 기회를 제공한다. 공식 5박 6일 숙박 일정과 추가 체류 기간 동안 지출하는 비용을 고려하면 부가가치가 높은 국제 행사로 평가되고 있다. 참가자 전원이 전 세계 관광업에 종사하는 전문가들인만큼, 향후 관광상품 개발을 통한 외래 관광객 창출과도 연계되는 중요한 행사이다. 2012년에는 스콜클럽 설립 이래 처음으로 드디어 한국에서 스콜세계총회가 개최되었다. 필자는 스콜세계총회 조직위원회 위원으로서 참여하게 되었다.

2012년 10월 약 750명의 전 세계 스콜클럽 회원과 가족들이 한국을 방문했다. 스콜클럽이 경비를 부담하는 것이 아니라, 회원들이 자비를 들여 참가한다. 그만큼 참가자들은 총회에 대한 애정이 남달라서 개최지인 한국, 서울에서 하나라도 더 보고 느끼려고 노력했다. 하얏트 호텔에서 열린 환영 만찬의 백미는 단연코 〈강남 스타일〉이었다. 행사장에서 싸이 노래가 흘러나오자 순식간에 진풍경이 펼쳐졌다. 미국과 유럽에서 온 참가자들이 무대 중앙으로 뛰어나와 노래에 맞춰 말 춤을 흥겹게 추기 시작했다. 그들은 K-팝 하면 떠오르는 20대 젊은이들이 아니라 30년 이상을 관광업계에 종사해온 턱시도 입은 백발 신사들과, 우아한 이브닝드레스를 입은 시니어 여성들이었다.

그 풍경을 보면서 K-팝이 아시아를 넘어 미국으로, 20대를 넘어 50대, 60대도 즐기는 음악으로 성장했음을 느낄 수 있었다. 또한, K-팝의 영역이 무한대로 넓어질 수 있다는 확신을 갖게 된 순간이기도 했다. 한 명의 가수가 낸 히트곡이 전 세계 관광인을 연령과 국가를 떠나 한순간에 하나로 어우러지게 만든 감동적인 모습이었다. '2012 스콜세계총회'의 OST는 단연코 싸이의 〈강남 스타일〉이었다. 필자는 아직도 〈강남 스타일〉을 들을 때면 흥겹게 말 춤을 추던 턱시도와 이브닝드레스를 입은 백발의 신사 숙녀들이 생각나 웃음 짓곤 한다.

한국 방문의 해
홍보대사와 뽀로로

'2010-2012 한국 방문의 해' 캠페인은 외래 관광객 1,000만 명 달성이라는 목표를 내걸고 민간과 공공이 합심해서 추진한 대대적인 관광 캠페인이었다. 야심차게 추진한 캠페인이었던만큼 한국 방문의 해를 전 세계에 알리기 위해 당시 해외에서도 유명한 한류 스타들이 홍보대사로 임명되어 한국을 관광지로 알리는 활동에 적극적으로 참여해 주었다. 〈겨울연가〉로 유명한 배용준 배우를 비롯해 김연아 선수가 홍보대사로 우선 선정되며 첫발을 내딛었고, 이후 K-팝의 대표 주자였던 소녀시대가 홍보대사로 합류하여 한국 관광을 해외에 널리 홍보해 주었다. 한국을 대표하는 한류 스타들이 발 벗고 나서준 덕분에, '2010-2012 한국 방문의 해' 캠페인은 2012년 목표치였던 1,000만 명을 훌쩍 넘는 외래 관광객 1,114만 명을 유치하며 화려하게 막을 내릴 수 있었다.

많은 한류 스타가 캠페인 활동에 적극적으로 참여해 주었지만 그중에서도 일등 홍보대사는 단연코 '뽀로로'였다. 뽀로로는 유아용 애니메이션으로 한국에서 만든 토종 브랜드이지만 전 세계 어린이들의 큰 인기에 힘입어 90여 개국으로 수출되고 있었다. 당시 국내 캐릭터 소비자 선호도 조사와 국내 캐릭터 브랜드 가치 평가 등에서 1위를 차지하며 인기를 누리고 있어서 한국을 알리는 홍보대사로서 한류 스타와 함께 낙점되었다. 실무 입장에서 뽀로로가 홍보대사로서 가장 좋은 것은 우리가 필요로 할 때면 언제든지 달려와서 함께 활동해줄 수 있다는 점이다. 사람이 아니라 캐릭터이다 보니 까다로운 스케줄 조정도 필요 없었다. 뽀로로가 행사장에 나타나면 모든 관광객이 동심의 세계로 돌아가는 듯 보였다. 아이처럼 달려와서 함께 사진을 찍고, 악수하고, 마치 유명한 K-팝 스타를 만난 듯 뽀로로에게 열광하며 친근하게 다가왔다.

뽀로로와 함께한 여정 중에서 가장 기억에 남는 것은 2011년 한국 방문의 해 사업 설명회 및 한국의 밤(Korean night)이 열렸던 베트남 하노이를 꼽을 수 있다. 행사를 위해 베트남 하노이 공항에 도착해서 입국 수속을 하던 중에 문제가 발생했다. 설명회와 트래블마트에서 나누어줄 브로슈어와 기념품 등 행사 관련 물품이 세관 통과가 안 되어 실랑이가 벌어졌다. 그때 기념품 중에 뽀로로 이미지를 발견한 세관 직원이 마침 뽀로로의 팬이어서 앞장서서 문제를 해결해준 덕분에 무사히 행사 물품을 가지고 나올 수 있었다. 나중에 알고 보니 이 세관 직원의 아이들이 뽀로로 만화를 즐겨 보는 덕분에 그도 뽀로로를 좋아하게 되어 팬이 되었다는 얘기를 듣고 얼마나 흐뭇했는지 모른다.

행사 물품이 무사히 통과가 되어 한숨 돌리며 다음날 행사 준비를 본격적으로 하고 있었는데, 이번에는 뽀로로 캐릭터 탈이 문제가 되었다. 뽀로로는 캐릭터이기 때문에 사람이 캐릭터 탈을 쓰고 움직여야 하는데 한국에서 따로 배송한 탈이 행사 직전까지 도착하지 않아 애를 태우고 있었다. 예정된 시간이 되어 사업 설명회가 시작되었고 이 자리에는 베트남 관광부 차관을 비롯해 베트남 정부 및 관광업계 주요 관계자들이 여럿 참석하고 있었다. 환영사. 축사, 답사 등 귀빈들 순서가 하나둘씩 끝나갈 때마다 우리는 애간장을 태우며 뽀로로 탈이 도착하기만을 초조하게 기다리고 있었다. 뽀로로 탈이 공항을 나와서 오토바이로 이동하고 있다는 소식을 들은 터라 더욱 조바심이 났다. 한국 방문의 해 캠페인 홍보대사로서 뽀로로를 소개하는 순간에 뽀로로가 행사장으로 등장해야 하는 시나리오였다. 사회자가 순서에 따라 뽀로로를 소개하는 시간이 왔고 이때 마치 아무 일도 없었던 듯 뽀로로가 행사장으로 씩씩하게 걸어 들어왔다. 순간 정말 다행이라고 생각하며 객석을 바라봤는데 참석자 모두가 뽀로로가 등장하는 모습을 보며 열광하고 있었다. 필자는 자리에서 일어나 뽀로로를 한국 방문의 해 홍보대사로 자랑스럽게 소개했다. 순간 기자석에서 플래시가 터지며 마치 한류 스타를 촬영하듯 카메라 세례가 쏟아졌다. 우리의 애니메이션 뽀로로는 그렇게 베트남 국민들에게 많은 사랑을 받고 있었다.

한국 방문의 해 캠페인이 열릴 때마다 그 당시 주목도가 높은 한류 스타들이 앞장서서 홍보대사 역할을 해주었기에 해외 홍보 활동도 탄력을 받아 추진할 수 있었다. K-팝, K-드라마뿐만 아니라 스포츠, 클래식 음악, 애니메이션에 이르기까지 다양한 분야의 한류 스타들이 함께해 주었기에, 한국 방문의 해 캠페인도 많은 성과를 거둘 수 있었다. 하지만 돌이켜 생각해보면 한류 스타들 외에도 한국을 알리기 위해 그리고 한국을 찾아온 관광객을 친절하게 맞이하기 위해, 보이지 않는 곳에서 노력한 많은 사람이 있었기에 한국 방문의 해 캠페인이 매회 잘 마무리될 수 있었다고 생각한다. 항공사, 여행사, 호텔, 면세점, 백화점, 교통, 식당, 카페, 관광안내소 등 다양한 접점에서 외국인을 따뜻하게 맞이해준 수많은 관광업 종사원, 지하철이나 거리에서 마주친 외국인에게 친절을 베푼 우리 국민 모두가 어찌 보면 한국 방문의 해 캠페인을 빛낸 자랑스러운 홍보대사가 아니었을까 생각해본다.

한류의 핫한 콘텐츠, K-뷰티

K-뷰티의 열기가 뜨겁다. 한류 스타들의 메이크업과 패션은 해외 소비자의 눈길을 사로잡기에 충분했다. 요즘 유행하는 용어가 있다. 바로 올다무. 올리브영, 다이소, 무신사를 줄여서 부르는 용어이다. 한국에 와서 외국인이 한류를 바로 접할 수 있는 곳이 바로 이들 매장이다. 올리브영에서 화장품을 사고, 다이소에서 한국인처럼 소소한 생활용품을 구입하고, 무신사에 가서 옷을 산다. 예전에는 외래 관광객이 한국에 와서 고궁을 가고, 면세점에서 물건을 샀다면 이제는 한국인처럼 화장하고, 옷을 입고, 소소한 물건을 사고, 분식집에서 김밥과 떡볶이를 먹으며 한국인처럼 살아보는 여행을 하는 것이다. 이러한 현상은 코로나 엔데믹 이후 점차 단체에서 개별 관광객으로 한국을 찾는 외래 관광객의 트렌드가 변화하면서 나타나는 대표적인 현상이다. 관광 트렌드의 변화에 따라 요즘 가장 핫한 한류 콘텐츠로 K-뷰티가 떠오르고 있다.

방문위는 K-뷰티의 인기를 실감하면서 2020년 초에 화장품 브랜드인 설화수의 플래그십 스토어와 연계하여 K-뷰티 체험 프로그램을 기획하고 실행하였다. 요즘은 많은 유통사와 화장품 브랜드가 K-뷰티 체험과 함께 뷰티 제품을 판매하는 것이 다반사가 되었지만, 그 당시만 해도 제대로 된 K-뷰티 체험을 제공하는 곳을 찾기 어려웠다. 우리 방문위와 설화수는 제품을 팔기 위한 것이 아니라 K-뷰티를 깊이 있게 경험할 수 있는 체험 프로그램을 외국인들에게 제공했다. 한류 스타의 메이크업을 배우는 뷰티 클래스뿐만 아니라 화장품 브랜드 스토리에 대한 도슨트 투어와 이너뷰티를 위한 다도 클래스까지, 고품격 뷰티 체험 프로그램을 진행하여 외국인 참가자들의 만족도를 높였다. 이후 코로나가 확산되어 오프라인에서 체험 프로그램을 계속할 수 없었지만 K-뷰티 열기가 식지 않도록 온라인으로 해외 관광객을 만나며 뷰티 클래스를 지속적으로 이어갔다.

K-뷰티 제품의 해외 수출액이 늘어가고 인기가 높아지자 정부에서도 K-뷰티를 적극적으로 지원하기 시작했다. 2020년 9월 보건산업진흥원 산하 대한화장품산업연구원이 서울 명동에 K-뷰티를 체험하고 중소 화장품 기업의 제품을 홍보할 수 있는 공간인 '뷰티플레이'를 오픈한 것이다. 코로나가 한창 기승을 부리고 있을 때 뷰티플레이가 명동에 생겼다는 소식을 듣고 기쁜 마음으로 한걸음에 달려갔다. 명동성당 맞은편 건물 3층에 자리 잡은 뷰티플레이는 가성비 좋은 한국 화장품을 미리 써보고, 뷰티클래스를 통해서 메이크업도 배우는 등 K-뷰티를 체험하기에 충분한 곳이었다. 그동안 K-뷰티라는 매력적인 한류 콘텐츠

를 활용해서 한국 관광을 홍보하던 우리 방문위 입장에서는 천군만마가 생긴 셈이었다. 이곳에서 K-뷰티 콘텐츠를 제공하면 우리는 이 콘텐츠에 한국 문화를 입혀 K-뷰티와 한국 문화를 함께 체험할 수 있도록 하는 훌륭한 관광 콘텐츠를 만들 수 있기 때문이다.

코로나가 확산되던 시기에 필자는 마스크를 쓰고 시범 운영 중이던 뷰티플레이를 찾아갔다. 뷰티플레이라는 근사한 공간을 정부 지원 하에 만들어 놓았지만 코로나로 인해 홍보도 적극적으로 할 수 없었던 터라 안타까운 상황이었다. 하지만 우리는 이에 굴하지 않고 코로나가 잠잠해진 이후 관광객들이 K-뷰티를 체험하러 한국을 방문할 수 있도록, 온라인을 통해서 K-뷰티를 적극적으로 홍보했다.

코로나 엔데믹 이후 국제 관광이 다시 재개되자 각 국가는 자국으로 관광객을 유치하기 위해 적극적인 관광 홍보 활동을 벌였다. 우리나라도 침체된 관광산업을 회복하고 내수를 활성화하기 위해 '2023-2024 한국 방문의 해' 캠페인을 펼치며 외래 관광객 유치에 발 벗고 나섰다. 이번 한국 방문의 해 캠페인은 전 세계적으로 인기와 위상이 높아진 한류를 적극적으로 활용해 관광객을 유치하는 데 초점이 맞춰졌다. 인바운드(외국인의 한국 관광) 시장을 활성화하기 위해 한류 중에서 핵심 콘텐츠로 가장 주목받는 것은 K-뷰티였다. 이러한 배경에서 탄생한 것이 2024년부터 시작된 '코리아뷰티페스티벌'이다. 외국인들에게 인기가 높은 K-뷰티를 활용해 외래 관광객을 유치하고 K-뷰티 체험을 통해 한국 관광의 만족도를 높이고자 추진된, 관광과 뷰티가 결합된 융복합 관광 행사이다.

2025년에 2회째를 맞은 코리아뷰티페스티벌은 뷰티의 개념을 더욱 확장시켰다. 메이크업에서부터 헤어, 패션, 의료, 웰니스에 이르기까지 다양한 콘텐츠를 K-뷰티라는 선물 박스에 풍성하게 담아냈고, K-뷰티를 중심으로 폭넓은 한국 관광을 체험할 수 있도록 기획했다. 그 결과 오프라인 행사 거점에는 151개국에서 온 많은 외국인이 K-뷰티를 체험하고자 방문했다. 특히 눈에 띄는 점은 페스티벌을 찾은 외래 관광객의 국적이 매우 다양해졌다는 점이다. 이제 아시아를 넘어 유럽, 중동, 중남미 등 다양한 국가에서 한국을 찾고 있는 것이다. K-뷰티의 맹활약으로 중국과 일본 시장 의존에서 벗어나 인바운드 시장이 다변화되고 있다는 점에서 한국 관광의 밝은 미래가 보이는 듯했다.

K-뷰티는 무한한 확장성을 지니고 있다. K-뷰티를 화장품, 패션뿐만 아니라 의료관광, 미용, 힐링, 테라피, 웰니스 등으로 확대하여 관광산업과 연계한다면 외래 관광객을 더욱 증대하고 한국 관광과 K-뷰티의 만족도를 동시에 높일 수 있을 것이다. 관광산업 측면에서는 K-뷰티를 활용해 외래 관광객을 더 많이 유치하고, 뷰티 산업 측면에서는 한국에 온 관광객이 체험을 통해 만족도가 높아져 충성 고객을 더 확보할 수 있다. 높은 만족도는 한국을 재방문하도록 하는 선순환을 만들어 낼 것이다. 관광산업과 팔색조의 매력을 지닌 한류가 다채롭게 결합하여 더 높이 날아오르는 한국 관광을 기대해 본다.

2

라틴아메리카에서
한류는 옳다

프로듀서, 전 KBS 아메리카 사장
김경희

프로그램 제작, 국제협력, 글로벌 콘텐츠 사업에 헌신해 온 미디어 전문가. KBS 국제협력실장과 KBS 아메리카 사장을 역임하며 글로벌 방송 교류와 해외 채널 사업을 주도했으며, INPUT·ABU 총회 등 주요 국제 행사를 기획·운영하며 국제방송기구에서 핵심적 역할을 수행했다. 중남미 신규 채널 개국과 미주 K-팝 페스티벌을 추진하며 한류 확산에 크게 기여했다. KBS 라디오에서는 디아스포라 관련 프로그램과 사업을 기획·제작하여 제51회 한국방송대상 라디오 다큐멘터리 부문을 수상했다. 현재는 K콘텐츠아카데미포럼 부회장 및 글로벌미디어평화상(GMPA) 라디오 부문 심사위원장으로 활동하며, 한국 콘텐츠의 글로벌 위상 제고에 힘쓰고 있다.

아르헨티나에 살던
한국인 소녀의 꿈

나는 축구와 탱고의 나라, 아르헨티나의 수도 부에노스아이레스에서 어린 시절을 보냈다. 1978년, 월드컵 우승의 환희로 도시 전체가 들썩이던 그때, 나는 '한국'이라는 낯선 땅에서 온 아이였다. 학교에서 언니와 나는 단 두 명뿐인 아시아인이었고, 언제나 호기심 어린 시선 속에 서 있었다. 친구들은 일본과 중국은 알았지만, 한국은 그들이 보는 세계지도에조차 존재하지 않았다. 전쟁의 기억은 어른들의 이야기 속에만 남아 있었고, 한국은 문화적·경제적으로 빛을 발하지 못한 나라였다.

아르헨티나는 한국에서 무려 18,957㎞ 떨어진 남미 대륙의 끝자락에 자리한다. 국토는 2,780,440㎢에 이르러 남미에서는 브라질 다음으로, 세계에서는 여덟 번째로 넓다. 경제 또한 한때 남미의 선두주자였고, 브라질과 멕시코와 함께 라틴아메리카를 대표했다. 1913년에는 남반구 최초로 지하철을 개통했고, 1960년대까지는 1인당 GDP가 일본·이탈리아·스페인보다 높았다. 풍요와 자부심이 넘치는 나라, 그것이 내가 살던 아르헨티나였다. TV 속 〈엄마 찾아 삼만리〉의 소년 마르코가 제노바에서 아르헨티나 바이아블랑카까지 어머니를 찾아 헤매던 모습은, 당시 이 나라가 얼마나 '꿈의 땅'으로 불렸는지를 보여주고 있었다. 지금은 개발도상국 처지지만, 그 시절 아르헨티나는 찬란한 미래를 약속받은 듯한 나라였다.

그 속에서 나는 낯선 문화에 적응하며 살았다. 마음 한구석에는 언제나 막연한 소망이 있었다. 언젠가는 일본이 아니라 한국이 아시아를 대표하는 나라가 되기를, 그 사실을 당당하게 자랑할 수 있는 날이 오기를. 어쩌면 허황된 꿈처럼 보였지만, 어린 나에게는 간절한 바람이었다. 서툰 스페인어로 한국을 설명하는 일은 늘 버거웠고, 무엇을 내세워 자랑해야 할지도 알 수 없었다.

그럼에도 빛나는 기억 하나가 남아 있다. 내 서툰 언어를 늘 챙겨주던 단짝 마리아가 어느 날 내게 물었다. "한국어로 된 노래 가르쳐줄래?" 애국가를 부르기에는 어색했고, 동요를 알려주기에는 어린 마음의 자존심이 허락하지 않았다. 그래서 나는 한국에서 즐겨 보던 애니메이션 〈캔디 캔디〉의 주제가를 골랐다. 우리는 "외로워도 슬퍼도 나는 안 울어"로 시작하는 노래를 깔깔대며 함께 불렀다. 마리아에게는 처음 듣는 낯선 언어였겠지만, 그 순간만큼은 한국과 아르헨티나가, 그리고 나와 마리아가 한 곡의 노래로 이어졌다.

김경희 _____ 157

어쩌면 그것이 나의 첫 번째 '한국 문화 전파'였는지도 모른다. 지금 같았으면 마리아는 한국문화원에서 한국어를 배우고, 유튜브로 BTS나 블랙핑크 노래를 따라 불렀을 것이다. 하지만 그 시절, 나를 한국과 이어준 다리는 오직 한 곡의 노래였다. 그 노래는 어린 나의 자존심이었고, 작은 다짐이었으며, 먼 훗날 현실이 된 꿈의 씨앗이었다.

중남미? 라틴아메리카? 이베로아메리카?

우리가 흔히 사용하는 '라틴아메리카'라는 말은 사실 지리적 구분에서 비롯된 것이 아니다. 이 용어는 19세기 중반 프랑스에서 처음 만들어졌다. 스페인어와 포르투갈어를 쓰는 나라들을 '라틴'이라는 문화적 뿌리로 묶어 프랑스와 연결 짓고, 동시에 북쪽의 '앵글로아메리카'에 대항하기 위한 정치적 기획이었던 것이다. 따라서 라틴아메리카는 남아메리카나 중앙아메리카처럼 단순한 지리적 구획이 아니라, 문화와 정체성을 중심으로 이해해야 한다. 미국에서 중남미 출신 이민자들을 '라티노(Latino)'라 부르는 것도 같은 맥락이다.

20세기 들어 '이베로아메리카'라는 표현도 등장했다. 스페인과 포르투갈이 옛 식민지 나라들과 새로운 관계를 맺으면서 문화적·외교적 유대를 강조하기 위해 사용하기 시작한 것이다. 지금도 공식 외교 문서나 국제회의에서 자주 쓰인다.

라틴아메리카의 가장 큰 매력은 단연 문화적 다양성이다. 스페인과 포르투갈의 식민 지배가 뿌리내린 것은 사실이지만, 그 위에는 원주민의 신화와 전통, 아프리카 노예들이 전한 리듬, 근대 이후 이주한 아시아인들의 흔적까지 켜켜이 쌓여 있다. 이러한 역사적 층위는 음악과 춤, 음식과 종교, 언어 속에도 고스란히 남아 라틴아메리카만의 독특한 정체성을 형성했다.

이 맥락은 한류의 수용 방식에도 반영되었다. 태평양 연안 국가들—멕시코, 페루, 칠레, 에콰도르, 콜롬비아 태평양 지역—은 오래전부터 아시아와 교류해왔으며, 특히 페루와 칠레에는 중국·일본·한국계 이민 공동체가 깊이 뿌리내리고 있었다. 덕분에 1990년대 한국 드라마와 2000년대 K-팝이 등장했을 때 자연스럽게 친근감과 공감대를 형성할 수 있었다.

반면 대서양 연안 국가들—브라질, 아르헨티나, 우루과이, 콜롬비아 카리브 지역, 베네수엘라—은 주로 유럽과 미국 동부 해안의 영향을 받아 아시아 문화와는 거리가 있었다. 다만 브라질은 예외였다. 수많은 일본계 이민자가 정착해 있었기에 아시아 대중문화에 상대적으로 개방적이었다. 아르헨티나와 우루과이는 무역과 문화 교류의 기반이 약해 한국 문화의 확산이 더뎠지만, 2010년대 이후 유튜브와 스트리밍 서비스가 보급되면서 상황은 크게 달라졌다. 지금은 이들 나라에서도 K-팝 댄스 커버 팀이 활발히 활동하며 새로운 문화적 장면을 만들어가고 있다.

라틴아메리카는 이베리아반도 국가의 식민지였다는 역사적 배경과 스페인어·포르투갈어 사용이라는 공통점을 지니지만, 결코 하나의 단일 문화로 묶일 수는 없다. 음악만 보아도 그렇다. 브라질의 삼바와 보사노바, 카리브 지역의 살사와 메렝게, 아르헨티나의 탱고, 멕시코의 마리아치는 각 나라의 고유성을 보여주는 동시에 세계인의 사랑을 받고 있다. 전통 음악을 제외하면, 그동안 라틴아메리카에서 가장 널리 소비된 장르는 미국의 팝, 록, 힙합이었다. 그런데 21세기 초, 이 다양한 장르와 경계를 넘어 라틴아메리카 젊은 세대를 하나로 묶는 새로운 음악이 등장했다. 바로 K-팝이다.

라틴아메리카
K-팝 열풍의 비밀

K-팝은 이제 전 세계가 함께 즐기고 공유하는 문화가 되었다. 라틴아메리카에서도 하나의 특별한 문화 현상으로 자리 잡았다. 방탄소년단(BTS), 블랙핑크, 스트레이 키즈, 세븐틴 같은 그룹은 현지 음악 차트를 휩쓸고, 유튜브에서 수억 뷰를 기록하며, 월드투어 무대마다 남미의 대도시 공연장을 가득 채운다. 아시아·유럽·북미에 비해 지리적으로 멀고 시장 규모도 작아 한류의 도착이 늦은 지역이지만, 지금은 그 어느 곳보다 열정적인 팬덤이 살아 숨 쉬고 있다.

라틴아메리카 청소년들에게 K-팝은 단순한 음악이 아니다. 그것은 희망의 상징이기도 하다. 한국 아이돌은 꿈을 향해 끊임없이 도전하는 모습, 끝까지 포기하지 않는 노력을 보여주었고, 젊은 세대는 그 메시지에 뜨겁게 공감했다. K-팝은 '콘텐츠 산업'을 넘어 문화적 가치와 새로운 가능성을 드러냈으며, 라틴아메리카에서만큼은 그 영향력이 더욱 강렬하다.

라틴아메리카를 떠올릴 때 흔히 붙는 수식어는 '열정적'이다. 축구장에서 터져 나오는 함성, 격정적인 탱고 춤, 리오 카니발의 화려한 퍼레이드, 공동체가 함께 즐기고 나누는 넘치는 정(情). 흥미로운 것은 K‒팝 팬덤 문화가 이 '라틴의 열정'과 절묘하게 맞아떨어졌다는 점이다. 라틴의 팬들은 단순히 음악을 듣는 데 그치지 않는다. 아이돌의 춤을 따라 하며 커버댄스를 연습하고, 팬아트와 번역 영상을 제작하며, 심지어 한국어까지 배우는 데 주저함이 없다. 이처럼 음악을 넘어선 참여와 표현 욕구, 그리고 무대 위 아이돌의 에너지와 라틴의 열정이 만났을 때, 비로소 그곳에서만 가능한 독특한 한류의 장면이 탄생한다. 어쩌면 이것이 바로 라틴아메리카 K‒팝 현상의 비밀일지도 모른다.

오늘날 라틴아메리카에서 가장 널리 소비되는 해외 콘텐츠는 여전히 미국 문화다. 수십 년간 전 세계를 이끌어온 미국의 영화, 드라마, 팝 음악은 지금도 막강한 영향력을 유지한다. 이러한 문화적 지배가 전방위적으로 이어지는 가운데, 라틴아메리카 내부에서는 점점 미국 중심 콘텐츠에 대한 피로감과 비판적 시선이 커지고 있다. 바로 이 틈새에서 K‒팝은 단순한 '유행'을 넘어, 미국 문화에 대한 문화적 대안(alternative)으로 자리매김하게 되었다.

라틴아메리카의 역사는 외부 지배와 종속의 흔적 위에 놓여 있다. 스페인과 포르투갈의 식민 지배, 그로 인한 자원 의존적 경제구조는 독립 이후에도 쉽게 바뀌지 않았다. 20세기에는 미국을 비롯한 강대국의 정치·경제적 개입이 이어졌고, 군부 독재와 신자유주의적 실험은 사회 곳곳에 상흔을 남겼다. 이러한 역사적 배경 속에서 라틴아메리카 사회에는 외부 지배에 대한 반감과 저항 의식이 깊게 자리 잡았으며, 동시에 새로운 대안적 가치와 문화에 대한 갈망이 커져왔다.

바로 이 지점에서 K-팝의 등장은 특별한 의미를 지닌다. 서구 문화가 세계의 중심을 차지하던 무대에서, 아시아의 작은 나라 한국이 세계적 문화 강국으로 떠오른 이야기는 라틴아메리카의 젊은 세대에게 강렬한 울림을 준다. 아이돌이 보여주는 끝없는 도전과 성장, 불가능을 가능으로 만드는 서사는 오랜 종속의 경험을 가진 이들에게 희망의 메시지로 다가왔다. 따라서 라틴아메리카에서 K-팝의 인기는 단순한 소비 현상을 넘어 역사적 경험과 정체성, 문화적 욕구가 교차한 결과라고 할 수 있다.

K-팝은 비서구권 국가에서 출발했지만 음악성과 비주얼, 퍼포먼스에서 세계 최고 수준의 경쟁력을 확보했다. 그러나 그것이 단순히 '외국에서 온 낯선 문화'로만 소비되지 않은 이유는, 라틴아메리카 청년들이 그 속에서 자기 문화적 정체성과 자긍심을 새롭게 발견했기 때문이다. "미국이 아닌 나라에서도 세계적 성공을 이룰 수 있다"는 사실은 이들에게 강렬한 영감을 주었고, 이는 곧 열광적 수용으로 이어졌다.

라틴아메리카의 젊은 세대는 원래 대안적이고 신선한 문화에 대한 수용성이 높다. 단순히 미국 문화를 거부하는 것이 아니라, 더 다층적이고 창의적인 방식으로 새로운 콘텐츠를 탐색한다. K-팝은 이 틈새를 절묘하게 파고들며, 미국이 아닌 곳에서 온 글로벌 문화로서 오히려 더 큰 공감을 이끌어냈다. 그 과정에서 '다름'은 새로운 보편성으로 확장되었다.

팬덤 또한 단순한 소비 집단을 넘어 창의적이고 능동적인 주체로 자리매김했다. 아이돌의 춤을 따라 커버댄스를 연습하고, 팬아트를 제작하며, 한국어를 배우는 활동이 일상화되었다. 멕시코에서는 K-팝을 매개로 가족 간의 유대가 새롭게 형성되기도 하고, 칠레에서는 시위 현장에서 BTS의 이미지가 사회적 저항의 상징으로 등장하기도 했다. 팬덤은 단순한 음악 소비자가 아니라 문화와 사회를 바꾸는 힘을 가진 주체가 된 것이다.

무엇보다 이 열풍의 숨은 동력은 디지털 플랫폼과 초국적 팬덤 네트워크였다. 유튜브와 SNS는 국경을 넘어선 공동체를 형성했고, 팬들은 번역·홍보·모금·팬아트 제작 등 다양한 방식으로 문화를 재창조하며 K-팝을 자기화했다. 결국 라틴아메리카의 K-팝 열풍은 단순한 '외래 문화 수입'이 아니다. 그것은 미국 중심의 문화 패권에 대한 피로와 저항, 새로운 정체성과 공동체에 대한 갈망, 디지털 시대의 문화 소비 방식이 맞물린 결과다. K-팝은 라틴아메리카 청년들에게 "다르게, 그러나 성공적으로 살아갈 수 있다"는 메시지를 전달하며 새로운 문화적 상상력을 확장시켰다.

오늘날 라틴아메리카는 세계에서 K-팝 공연 티켓이 가장 빠르게 매진되는 지역 중 하나다. 현지 음원 차트에서도 K-팝은 라틴팝, 레게톤과 어깨를 나란히 하며 주류 음악으로 자리 잡았다. 앞으로는 단순 소비를 넘어, K-팝과 라틴 음악의 협업이 늘어나 "글로벌 퓨전 장르"로 발전할 가능성이 크다. 언젠가 한국과 라틴아메리카가 음악을 매개로 더욱 긴밀히 연결되는 그날을 기대해 본다.

멕시코의 밤,
BTS의 시작을 지켜보다

○

2014년 10월, 멕시코시티의 밤하늘 아래서 나는 문득 이런 생각을 했다.

"지금 이 순간, 한국과 멕시코가 가장 가까이 맞닿아 있다."

그날, KBS 뮤직뱅크 월드투어의 여덟 번째 여정이 멕시코 대형 공연장 '아레나 시우다드'에서 펼쳐졌다. 나는 단순한 관람객이 아니라 KBS 아메리카 대표로 현장을 지키고 있었다. 공식적인 역할은 현지 방송 송출을 조율하고 지원하는 일이었지만, 개인적으로는 라틴아메리카 현장에서 K-팝이 어떻게 작동하고, 또 어떻게 받아들여지는지를 직접 확인하고 싶었다. 도쿄(2011), 파리(2012), 자카르타(2013) 등 여러 도시에서 이 투어를 경험해본 나에게도, 라틴아메리카는 여전히 낯설고 특별한 궁금증을 안겨주는 무대였다. 마음속에는 "K-팝이 과연 여기서도 통할까?"라는 질문이 자리 잡고 있었다.

공연 시작 전, 무대 뒤에서 출연진과 인사를 나누던 중 나는 당시 신인에 가까웠던 방탄소년단을 처음 만났다. 풋풋하고 긴장한 기색이 역력했지만, 그들과 함께 찍은 한 장의 사진은 훗날 전혀 예상치 못한 의미를 갖게 되었다. 당시에도 K-팝은 빠르게 확장하며 세계적인 인지도를 쌓아가고 있었지만, 아무리 열정의 대륙이라 해도 라틴아메리카에서 아시아 무대와 같은 반응을 기대할 수 있을지 솔직히 확신은 없었다.

그러나 무대가 시작되자 의구심은 곧 사라졌다. 2만여 멕시코 팬들은 단순한 관객이 아니었다. 그들은 공연의 일부였다. 열광하고, 환호했고, 때로는 눈물을 보이며 무대를 '함께' 만들어갔다. B.A.P와 EXO-K가 등장하자 감정을 주체하지 못한 팬들이 곳곳에서 울고 웃었다. 날아든 속옷, 울려 퍼지는 자제 방송, 진동하듯 요동치는 함성. 그 열기와 에너지는 단순한 콘서트를 넘어선 하나의 문화적 사건이었다.

그리고 마침내 방탄소년단이 무대 위로 올랐다. 데뷔 1년 차였던 그들에게 라틴아메리카 공연은 처음이었다. 당시 인지도는 다른 출연진보다 낮았지만, 무대 매너와 퍼포먼스, 그리고 팬들의 반응은 결코 뒤지지 않았다. 특히 눈에 띈 점은, BTS가 멕시코 공연 몇 달 전부터 뮤직뱅크 출연을 알리며 현지 팬들과 꾸준히 소통해왔다는 것이었다. 그 덕분인지 신인 그룹임에도 폭발적인 환호가 쏟아졌다.

아직은 다소 미완의 모습이었지만, 그 투박함 속에는 오히려 진심이 담겨 있었다. 〈We Are Bulletproof〉의 짧은 버전을 시작으로 〈Danger〉와 〈상남자〉까지, 그들은 무대를 압도하려 하기보다 자신들의 메시지를 진심으로 전달하려는 눈빛을 보여주었다. 정제되지 않았지만 거짓 없는 퍼포먼스, 칼같이 맞춰진 군무, 살아 숨 쉬는 열정이 관객을 강하게 사로잡았다. 그 순간, 나는 생각했다.
"이들이 언젠가 세계를 움직일지도 모르겠다."

몇 해가 지난 지금, 그 예감은 현실이 되었다. 그날 밤 나는 직접 보았다. 음악이 어떻게 국경을 넘어 사람의 마음을 움직이는지를. 뮤직뱅크 in 멕시코는 단순한 글로벌 공연이 아니었다. 그것은 한국과 멕시코가 음악이라는 보편적 언어로 만난 교차점이었고, 그 속에서 'BTS'라는 이름이 서서히 떠오르던 기적의 시작이었다. 돌이켜보면, 나는 그들의 한 '출발점'을 가장 가까운 자리에서 지켜본 사람 중 하나였다.

지금도 나는 믿는다. 그 밤의 진심이 결국 세계를 움직였다는 것을. 어쩌면 그날, 나는 수십 년 전 아르헨티나에서 마리아와 친구들에게 보여주고 싶었던, 자랑할 수 있는 대한민국의 모습을 바로 그 무대에서 보았는지도 모른다.

한국 드라마와 라틴아메리카
텔레노벨라 이야기

나는 한때 방송 프로그램의 국제상 출품 업무를 맡았다. KBS의 다큐멘터리, 드라마, 애니메이션, 예능 등 다양한 장르의 우수한 프로그램을 세계적인 국제상에 출품해 여러 차례 수상으로 이어지게 했다. 봉준호 감독의 〈기생충〉이 아카데미상을 수상하며 전 세계에 한국 영화의 위상을 알린 만큼 대중적으로 크게 알려지지는 않았지만, 이러한 성과들 역시 방송 분야에서 한류 확산에 기여한 중요한 발걸음이었다.

그 가운데 특히 기억에 남는 것은 세계적인 권위를 자랑하는 국제 에미상이다. 이 상에는 '텔레노벨라(Telenovela)'라는 독특한 부문이 있는데, 이름 그대로 '텔레(Tele)'와 '노벨라(Novela)'를 합친 말로 스페인과 포르투갈, 중남미에서 제작되는 일일 연속극을 가리킨다. 한국 드라마도 대부분 이 부문에 출품되며, 2022년에는 KBS 드라마 〈연모〉가 한국 드라마 최초로 수상의 영예를 안았다.

물론 형식적으로는 같은 부문에 묶이지만, 한국의 미니시리즈와 라틴아메리카의 텔레노벨라는 분명히 다른 결을 지닌다. 텔레노벨라는 보통 "만날 수 없는 남녀가 온갖 난관을 넘어 결국 결혼에 이르는 이야기"를 기본 줄거리로 삼고, 그 과정에서 불륜, 음모, 배신 같은 자극적 요소를 반복적으로 배치하며 긴 호흡을 이어간다. 반면 한국 드라마는 대체로 16부작 안팎의 짧고 밀도 있는 형식 속에서 인물의 감정과 관계를 섬세하게 그려내는 데 집중한다. 그래서 초창기에는 라틴아메리카 사람들이 한국 드라마를 '한국 텔레노벨라'라고 불렀지만, 지금은 '도라마 (Dorama)'라는 고유한 이름으로 불리며 독자적 장르로 인정받고 있다.

'도라마'라는 이름에는 흥미로운 문화적 이야기가 담겨 있다. 원래는 2000년대 초 일본 드라마가 수입될 때 팬들이 일본식 발음을 그대로 따와 사용한 용어였는데, 어느 순간 한국 드라마에도 자연스럽게 확산되었다. 단순한 호칭 같지만, 콘텐츠가 새로운 지역에 들어와 어떻게 현지에서 재해석되고 또다시 의미를 만들어내는지를 잘 보여주는 사례다.

오늘날 도라마는 단순히 "외국 드라마"가 아니다. 미국식 소프 오페라의 서사 장치, 텔레노벨라 특유의 격정적 감정선, 한국 드라마 특유의 섬세한 서사와 미장센이 뒤섞여 하나의 하이브리드 장르로 받아들여지고 있다. 시청자들은 익숙한 정서적 코드 속에서, 동시에 한국식 디테일이 주는 신선한 감동을 경험한다. 특히 가족 간의 유대를 중시하는 한국 드라마의 특징은 큰 공감을 얻는다. 과도한 자극이나 노골적인 장면을 자제하고, 순수하거나 이상적인 사랑을 담아내기에 온 가족이 함께 시청할 수 있기 때문이다.

시장 차원에서도 도라마는 점차 존재감을 키워가고 있다. 아직 중남미 전체를 휩쓰는 주류는 아니지만, 강력한 팬덤을 중심으로 한 틈새시장을 굳건히 만들었다. 팬들은 단순히 시청에 그치지 않고 자발적 번역, 온라인 커뮤니티 활동, 2차 창작, SNS 확산 등 적극적으로 참여하며 콘텐츠 전파를 주도한다. 넷플릭스 같은 글로벌 플랫폼의 보급은 이런 흐름에 기름을 부었고, 주로 젊은 여성층을 중심으로 시청자층이 넓어지고 있다. 전통적인 텔레노벨라 팬들 중 일부도 도라마로 옮겨오면서 영향력은 점점 확장되는 추세다.

무엇보다 주목할 점은, 도라마가 라틴아메리카 시청자들의 정서와 기호를 흡수하면서도 한국 드라마 고유의 서사 문법을 일정 부분 유지한다는 사실이다. 단순한 수입이 아니라, 현지의 문화적 맥락 속에서 재해석되고 현지화된 소비 과정이자 창조 과정인 셈이다. 익숙한 멜로 드라마적 요소와 새로운 한국적 디테일이 어우러지며, 도라마는 이제 라틴아메리카에서 하나의 독자적인 장르이자 문화적 경험으로 자리매김하고 있다.

라틴아메리카에서 K-드라마의 확산:
플랫폼 변화와 소비문화의 진화

지난 20여 년간 한류, 특히 K-드라마는 전 세계로 영향력을 넓혀왔다. 지리적으로 멀리 떨어진 라틴아메리카 역시 그 영향권 안에 포함된다. 다만 이 지역에서 K-드라마는 '주류 콘텐츠'라기보다는 충성도 높은 팬층이 형성된 큰 틈새시장으로 자리 잡았다. 넷플릭스 같은 글로벌 스트리밍 플랫폼의 확산은 접근성을 크게 높였고, 젊은 여성층을 중심으로 시청자 기반을 넓히며 인기를 견인했다. 그렇다면 한류가 오늘날처럼 전 세계로 뻗어 나가기까지, 누구를 '전파의 주체'로 기억해야 할까. 많은 이들이 K-팝 아이돌이나 넷플릭스 오리지널 드라마를 떠올리겠지만, 사실 그 출발선에는 이름 없는 전도사들이 있었다. 바로 해외에 사는 동포들이다.

1990년대만 해도 한국 드라마나 예능 프로그램이 해외에 수출되는 일은 드물었다. 그 당시 교민 사회는 한국 콘텐츠의 충실한 소비자이자 전파자였다. 향수를 달래기 위해 귀국길에 챙겨온 비디오테이프나 녹화물을 현지로 가져와 지역 방송사나 케이블 채널을 통해 방영했고, 그 과정에서 현지인들이 우연히 한국 프로그램을 접하게 되었다. 낯설지만 새로운 이야기와 정서는 점차 끌림을 만들어냈다.

재외동포들의 이런 자발적 전파는 결코 무시할 수 없다. 애초에 한류 확산을 목표로 한 것은 아니었지만, 재미동포 사회가 만든 방송이 사실상 출발점이었다. 1986년 하와이에서 지상파 방송을 시작한 KBFD-TV, 1989년 개국한 LA의 한인 방송 라디오코리아는 교민 사회를 대상으로 한국 드라마와 예능을 꾸준히 전했다. 이 작은 시도가 씨앗이 되어 훗날 한류라는 거대한 나무로 자라난 것이다.

이후에는 한국 방송사와 사업자들이 본격적으로 해외 시장을 두드렸다. KBS, MBC, SBS 등 주요 방송사들은 현지 법인을 설립하고 교민 대상 방송과 비디오테이프 배급, 영어 자막 방송을 내보내며 영향력을 확대했다. KBS는 특히 해외 채널 서비스인 KBS WORLD TV를 통해 미국과 캐나다는 물론 멕시코, 페루, 칠레, 브라질 등 라틴아메리카 전역으로 콘텐츠를 공급하며 영향력을 확장했다.

그 과정은 미디어 환경 변화와 함께 점진적으로 이어졌다. 지상파와 케이블 방송, DIRECTV 같은 위성방송을 거쳐 Viki·DramaFever 같은 1세대 스트리밍 플랫폼으로, 다시 오늘날 글로벌 OTT 서비스로 이어졌다. 라틴아메리카에서 K-드라마 소비는 단선적인 확산이 아니라 미디어 플랫폼의 진화와 함께한 다층적 성장의 결과였다.

여기서 콘텐츠 자체의 힘은 물론 중요하다. 하지만 기술 발전에 따라 변해온 플랫폼을 얼마나 기민하게 활용했는가, 그것이 한류 확산에 있어 결정적이었다. 비디오테이프와 CD를 통한 유통에서 지상파 전성기, 케이블과 위성방송의 확장기, 스트리밍 시대의 폭발적 확산까지 K-드라마는 새로운 플랫폼을 만날 때마다 도약의 발판을 마련했다.

개인적으로 KBS 미주법인, KBS 아메리카 대표로 일하던 시절이 떠오른다. 그때의 일은 단순히 방송 송출에 국한되지 않았다. 수십 년간 이어져 온 비디오 판매 사업까지 포함해 다양한 플랫폼을 아우르는 콘텐츠 비즈니스를 총괄해야 했다. 본사가 있던 LA에서는 지상파 방송을 직접 운영했고, 시카고·샌프란시스코·애틀랜타·하와이·시애틀·워싱턴 D.C., 캐나다 토론토까지 한인 밀집 지역마다 지상파와 케이블을 통해 콘텐츠를 전했다. 중남미 23개국에서도 케이블과 위성방송 채널을 서비스하며, 브라질 사업자와의 계약을 갱신하거나 아르헨티나 신규 서비스를 개시하기 위해 현지를 직접 찾기도 했다.

동시에 훌루(HULU), 넷플릭스, 아마존, 애플 TV 등 미국 주요 플랫폼을 비롯해 15개 메이저 서비스에 진출하며, 부상하던 스트리밍 시장에서도 발 빠르게 기회를 넓혀갔다. 콘텐츠 유통의 지형은 눈 깜짝할 사이에 바뀌고 있었고, 새로운 플랫폼을 선점하는 것이 곧 미래를 확보하는 일이었다.

이처럼 한류, 특히 K-드라마의 성공은 단순한 문화 콘텐츠의 힘만으로는 설명되지 않는다. 초창기 동포 사회의 자발적 전파, 방송사와 사업자의 전략적 확장, 그리고 플랫폼 변화에 대한 민첩한 대응이 겹겹이 쌓여 만들어낸 결과였다. 화려한 스타와 세계적 플랫폼만 기억하기 전에, 해외 곳곳에서 처음으로 한국 드라마를 내보내던 동포들의 노력과 열정을 떠올릴 필요가 있다. 그들이 지핀 작은 불씨가 오늘날 세계를 밝히는 거대한 불꽃으로 번져온 것이기 때문이다.

특히 기억에 남는 순간은 미국 최대 위성방송사인 DIRECTV와의 협상이었다. KBS World를 그들의 프리미엄 한국어 패키지에 론칭하는 데 성공했을 때, 그것은 단순히 채널 하나가 추가된 사건을 넘어섰다. KBS World TV가 DIRECTV 한국어 패키지를 통해 방송된다는 사실을 알리기 위해, 한인 최대 거주지인 LA와 뉴욕에서 대대적인 홍보를 요청했고, 실제로 2014년 10월 LA 베벌리힐스와 2015년 2월 뉴욕 맨해튼에서 한국과 미국의 미디어 관계자들이 참여한 대규모 행사를 개최했다. 또한 LA 코리아타운 주요 도로변 건물 외벽을 활용한 광고판을 설치해 눈길을 끌었다.

이 성공적인 계약은 KBS 아메리카의 재정 안정화에 크게 기여했을 뿐 아니라 오랫동안 숙원이던 제작·송출 시스템의 HD 전환을 가능하게 했다. 그 결과 아시아 방송사 최초로 LA 지역에서 지상파 HD 방송을 시작할 수 있었고, 나아가 미국 내 스페인어권 라티노 시청자와 전 라틴아메리카 한류 팬들을 대상으로 한 새로운 사업을 기획할 수 있는 중요한 전환점이 되었다.

스트리밍 1세대의 등장:
Viki와 DramaFever의 라티노 시청자

라틴아메리카에서 한류가 본격적으로 확산되기 시작한 것은 스트리밍 플랫폼인 Viki(2007년 이후)와 DramaFever(2009~2018년)의 등장 이후다. 이들 스트리밍 플랫폼은 전통 방송이 가진 시간, 공간, 언어의 제약을 뛰어넘는 중요한 역할을 했다.

한류가 세계로 퍼져 나가는 과정에서 빼놓을 수 없는 이름이 있다면 바로 Viki다. 2007년 설립된 이 스트리밍 플랫폼은 '비디오(Video)'와 '위키(Wiki)'를 합친 이름처럼, 시청자들이 함께 만들어가는 자막 시스템을 핵심으로 내세웠다. Viki는 팬 서브 문화에 기반한 플랫폼으로, 이용자들이 자발적으로 다국어 자막을 제작하며 한국 드라마를 공유했다. 특히 스페인어와 포르투갈어 자막을 빠르게 제공함으로써, 라틴아메리카 시청자들이 처음으로 한국 드라마를 접할 수 있는 통로가 되었다. 팬들이 직접 번역하고 공유하는 과정은 단순한 시청을 넘어 문화적 전파 활동이 되었고, 라틴아메리카 지역에서 한류의 초석을 놓았다.

Viki는 단순히 한국 드라마를 제공하는 서비스가 아니었다. 이용자들이 자발적으로 각국 언어로 자막을 달고, 서로 번역을 이어가며 콘텐츠를 공유했다. 그 덕분에 한국 드라마는 영어권뿐만 아니라 스페인어, 포르투갈어, 아랍어, 터키어 등 수십 개 언어로 번역되었고, 이는 곧 한류가 언어 장벽을 넘어서는 통로가 되었다. 라틴아메리카, 중동, 유럽 등 기존에 한국 방송사가 직접 닿지 못했던 지역에서 시청자들은 Viki를 통해 처음으로 K－드라마를 접했다.

특히 Viki의 번역 참여자들은 단순한 시청자가 아니었다. 그들은 팬덤이자 전파자였고, 자막 작업은 곧 '문화적 봉사'이자 '한류 확산 운동'이었다. Viki는 이런 참여 문화를 제도적으로 인정하고 보상하면서, 시청자들이 스스로 한류 전파의 주체가 되도록 이끌었다.

이 플랫폼은 또한 첫 경험의 장이 되었다. 넷플릭스가 본격적으로 한류 콘텐츠를 들여오기 전, 많은 해외 시청자에게 한국 드라마의 세계를 열어준 것은 Viki였다. "내 친구가 추천해 준 사이트에서 우연히 본 드라마가 첫 한국 드라마였다"라는 회고담 속에는 늘 Viki가 빠지지 않는다.

한류의 세계화를 이야기할 때, 우리는 흔히 Viki를 떠올린다. 하지만 그와 나란히, 혹은 어떤 면에서는 더 강력한 상업적 추진력을 가졌던 플랫폼이 있었으니, 바로 DramaFever다.

2009년 미국 뉴욕에서 출범한 DramaFever는 처음부터 "합법적 스트리밍"을 내세웠다. 당시 해외 팬들은 한국 드라마를 불법 다운로드나 팬들이 공유한 링크를 통해 접하는 경우가 많았다. 그런 환경 속에서 DramaFever는 한국 방송사들과 정식 계약을 맺고, 자막 서비스까지 갖춘 합법 플랫폼을 제공했다. 이는 한국 콘텐츠가 해외에서 '불법이 아닌 정식 문화상품'으로 자리 잡는 데 중요한 의미가 있었다.

DramaFever는 또한 타깃을 명확히 한 플랫폼이었다. 주로 미국의 젊은 여성층을 겨냥해, 로맨스 중심의 한국 드라마를 전면에 내세웠다. 〈꽃보다 남자〉, 〈시크릿 가든〉, 〈별에서 온 그대〉 같은 작품은 DramaFever를 통해 미국 시장에서 본격적으로 확산되었고, 한국 드라마가 K-팝과 더불어 "아시아 콘텐츠는 곧 한국"이라는 인식을 심는 데 크게 기여했다.

특히 DramaFever는 한국 드라마를 '프리미엄 콘텐츠'로 포지셔닝했다. 단순히 무료 스트리밍에 그치지 않고, 유료 구독 모델을 도입해 시청자들이 돈을 지불할 만큼의 가치가 있다고 인식하도록 만들었다. 이 경험은 훗날 넷플릭스가 K-드라마를 전략적으로 편성하는 데도 영향을 미쳤다.

안타깝게도 DramaFever는 2018년 돌연 서비스를 종료했다. 당시 워너브라더스가 인수한 후, 콘텐츠 전략 변화 속에서 한류 중심의 플랫폼은 더 이상 유지되지 못했다. 그러나 그 공백을 넷플릭스와 같은 글로벌 OTT가 빠르게 메우며, 결과적으로 K-드라마는 더 넓은 무대로 나아갈 수 있었다. DramaFever는 이제 사라진 이름이지만, 한류의 역사에서 "불법에서 합법으로, 주변에서 주류로" 나아가는 과정의 징검다리였다. 그것은 단순한 스트리밍 플랫폼이 아니라, 한국 드라마가 세계 콘텐츠 시장에서 독립적인 브랜드로 자리 잡는 데 기여한 숨은 매개자였다.

돌이켜보면, Viki와 DramaFever는 단순한 스트리밍 서비스가 아니었다. 팬들의 자발적 참여와 전문 번역 시스템을 결합한 한류 전파의 실험 무대였다. 특히 스페인어 자막 제공은 라틴아메리카 한류 확산의 핵심 동력이 되었으며, 이 경험은 오늘날 넷플릭스와 디즈니플러스가 한국 콘텐츠에 전략적으로 투자하는 기반이 되었다.

결국, 라틴아메리카 한류는 이 두 플랫폼을 통해 시간과 언어의 장벽을 넘어 성장할 수 있었다. Viki와 DramaFever는 한국 드라마가 단순한 해외 수입 프로그램을 넘어 전 세계 팬들과 함께 만들어가는 문화적 현상으로 자리 잡게 만든 숨은 주역이었다.

그리고 절대강자 OTT 넷플릭스

넷플릭스의 한류 콘텐츠에 대한 애정은 새롭지 않다. 넷플릭스는 2010년대 후반부터 한국 콘텐츠에 전략적으로 투자하며 한류 확산에 핵심적인 역할을 하고 있다. 기존에는 한국 드라마와 영화가 해외에서 방송사와 DVD, 스트리밍 플랫폼을 통해 제한적으로 유통되었지만, 넷플릭스는 전 세계 시청자를 대상으로 동시 공개(동시 송출)와 고품질 제작 지원을 제공하며 한국 콘텐츠의 글로벌 접근성을 크게 높였다.

2016년 이후 넷플릭스는 〈킹덤〉, 〈사랑의 불시착〉, 〈오징어 게임〉 같은 굵직한 K-드라마에 직접 투자하며 글로벌 시장에 동시 공개했다. 이 과정에서 라틴아메리카에서도 한류가 '틈새 문화'를 넘어 본격적인 '대중 콘텐츠'로 자리 잡기 시작했다.

넷플릭스는 단순히 작품을 보여주는 데 그치지 않았다. 스페인어와 포르투갈어 자막·더빙을 제공하고, 현지 맞춤형 마케팅과 추천 알고리즘으로 K-드라마를 자연스럽게 노출시켰다. 그 덕분에 시청자는 젊은 여성층에 머물지 않고 남성, 중장년층, 더 나아가 가족 단위까지 확산됐다. 이제 K-드라마는 글로벌 누구나 즐기는 콘텐츠로 성장한 것이다.

여기에 2018년 DramaFever가 문을 닫으면서 많은 팬이 Viki나 넷플릭스로 옮겨갔고, 현재 Viki는 라틴아메리카에서 유일한 'K-드라마 전문 플랫폼'으로 명맥을 이어가고 있다.

라틴아메리카에서 한류 드라마의 여정을 되짚어보면 흥미롭다. 지상파와 케이블 시대가 한류의 씨앗을 뿌린 시기였다면, Viki와 DramaFever는 그 씨앗을 키워 더 널리 퍼뜨린 역할을 했다. 지금은 넷플릭스가 한류 드라마를 라틴아메리카 대중문화의 한 축으로 확실히 자리매김시키고 있다. 실제 조사에 따르면, 라틴아메리카는 아시아 태평양 지역에 이어 K-드라마를 가장 좋아하는 지역 2위로 꼽혔다. 전체 이용자의 약 17%가 K-드라마를 즐긴다고 답했으며, 에콰도르(28%), 페루(27%), 멕시코(21%)에서는 그 비율이 더 높다. 특히 Z세대의 선호가 두드러지는데, 콜롬비아 Z세대의 41%, 멕시코 39%, 브라질 35%가 한국 콘텐츠를 가장 좋아하는 장르로 꼽았다.

물론 아직 K-드라마를 라틴아메리카에서 '완전한 주류 콘텐츠'라고 보긴 어렵다. 하지만 열성적인 팬덤과 플랫폼 기반의 확산 구조를 갖춘 덕분에, 이미 강력한 틈새시장으로 자리 잡았다고 할 수 있다. 앞으로도 다양한 장르와 현지화 전략이 더해진다면, K-드라마의 영향력은 라틴아메리카 문화 시장에서 한층 더 커질 것으로 보인다.

라틴아메리카 전역에서 한류는 단순한 유행을 넘어 문화적 대안과 희망의 메시지로 자리매김했다. 하지만 이러한 흐름은 추상적인 현상으로만 존재하지 않는다. 나 역시 유년기를 보낸 아르헨티나에서 직접 그 변화를 체감할 수 있었다.

내가 유년기를 보낸 해외 문화의 현장이자 라틴아메리카의 강국인 아르헨티나에서도 한류 열기는 뜨겁게 일어나고 있다. 다른 지역보다 상대적으로 늦게 상륙했고, 대륙 내에서도 문화적 자긍심이 유난히 큰 탓에 아시아 문화를 받아들이는 데 시간이 걸렸던 아르헨티나에서조차 K-팝은 강력한 파급력을 발휘했다. 음악이 먼저 청년 세대를 흔들었고, 그 흐름은 결국 드라마로 옮겨갔다.

현빈과 하지원이 주연한 SBS 드라마 〈시크릿 가든〉이 아르헨티나 케이블TV의 프라임타임을 통해 2015년 1월에 방송되면서, 현지에 소개된 최초의 한국 드라마 시리즈가 되었다. K-팝이 한류의 선봉이었다면, 드라마는 조금 더 느린 속도로 그러나 더 깊은 파급력을 지닌 채 뒤를 이었다. 특히 아르헨티나 팬클럽 "Queremos Ver Secret Garden en la TV"("우리는 TV를 통해 시크릿 가든을 보고 싶어요")의 집요한 요구와 한국문화원의 적극적 연결이 현지 방송사를 움직인 이 사례는, 한류가 단순히 공급자 중심이 아니라 팬덤의 힘으로 확산된 문화임을 잘 보여준다.

결국 한류 확산은 한류가 단지 콘텐츠의 수출이 아니라, 제작자의 창의력, 마케터의 전략, 플랫폼의 기술력, 그리고 팬들의 열정이 한데 어우러져 만들어낸 집합적 성취임을 증명한다. 오늘날 라틴아메리카 전역에서 이어지는 한류 물결 역시 이러한 다층적 힘의 결과이며, 이는 한국 대중문화가 세계와 소통하며 새로운 문화적 가능성을 확장해 나가는 중요한 과정이라 할 수 있다.

KBS World Latino 채널의
도전과 의미

○

KBS아메리카 대표로 재직하면서 나는 새로운 가능성을 시험하는 과감한 프로젝트를 추진한 바 있다. 그것은 바로 24시간 100% 스페인어로 방송되는 K엔터테인먼트 채널, KBS World Latino의 출범이었다. 이 채널은 미국과 중남미의 스페인어 사용자를 대상으로 한 서비스로, 단순한 방송 채널 론칭을 넘어 글로벌 시장 개척이라는 전략적 의미를 지니고 있었다.

2014년 12월 23일, KBS World Latino는 급격히 성장하던 중남미 방송시장을 겨냥하며 시작되었다. 당시 중남미는 세계 방송시장의 9.2%를 차지하는 337억 달러 규모의 시장으로, 연평균 성장률이 10%를 넘는 역동적인 무대였다. 이러한 환경 속에서 KBS의 도전은 시의적절했으며, 글로벌 확장을 위한 최적의 선택이었다.

채널의 가장 큰 차별점은 아시아 방송사로는 최초로 24시간 스페인어 전용 방송을 제공했다는 점이다. 현지 시청자들의 선호를 반영해 드라마, 버라이어티, 음악 등 엔터테인먼트 중심으로 편성하고, 100% 스페인어 더빙과 자막을 통해 철저히 현지화 전략을 실천하였다. 이는 영어 채널 중심의 CCTV나 NHK, 혹은 한국어 콘텐츠에 단순히 영어 자막을 붙이던 기존 한국 방송사들과 확연히 구분되는 시도였다.

또한 KBS World Latino는 중남미 시장뿐 아니라 미국 내 5천만 명에 달하는 라틴계 인구를 동시에 겨냥했다. 당시 라틴계는 미국 인구의 약 17%를 차지하며 향후 최대 인종 집단으로 성장할 것으로 전망되었기에, 이 채널은 미주 전역을 아우르는 전략적 확장성을 담고 있었다.

이러한 전략은 성과로 이어졌다. 채널 개설 직후 공식 Facebook 페이지는 단기간에 12만 6천 명 이상의 팔로워를 확보하며, 한국 방송사 SNS 계정 중 최대 규모의 중남미 팬층을 형성했다. 이는 단순히 언어 제공을 넘어, 문화적 교감과 팬덤 형성으로 이어진 현지화 전략의 성공을 보여주는 사례였다.

그러나 아쉽게도 채널은 성공적인 출발에도 불구하고 오래 지속되지 못했다. 서비스 론칭 6개월 만에 본사 복귀 명령을 받았고, 결국 1년 후 채널 폐쇄 결정 소식을 접해야 했다. 채널을 기획하고 성공적으로 출범시킨 나로서는 매우 안타까운 결말이었다. 만약 운영이 지속되었다면, 라틴아메리카 플랫폼 및 사업자들과의 협력을 통해 더 큰 파트너십을 구축하고, 콘텐츠 교류를 넘어 문화 교류와 확장의 기반을 마련할 수 있었을 것이다.

2025년 현재, 라틴아메리카에서 한류 바람은 거세게 불고 있다. 그 흐름을 지켜보며, 나는 KBS World Latino 채널이 당시의 실험에 그치지 않고 이어졌더라면, 한국 방송이 중남미와 더 깊이 연결되는 중요한 교두보가 될 수 있었을 것이라 확신한다. 이 경험은 비록 결말은 아쉬웠으나, 한국 방송의 글로벌 도전이 어떤 가능성을 품고 있는지를 보여준 값진 사례로 남아 있다.

3

매개자의 시선으로 본 한류 정경

모나시대학교 연구자

홍성아

말레이시아 모나시대학교(Monash University Malaysia) 방문학자로 해외통신원의 공공 외교적 역할과 재외한인 연구를 하고 있다. 말레이시아 과학대학교(Universiti Sains Malaysia)에서 경영학 석사를 졸업하고 동 대학원에서 주재원의 이민자 전환 연구로 경영학(전략적 인적자원관리) 박사학위를 받았다. 2018년부터 정부 기관과 언론사에서 말레이시아 해외통신원으로 활동해왔으며, 다수의 문화 전문가를 인터뷰하고 말레이시아 한류 현상을 가까이에서 관찰하고 전달하는 한류 해외통신원으로 활약 중이다.

'나'의 맥락

나는 말레이시아 한류 해외통신원이다. 해외통신원 역할은 크게 한류 현장 소식을 전달하는 현장 원고와 현지 문화정책 동향이나 언론을 분석하는 일반 원고를 작성하는 일로 구분된다. 해외통신원은 현지 소식을 한국 기관에 전달하기 때문에 해외에 거주하는 재외한인으로 구성되며, 유학생이나 본업이 있는 직장인이 대부분이다. 나 역시 말레이시아 석사과정 중에 해외통신원 활동을 처음 시작했다.

나는 대학생 때부터 글을 썼고 말레이시아에서도 꾸준히 글쓰기를 해왔기 때문에 해외통신원을 지원했다. 해외통신원으로서 좋았던 점은 말레이시아를 내 시선에서 쓸 수 있다는 것이었다. 한국 방송매체 속 말레이시아 모습은 내게 불편한 지점이 많았다. 말레이시아를 오랑우탄과 야생동물, 무너져가는 집, 환하게 웃는 아이들로 묘사하는 장면을 보면서, 그 이면에 존재하는 다양한 말레이시아 이야기를 전달하고 싶었다.

활동 초기에는 한류보다는 말레이시아 문화를 폭넓게 다룬 글을 많이 썼다. 활동을 시작한 2018년 5월, 나는 당시 말레이시아에서 열린 14대 총선을 취재했다. 이 총선으로 말레이시아는 1957년 독립 이후 61년 만에 처음으로 정권 교체가 이루어졌다. 유권자가 검지손가락에 잉크를 찍어 투표하는 모습은 한국과는 다른 방식이지만, 더 나은 사회를 바라는 염원만큼은 우리와 다르지 않았다.

다양한 문화행사를 취재하면서 한국과 말레이시아가 생각보다 많이 닮아 있다고 느꼈다. 6월에 취재한 하리라야 아이딜피트리(Hari Raya Aidilfitri)는 이슬람 금식 기간인 라마단(Ramadan) 종료를 기념하는 행사로, 나에게는 다소 낯설게 느껴졌다. 하지만 가족과 친지가 모여 음식을 나누고 시간을 보내는 풍경은 한국의 명절과 크게 다르지 않았다. 이듬해 1월에는 인도계 말레이시아인의 대표 행사인 타이푸삼(Thaipusam)을 취재했다. 이 행사는 무르간 신의 승리를 기념하는 타밀 힌두교 축제로, 참회와 속죄의 의미가 담겨 있다. 인도계 말레이시아인들은 껍질을 깨면 하얀 속살이 드러나는 코코넛을 깨뜨리고, 순수함을 상징하는 우유가 담긴 항아리 팔 쿠담(Paal Kudam)을 머리에 이고 사원으로 향한다. 코코넛을 깨는 행위나 피부를 뚫는 의식은 한국에서 보던 문화가 아니었다. 하지만 방식이 다를 뿐 그 안에 담긴 용서와 참회의 정서는 모두가 공유하는 보편적 가치라는 것을 느꼈다. 해외통신원으로 말레이시아 현장을 찾으면서 나는 말레이시아 문화를 알아갔다.

한류 '수용자'에게 배운
한류의 가치(2018~2019년)

나는 한류 해외통신원이지만 처음부터 한류에 특별한 관심을 가지고 있었던 것은 아니다. 말레이시아 백화점에서 열리는 한류 문화 행사, 택시에서 흘러나오는 K-팝을 보고 들으며 한류는 그저 일상 속에서 가볍게 즐기고 소비하는 문화 정도로 인식하고 있었다. 그러나 한류 현장에서 사람들을 만나고 그들의 이야기를 들으면서 한류가 지닌 의미와 가치를 새롭게 이해하게 되었다.

'제1회 아시아태평양 마스터스 대회'는 한류에 대한 나의 생각을 바꿔준 행사다. 태권도 경기가 열린다는 소식을 듣고 경기장을 찾아가 선수들에게 인터뷰를 요청했다. 처음에는 몰랐지만 한 선수는 청각장애를 가지고 있었고, 또 다른 선수는 젊은 시절 운동을 했는데, 나이가 들어 태권도를 시작했다. 그들은 태권도를 시작하면서 장애와 나이를 극복하고 새로운 목표를 세울 수 있었다고 말했다. 그 이야기를 들으며 한류가 한 개인의 삶에 미치는 의미와 가치는 내가 생각했던 것보다 훨씬 깊고 크다는 사실을 깨달을 수 있었다.

그해 말레이시아에서 나는 현지인 두 명을 만나 인터뷰를 진행했다. 한류 해외통신원으로 만난 첫 인터뷰 대상은 한식 경연대회에서 수상한 말레이시아 여성이었다. 인터뷰를 하기 전에는 경연대회에 참가한 이유가 K-팝이나 한국 드라마를 좋아했기 때문일 것이라고 생각했다. 그러나 그녀는 2001년 말레이시아 정부의 지원을 받아 한국에서 6년간 유학했던 경험을 전하며, 겨울이면 호떡을 즐겨 먹었고 체리필터 음악을 좋아했던 기억을 공유해주었다. 말레이시아에 귀국한 이후에도 한국 음식을 종종 만들어 먹고는 해서 한식 경연대회에도 참여한 것이었다. 그녀는 내가 한류라는 단어조차 몰랐던 시기부터 한국과 연결되어 있었고, 오랜 세월이 지난 지금까지도 한식 요리 콘테스트에 참여하며 한국과의 인연을 이어가고 있었다.

두 번째 인터뷰 대상은 말레이시아 콘서트 후기 웹사이트 편집장이었다. 그녀는 2008년 한 K-팝 가수를 좋아하게 된 것을 계기로 K-팝 콘서트에 참석하지 못한 팬들을 위한 웹사이트를 운영하고 있었다. 운영진 모두 직장인이지만 K-팝을 향한 순수한 애정과 열정으로 10년이 넘도록 이 일을 지속하고 있었다. 이들을 만나면서 나는 한류가 단순한 유행이나 소비 현상이 아니라 말레이시아인들의 삶 속에 깊이 자리 잡은 문화라는 사실을 느꼈다.

그동안 가벼운 마음으로 한류 현장을 바라보았다는 사실이 부끄럽게 느껴졌다. 그 이후로 책임감을 갖고 한류 행사 현장을 찾았다. 말레이시아 첫 한류타운을 기획한 관계자, 영화감독, 미술관 운영자, 한식당 대표 등 한국과 말레이시아를 잇는 다양한 사람들에게 연락해 인터뷰를 진행했고 한류 관련 행사가 열리면 현장을 찾아갔다.

대중매체에서 촉발된 박람회와 콘서트, 팝업스토어 현장에서 다양한 한류 수용자를 만날 수 있었다. 남녀노소를 불문하고 이들은 한국에서 전달하는 대중문화의 인기에 반응하는 취향 표현을 넘어서 개인의 삶 속에서 한류를 받아들이고 있었다. 친구나 가족과 함께 행사장을 찾은 많은 수용자가 K-팝을 들으며 위로를 받았고, 드라마를 보며 삶의 의미를 찾았다는 이야기를 들려주었다. Tak kenal maka tak cinta, 모르는 것을 좋아할 수는 없다는 뜻을 가진 말레이시아 속담처럼 나는 현장을 취재하며 한류를 알아가면서 한류의 의미와 가치를 새롭게 배워갔다.

코로나19 시기에 만난 한류 '매개자'(2020~2022년)

2020년부터 코로나19로 공연이 모두 취소되거나 무기한 연기되면서 나의 취재 현장은 미술과 전시 등 문화 현장으로 이어졌다. 그동안 한류 팬을 중심으로 한류 수용자들을 만나왔다면 이 시기에는 말레이시아 문화 관계자들과 교류하면서 한류를 문화산업 내에서 이해할 수 있었다. 문화산업에 종사하는 다양한 사람들은 문화를 유통하는 과정에서 한류를 해석하며 문화 교류에 기여하고 있었다.

2020년 방문한 모하맛 마하티르 전 말레이시아 총리(Mahatir Mohamad) 기념 전시관(Galeria Perdana)은 한국과의 교류 역사를 알 수 있는 소장자료를 전시하고 있었다. 이곳은 1981년 총리에 오른 마하티르 전 총리가 오랜 재임 기간 동안 세계 각국에서 받은 선물을 전시한 박물관이다. 이곳에는 1980년대부터 한국과 말레이시아 교류 역사를 살펴볼 수 있는 다양한 전시물이 있었다. 박물관 관계자들은 한국 기념품의 표기를 재확인하고 소장하고 있는 자료를 정리해 전달해주었다. 이들 덕분에 양국의 우정과 교류를 상징하는 전시품을 기록한 해외통신원 원고를 완성할 수 있었다.

쿠알라룸푸르 YMCA 관계자들도 문화 교류에 힘쓰고 있었다. YMCA 관계자들은 한국 독립운동가들이 말레이시아 고무농장을 매입해 독립자금을 마련했고 YMCA에 머문 단서를 수집해주었다. 일제강점기 동안 1940년 이전 자료가 일부 소실되어 구체적인 기록을 찾기는 어려웠지만, 말레이시아인들이 독립운동가들 거처를 마련했을 가능성이 있었다. 이들의 도움으로 한국인 독자들에게 독립운동을 지원한 말레이시아 교류 역사 이야기를 전할 수 있었다.

2021년부터 코로나19 관련 상황이 점차 완화되며 나는 다시 한류 현장으로 향했다. 코로나19 이후 한류 현장은 더 이상 콘서트장에 국한되지 않았다. 말레이시아의 대표적인 유통가인 백화점 업계는 코로나19 이후 재도약하는 전략으로 한류를 전면에 내세우고 있었다. 말레이시아는 코로나19 시기에 이동제한령을 시행하며 시민의 이동 자체를 금지했다. 이 시기에 OTT 플랫폼을 통한 드라마와 K-팝 소비량이 폭발적으로 증가해 코로나19 이후 유통가에서는 새로운 차원의 한류가 펼쳐지고 있었다.

2021년 10월, 말레이시아의 한 백화점에 넷플릭스 드라마 〈오징어 게임〉 속 술래 인형인 '영희'가 등장했다. 그해 말 말레이시아 최초의 방탄소년단 팝업스토어가 문을 열었다. 백화점에 조성된 〈오징어 게임〉 대형 체험 공간에는 가족 단위 방문객이 대거 몰렸다. 요원들과 함께 사진을 촬영하는 행사장에는 드라마 속 악역인 장덕수 역의 닮은꼴인 말레이시아인도 등장했다. 백화점 측이 장덕수와 닮은 외모를 가진 말레이시아 일반인을 섭외해 '말레이시아 판 〈오징어 게임〉' 행사를 마련한 덕에 많은 방문객이 즐거워했다. 2022년 5월에는 백화점에서 두 번째 방탄소년단 팝업스토어가 문을 열었다. 백화점 관계자는 코로나19 이후 힘들고 지쳐 있는 수용자에게 활력을 주고자 귀여운 캐릭터와 숲을 주제로 꾸며진 팝업스토어를 준비했다고 설명했다. 입소문을 타고 많은 말레이시아인이 백화점을 찾았다. 이렇게 한류는 코로나19로 침체되었던 말레이시아 유통가가 비교적 빠르게 일상을 회복하는 데 있어 희망적인 역할을 했다.

백화점의 매개가 한류를 일상 영역에서 확산하는 데 핵심적인 영향을 미쳤다면 온라인 영역에서는 넷플릭스의 역할이 컸다. 넷플릭스는 말레이시아에 한류 콘텐츠를 유통할 뿐 아니라 한국 문화를 적극적으로 현지화하여 수용자들이 친숙한 감정을 느끼도록 이끌고 있었다. 2022년 12월, 넷플릭스 아시아는 'If You K, You K(한국을 상상한다면 한국은 현실이 된다)'라는 제목의 영상을 공개했다. 넷플릭스는 말레이시아 전통음식 로띠 짜나이(Roti Canai) 반죽을 바닥에 내리치는 소리로 한국 드라마 속 따귀 때리는 장면을 재현하며 '한국을 상상하면 말레이시아에서도 한국 드라마가 펼쳐진다'는 메시지를 유쾌하게 전달했다. 이처럼 한류는 오프라인과 온라인으로 유통되고 매개되었고, 이 과정에서 지역적 요인과 복합적으로 접합되며 확산되었다.

말레이시아로 향한
한류 '생산자'(2023~2024년)

　　코로나19 이후 전 세계적으로 한국 콘텐츠 수용자가 크게 늘자 말레이시아에서는 한류의 성공 요인에 구체적인 관심을 표하기 시작했다. 국내 한류 콘텐츠 전문가들과 함께 2016년부터 2022년까지 말레이시아 언론 보도 자료를 분석한 결과에 따르면 한류 성공 요인에 관심이 늘어난 시기는 2020년부터로 나타났다. 과거 한류를 이슬람 문화에 반하는 문화로 바라보는 시선이 있었지만, 한류 콘텐츠가 전 세계적으로 영향력을 행사하자 문화가 국가 경제·산업 발전에 미친 영향력에 주목하기 시작했다. 그러면서 국내 한류 생산자들이 말레이시아에 한류 콘텐츠 기술과 성공 경험을 공유하는 행사가 크게 늘었다.

　　말레이시아 동방정책 40주년을 맞이한 2023년, 국내 한류 콘텐츠 제작자와 미디어 전문가들은 말레이시아에서 마스터클래스를 진행했다. 미디어를 전공하는 현지 대학생들이 다수 참여해 한국의 미디어 및 콘텐츠 산업 생태계 전반에 많은 관심을 보였다. 대학생들은 자신들이 소비했던 한국 드라마가 성공할 수 있었던 산업 구조를 이해하고자 행사에 참석했다. 어린 시절부터 한류를 수용해 온 소비자들이 대학생이 되어 국내 한류 생산자들의 제작 경험을 듣고, 자신만의 맥락에서 콘텐츠를 생산해 나가고 있었다. 이들의 해석 속에서 변화를 거듭하며 한류가 지금과는 다른 새로운 차원에서 펼쳐질 것이라는 기대감이 생겼다. 그렇기에 미래의 문화 생산자와 한류 생산자의 만남은 더욱 의미가 크다고 느꼈다.

2024년에 열린 콘텐츠 포럼은 한류 생산자들이 한류 발전 경험과 지식을 말레이시아 문화산업계와 공유하고, 문화 관계자들이 한류에 대한 이해를 확장할 수 있는 자리였다. 말레이시아 정부 기관이 함께 마련한 행사라 한류가 정부 차원의 주요 관심 사안으로 다루어지고 있다는 것을 알 수 있었다. 말레이시아의 저명한 방송사 관계자와 영화감독들이 대거 참석해 한국 콘텐츠 산업의 성장 과정에 대한 높은 관심을 드러냈다. 포럼은 한국의 발전 경험을 단순히 전파하는 데 머무르지 않고, 한류 산업이 형성·발전해 온 과정을 깊이 이해하는 데 초점이 맞춰져 있었다. 한국의 성공 사례를 말레이시아의 문화·산업적 맥락에 적용하려는 의지는 행사 전반에서 드러났다. 이러한 현장을 지켜보며 국내 한류 생산자들이 말레이시아를 소비시장이 아니라 문화산업의 동반 성장을 함께 이끌 협력국으로 인식할 때 문화의 힘이 더 빛을 발할 수 있겠다고 느꼈다.

제3의 공간 속
한류 '매개자'들의 이야기(2025년)

2025년에는 기존에 취재한 적이 없던 한류 현장을 찾아 나섰다. 2025년 첫 취재 장소는 한국인 관광객이 많이 찾는 사바주 코타키나발루였다. 이곳 한인회를 취재하며 교민들이 사바주에서 열리는 한국 문화 행사가 원활히 개최될 수 있도록 지원하는 동시에 현지인들을 위한 봉사활동도 꾸준히 이어오고 있다는 이야기를 들을 수 있었다. 4월에는 쿠알라룸푸르의 말레이시아 한인회에서 라마단 기간을 맞아 현지인들을 위해 준비한 한식 만찬 행사를 취재했다. 이슬람 문화권에서 라마단은 금식성월로, 일몰 전까지 취식을 금하고 일몰 이후 '부카 푸아사(Buka Puasa)' 만찬을 함께한다. 한인회는 약 1,000명의 말레이시아인이 함께할 수 있는 한식 부카 푸아사를 마련하고 한국 전통놀이를 체험할 수 있는 프로그램도 함께 운영했다.

말레이시아 한인회를 방문하면서 현지 사회 속에서 살아가는 재외한인들이 지역 공동체를 형성하며, 문화행사를 기획·지원하고 있다는 것을 알 수 있었다. 재외한인들은 한류라는 이질적인 외국 문화를 말레이시아 언어, 문화, 사회적 맥락에 맞춰 재구성하고 수용자 경험을 다채롭게 확장하는 데 기여하고 있었다. 한류는 이처럼 재외한인과 매우 밀접하게 얽혀 있는 현상으로 생산자와 수용자의 이분법으로만 이해할 수 없는 문화였다.

6월, 쿠알라룸푸르에서 차량으로 약 두 시간 거리에 위치한 믈라카의 한류 행사를 취재했다. 유네스코 세계문화유산 도시로 한국인들에게도 잘 알려진 믈라카에서는 2025년 첫 한류 행사가 열렸고, 한류 장기자랑, 미술 경진대회, K-팝 댄스 경연대회 등이 열려 많은 한류 수용자가 참여했다. 행사를 운영한 담당자와 인터뷰를 하면서 한류 지속을 위한 혼종성이 아닌, 한국 문화가 지켜온 독창성을 어떻게 담아내는가에 관심을 가져야겠다고 느꼈다.

그동안 한류에 대한 관심은 한류 수용자들이 생산과 소비 과정에 어떻게 적극적으로 개입하며 이를 재생산하는지에 맞추어져 있었다. 나역시 한류가 말레이시아에서 확산될 수 있던 배경은 다문화 국가인 말레이시아 사회의 혼종성 때문이라고 생각했다. 그래서 나의 취재 현장역시 한류가 수용자의 맥락과 결합하며 새로운 문화 현상으로 재구성되는 지점에 주목해왔다. 믈라카 한류 행사에서도 수용자층에서 형성된팬덤과 혼종화된 문화가 한류를 지역적 차원으로 확장시키는 데 중요한역할을 하고 있음을 느꼈다.

그러나 믈라카 한류 행사 관계자는 지역화된 한류에 독창적이며 깊이 있는 한국 문화가 융합되는 방식이 필요하다고 말했다. 이는 수용자들이 재해석한 혼종 문화를 넘어 한국 문화를 보다 적극적으로 이해하고자 하는 수요가 높아지고 있기 때문이었다. 행사 운영 측이 마련한 한류 프로그램과 지역 소상공인이 운영하는 부스는 분명 수용자 중심으로한류를 확산하고 대중화하는 데 기여해 왔다. 그러나 한류가 포화 단계에 접어든 현재, 수용자의 인식과 기대는 이미 다음 차원에 진입한 것으로 보였다. 이제 단순한 체험을 넘어 한국 문화에 대한 보다 깊이 있는이해를 제공할 수 있는지가 향후 말레이시아 한류의 지속적 발전을 좌우하는 핵심 과제가 될 것이라고 느꼈다.

한류는 한국 문화 전반이 해외로 전파되는 현상으로 한인회, 재외공관, 한글학교 등이 '제3의 공간'이 되어 한류 확산의 전초기지 역할을하고 있다. 이는 한류가 한국 문화의 일방향적인 이동, 한국 문화에 대한 외국 수용자들의 해석, 그리고 수용자들과 한국 문화 사이 '제3의 공간'에 위치한 매개자가 밀접히 관련되어 구성된 문화 현상이기 때문이다. 그해 7월, 재외공관과 말레이시아 정부기관이 협력해 개최한 한류 행사를 보며 한류의 독창성이 대중문화 유행성과 결합할 때 비로소 한류가 견고한 기반을 갖춘다고 느꼈다. 현장에서 만난 말레이시아인 참가자들은 '진짜 한국(authentic)'을 체험할 수 있다는 것에 높은 호응을 보였다. 수용자에게는 과도한 한류 수용에 대한 경계보다는 한국을 보다 정확하고 깊이 있게 이해하고자 하는 욕구가 있었다. 한류 수용자가 자의적으로 해석한 한류를 넘어 보다 깊이 있는 한국 문화를 체험하고 이해하려는 움직임은 한류가 새로운 차원의 지평으로 확장되고 있다는 것을 보여준다.

한류의 가장 큰 특징은 현지 사회와 문화의 맥락 속에서 끊임없이 감환(減換)되는 문화라는 것이다. 한류는 단순히 '전달'되는 문화가 아니라, 해석 과정에서 불가피하게 주관적 변용이 발생하는 문화 현상이다. 따라서 한국에서 온 생산자와 말레이시아 수용자 사이를 잇는 중간 지점, '제3의 공간'에 위치한 매개자를 한류의 자산으로 활용하려는 전략이 필요하다. 제3의 공간에는 대학 소속 한국어 교사와 교수진, 말레이시아 교수, 재외공관 관계자, 말레이시아 자원봉사자 등 다양한 주체가 함께한다. 12월 취재한 한국문화캠프 현장에서 한국어 교사들은 딱지치기와 같은 전통놀이를 설명하고 김밥 만들기 체험을 진행하며 한국어를 배우는 말레이시아 한류 수용자들이 한국 전통문화를 이해할 수 있는 시간을 마련하고 있었다. 재외공관은 행사 취지를 기념하며 자리를 빛내어 행사의 공공성을 강화하고, 말레이시아 교수진은 학생들을 격려

하며 교육적 의미를 더했다. 대학에 소속된 한국인 교수진은 행사를 주최하고 강연을 마련함으로써 한류를 매개하고 있었다.

보이지 않는 한류 '매개자', 해외통신원들 이야기

한류는 이처럼 다양한 행위자의 생산-소비-매개 속에서 구성되는 문화 현상이다. 한류가 해외에서 확산되는 이면에는 보이지 않는 행위자들이 존재하며, 해외통신원은 이러한 행위자들을 기록하고 가시화하는 역할을 한다. 해외통신원은 한류와 관련된 다양한 협력 주체가 만들어가는 문화 현상을 국내에 전달하는 또 다른 '매개자'다. 그러나 해외통신원은 국내에서 단기적으로 활용 가능하고 인건비가 낮은 비정규직 인력으로 인식되다 보니 한류 논의에서도 사실상 배제되어 왔다.

이러한 문제의식 속에서 인적자원관리 전공자인 나는 해외통신원의 경력 자본에 주목한 연구를 시작했다. 첫 번째 연구 질문은 해외통신원이 보유한 역량이 무엇인가였다. 연구 결과, 해외통신원은 한류 관련 문화 자본과 사회 자본을 축적하며, 스스로 인식하지 못하는 사이 한류 매개자로 변모해 가고 있음을 확인할 수 있었다. 다수의 해외통신원은 체류국으로 이주하기 이전부터 일정 수준의 문화적 역량을 갖추고 있었으며, 해외 현장에서 한류의 흐름과 확산을 밀착해 관찰하는 과정에서 경력 자본을 지속적으로 축적해 왔다. 그럼에도 불구하고 해외통신원은 여전히 한류 산업 내에서 핵심적인 인적 자원으로 충분히 인식되지 못하고 있다.

> **통신원님이 말한 '글 나부랭이나 쓰는'이라는 말에 공감했다. 통신원이 대학생 누구나 쉽게 하는 일이라고 생각하는데 그것이 아니라 깊이 있게 관심을 갖고 있는 사람들이 지원했다는 것을 알았으면 좋겠다.**
>
> (2025. 06.28. 연구일지)

> **해외통신원을 대하는 태도가 〈알라딘과 요술 램프〉에서 신드바드를 이용해 마법의 램프를 얻으려고 하는 것과 비슷하다는 설명이 와닿았다. 신분증을 주지 않고 사회적 보장 없이 취재 중 발생한 사건에 대해 보상하지 않는다는 이야기들, 이러한 인적자원관리 문제에 더 관심을 두어야 한다는 생각이 들었다.**
>
> (2025. 07.02. 연구일지)

해외통신원 제도가 공정성을 구현하지 못하는 이유는 개인의 역량 문제가 아니라 조직 관리와 맞물린 구조적, 제도적 한계에 기인한다. 그 결과 해외통신원이 축적한 경력 자본은 조직과 국가 차원에서 효과적으로 활용되지 못하고 있다. 내 연구의 두 번째 질문은 이러한 현실에도 불구하고 해외통신원이 활동을 지속하는 이유였다. 연구 결과 해외통신원은 의미 역량(knowing-why) 즉, 자신이 하는 일이 어떤 의미가 있는지에 부여하는 가치가 매우 높은 것으로 나타났다. 이들 대부분이 해외에 체류하면서 교민 사회, 나아가 고국에 기여할 수 있다는 자부심을 갖고 활동을 이어가고 있었다. 일상에서는 유학생, 직장인 등 다른 정체성을 가지고 있지만 한류 수용자의 이야기를 듣고, 취재에 고마움을 표하는 재외한인을 만나고, 취재가 양국 교류에 도움을 줄 수 있다는 것에 자부심을 느끼면서 해외통신원 활동에 의미를 부여하고 있었다.

그렇기에 해외통신원의 활동이 의무감과 사명감에만 기대어 유지되는 방식에서 벗어나 합리적 보상과 제도적 지원 속에서 지속될 수 있도록 더 많은 관심과 지원이 필요하다. 이러한 기반이 마련될 때 해외통신원은 한류 매개자로서 한류 산업을 뒷받침하는 전문적인 주체로 자리매김할 수 있을 것이다.

나오는 말:
우리가 모르는 한류 정경

보완된 문화 다이아몬드(Modified Cultural Diamond) 모델에 따르면 문화와 사회 사이에는 생산자, 수용자, 매개자가 존재한다. 문화 다이아몬드 모델이 생산자의 문화가 소비자에게 전달되어야 하는 과정을 해석하는 데 한계점이 있어 '매개자' 요소가 추가된 것이 바로 보완된 문화 다이아몬드 모델이다. 나의 한류 정경은 처음 '나'에서 출발해 한류 수용자, 한류 생산자, 한류 매개자로 향한다. 이는 한류가 단순히 생산과 수용의 이분법으로 설명될 수 없는 문화 현상인 동시에 한류라는 문화가 다양한 행위자를 거쳐 매개된다는 사실을 보여준다.

해외통신원의 시선 속에서 한류는 생산과 소비로 구성된 생산물이 아니라 생산－소비－매개가 끊임없이 순환하는 문화 흐름이라는 것을 보여주었다. 이를 통해 한류 확산에 결정적인 역할을 하는 주체는 한류 생산자나 해외 한류 수용자에만 국한되지 않으며, 한류 수용국의 재외 한인들 또한 중요한 행위자임을 드러냈다. 이는 기존 한류 담론에서 주목하지 않았던 주체, 우리가 모르는 한류 정경을 보여주었다는 점에서 의미가 있다.

한류의 '류(流)'는 파도처럼 밀려왔다가 썰물처럼 빠져나가는 현상, 그리고 높은 데서 낮은 데로 흘러가는 흐름을 연상시킨다. 한류가 더 이상 단순한 유행이 아니라 하나의 지속적인 문화 현상으로 자리 잡은 현재, 한류라는 단어 자체를 재고해야 한다는 지적이 제기되고 있다. '나'의 시선에서 바라본 한류의 '류'는 휩쓸고 지나가는 현상이 아니라, 끊임없이 순환하는 물의 흐름이다. 이는 한류가 다양한 주체의 참여와 해석, 매개 활동을 통해 반복적으로 재구성되고 확장되는 현상이기 때문이다. 해외통신원은 순환의 한 지점에서 한류의 생산－소비－매개 과정을 취재하고 한국에 전달한다. 한류 생산자들은 해외통신원을 통해 전달된 한류를 재해석하고 또 다른 한류를 생산한다. 이렇게 만들어진 한류는 다시 세계로 흘러가고 순환할 것이다.

지속 가능한 한류를 위해서는 이러한 문화적 순환을 촉진할 수 있는 구조를 마련하는 것이 필수적이다. 이를 위해서는 생산자와 수용자만큼이나 매개자의 역할을 정당하게 평가하고, 전략적으로 활용하려는 인식 전환이 요구된다. 특히 단기적으로는 해외통신원 제도를 단순히 유지·운영하는 데 그치기보다 해외통신원이 축적해 온 경력 자본을 국가적 자산으로 전환하려는 전략이 중요하다.

첫째, 해외통신원이 한류 취재 과정에서 축적한 지식과 기술, 경험을 체계적으로 수집·분석함으로써, 한류가 현지 사회에서 어떤 방식으로 뿌리내리고 있으며 어떠한 수준의 이해와 공감이 형성되고 있는지를 파악할 필요가 있다. 둘째, 해외통신원이 현장에서 구축해 온 네트워크를 적극적으로 확보하고 활용해야 한다. 해외통신원은 해외 수용자뿐 아니라, 한류를 실질적으로 매개하는 다수의 재외한인과도 접촉한다. 다양한 현장을 오가는 해외통신원의 네트워크를 통해 한류 생태계 속 매개자를 명확히 파악하고, 이를 바탕으로 한류의 순환을 제도적으로 뒷받침하는 모델을 구축해야만 한다.

'나'의 경험을 통해 우리가 모르는 한류 정경, 한류 생산자도 수용자도 아닌 한류 매개자의 정경을 보여주었다. 한류라는 문화 현상은 많은 무명의 노력과 헌신 속에서 만들어진다. 2018년부터 2025년까지 취재 현장에서 만난 이들은 모두 한국 문화가 확산되는 과정에서 수용자이자 생산자, 매개자로서 각자의 위치에서 문화를 해석하고 재구성해 온 행위자들이었다. 한류가 해외에서 벌어지는 현상이라는 사실은 널리 알려져 있지만, 그것이 해외에 거주하는 '외국인'에 의해 만들어진 현상이라는 오해가 있다. 한류를 한류 수용자의 혼종성만으로 설명하는 것은 순환의 흐름을 충분히 포착하지 못한 해석이다.

한류는 생산자와 수용자 사이 '제3의 공간'에서 간극을 메우는 매개자를 거치며 끊임없이 순환하는 문화 현상이다. 이 순환 과정에 대해 한국 사회 역시 성찰할 필요가 있다. 지난 10월 말레이시아에서는 '함께 쓰는 새로운 역사, 진짜 대한민국'이라는 제호 하에 동포 간담회가 열렸다. 이제는 우리가 재외한인의 역할을 더 깊이 이해하려는 질문을 던져 볼 때가 아닐까.

이 에세이는 우리 시대 한류의 지속 가능성과 그 순환의 흐름을 위해 그동안 상대적으로 간과되어 왔던 재외한인이라는 존재의 의미와 역할을 다시 생각해 보도록 이끌고자 했다. 한류를 이러한 매개자의 시선에서 조망한 시도가 드물었다는 점에서 이 에세이는 그 자체로 의미 있는 출발점이 될 것이다.

4

사람을 잇는 기획자,
현장에서 만든 비즈니스의 기록

(주)스마트씨엠에스 이사
남현정

20대 후반 영화 홍보로 사회에 첫발을 디딘 이후, 다양한 산업 현장을 오가며 24년간 실무 중심의 커리어를 이어왔다. 변화가 빠른 환경 속에서도 현장을 이해하는 기획과 실행을 일의 기준으로 삼아왔다.

현재 ㈜스마트씨엠에스 이사로 재직하며 전시·컨벤션(MICE) 분야의 B2B·B2C 프로젝트를 기획·운영하고 있다. 여성 기업가로서 정부 주도 사업과 기업 프로젝트 전반에서 사업 구조 설계부터 실행까지를 총괄하며, 보이지 않는 자리에서 산업과 사람을 연결하는 역할을 맡아왔다. IT·ICT를 비롯해 게임, 영상, 애니메이션, 웹툰 등 콘텐츠를 포함한 다양한 분야의 국내외 프로젝트를 수행했으며, World IT Show, PlayX4, SPP, 경기국제웹툰페어, BCWW 등 주요 프로젝트와 콘텐츠 해외 마켓 참여, 시장 개척단, 해외 비즈니스 연수 운영을 통해 기업 중심의 비즈니스 실무를 지속해왔다.

현장에서 축적된 경험을 바탕으로, 산업과 콘텐츠가 만나는 지점을 설계하고 실행하는 일을 지금도 이어가고 있다.

연결에서 시작된
나의 길

내 비즈니스 인생이 어느덧 24년을 넘어섰다. 숫자로는 담담해 보일지 모르지만, 그 안에는 사람과 감정, 실패와 성찰, 그리고 다시 일어섬의 순간들이 겹겹이 쌓여 있다. 떠올릴 때마다 마음 한구석이 묵직해지는 이유다. 스물여섯, 세상에 대해 모르는 것이 더 많던 시절 나는 첫 사업을 시작했다. 지금 생각하면 무모함 그 자체였지만, 그때의 나는 그 무모함마저 내 편처럼 믿고 살았다. 열정과 패기라는 불완전한 연료 하나로 제조업이라는 낯설고 어려운 세계에 뛰어들었다. 기술도 없고 현장을 이끌 능력도 부족했지만 "배우면 된다"는 확신만으로 움직였다. 그 믿음 덕에 투자를 받기도 했고, 여성 창업가로 소개되기도 했다. 하지만 제조업의 세계는 생각보다 훨씬 차갑고 복잡했다. 생산, 공정, 원가, 품질… 처음 듣는 개념이 끝없이 밀려왔고, 그때마다 나의 부족함이 뼈저리게 드러났다. 결국 1년 만에 사업을 정리했지만, 그 시간은 실패가 아니라 나를 단단하게 만든 기초였다. 현장에서 몸으로 부딪치며 배운 태도, 사람과 문제를 대하는 방식은 지금까지도 내 비즈니스의 근간이 되고 있다.

돌아보면 그때부터 이미 나의 길은 콘텐츠와 은근히 닿아 있었다. 문화적으로 풍족한 환경에서 자란 것은 아니었지만, 나는 기회가 있을 때마다 연극과 뮤지컬을 찾아다녔다. 무대 위 떨림, 대사와 호흡이 만들어내는 감정, 관객 전체가 한순간 같은 호흡으로 잠잠해지는 전율. 그 장면들은 오래도록 내 안에 작은 불씨처럼 남았다. 특히 윤석화·박정자 선생님이 출연한 〈신의 아그네스〉를 본 순간은 지금도 기억 속에서 빛난다. 언젠가 나도 '이야기가 움직이는 세계' 안에서 살고 싶다고 막연히 꿈꿨다.

그러나 현실은 낭만처럼 흘러주지 않았다. 제조업을 정리한 뒤 나는 전혀 다른 영역인 영화 홍보로 들어갔다. 인터넷과 VOD가 급성장하던 시기였지만 홍보 현장은 여전히 투박하고 사람 중심이었다. 보도자료를 쓰고, 언론사에 전화를 걸어 설득하고, 하루에도 몇 번씩 거절을 겪는 것이 일상이었다. 하지만 이상하게도 나는 그 시간이 즐거웠다. 감정이 살아 있는 문장을 찾고, 영화가 가진 힘을 세상에 전하는 과정이 단순한 일이 아니라 '행복한 수고'처럼 느껴졌다. 그러던 어느 순간, 중요한 사실을 깨달았다. 비즈니스의 시작과 끝에는 결국 '사람'이 있다는 것. 영화 판권과 유통 구조를 관찰하며, 콘텐츠가 세상과 만나는 방식은 결국

'누구와 연결되느냐'에 따라 달라진다는 것을 배웠다. 그 경험은 훗날 내가 B2B(기업간 거래)와 MICE(전시·회의·행사를 기획하고 운영하는 산업) 비즈니스로 나아가는 길을 밝히는 첫 번째 신호였다.

영화 홍보 일에서 나는 완전히 새로운 세계로 향했다. 바로 지난 20여 년을 채운 MICE 산업이다. 회의, 인센티브 관광, 국제회의, 전시가 합쳐진 이 산업은 복합적이면서도 사람 중심의 구조였다. 처음 배치된 부서는 '네트워크 팀'. 이름만으로는 알기 어려웠지만 곧 깨달았다. 그곳에서 하는 모든 일은 사람과 사람을 연결하는 과정이었다. 예산을 짜고, 프로그램을 기획하고, 기업을 모으고, 해외 바이어를 찾고, 행사까지 직접 운영해야 했다. 모든 것이 처음이라 두려웠지만, 어느 순간 그 두려움 속에서 이상한 전율이 일었다. 아무것도 없는 공간에서 '있음'을 만들어내는 일, 그 일이 나를 깊이 흔들었다.

내 첫 프로젝트는 전시회 속 일대일 비즈니스 미팅 시스템을 처음으로 구조화하는 일이었다. 기업 데이터를 분석하고, 바이어의 특성을 정리하고, 해외 협단체에 수백 통의 이메일을 보내 미팅을 성사시키던 시간들. 해외 바이어가 내 기획을 통해 전시장 안으로 들어오는 순간, 전기가 지나가듯 몸이 떨렸다. 그 감각은 지금까지 나를 움직여온 가장 오래된 에너지다. 물론 길은 언제나 매끄럽지 않았다. 현장은 문제와 변수가 일상처럼 발생하는 곳이었고, 사람과 사람 사이의 갈등은 늘 존재했다. 어떤 기업은 부스 설치 문제로 분노했고, 어떤 참가자는 운영 실수로 불만을 터뜨렸다. 그때마다 나는 진심으로 다가가 상황을 설명하고 사과하고 해결책을 찾았다. 그러면서 더 확신하게 되었다. 비즈니스의 본질은 문제없는 운영이 아니라, 문제가 생겼을 때 그 문제를 다루는 사람의 태도에 있다는 것을. 그래서 나는 사람을 읽는 능력을 키웠다. 말투의 변화, 표정의 깊이, 대화를 시작하기 전의 짧은 정적까지. 그 미세한 흐름이 사람의 감정과 욕구를 보여주었다. 전시회는 단순히 '보여주는 자리'가 아니라 '만나는 자리'였고, 그 만남의 맥락을 설계하는 사람이 바로 기획자였다.

어느 순간 나는 깨달았다. 내가 걸어온 모든 길을 관통하는 단어는 단 하나였다. '연결'. 사람과 사람의 연결, 기업과 시장의 연결, 기회와 미래의 연결. 그 연결을 만드는 일이 지난 24년 동안 내가 해온 일이었고, 앞으로도 계속 걸어갈 길이다.

시작의 무게, 현장이 나를 키우다

처음 MICE 현장에 섰던 날의 감각은 지금도 선명하다. 정리되지 않은 철골 구조물, 전시장의 차가운 공기, 드릴 소리가 울리던 그 혼란 속에서 내가 만난 것은 화려한 부스가 아니라 '비즈니스의 벌판'이었다. 그곳에서는 어느 순간도 느슨해질 수 없었다. 내 일은 완성된 전시 공간에 콘텐츠를 채우고, 운영 인력을 조율하며, 수많은 변수를 견디는 일이었다. 기획서는 언제나 완벽했지만, 현장은 단 한 가지 돌발 상황으로도 완전히 다른 방향으로 흐르곤 했다. 기획자는 변수를 피하는 사람이 아니라, 변수를 읽고 다루는 사람이어야 했다. 테이블 배정 실수로 기업 대표가 분노한 적이 있었다. 전시장은 얼어붙었지만, 나는 두려움을 누르고 그에게 다가가 눈을 맞추고 깊이 사과했다. 그 순간 분위기는 서서히 풀렸고, 그는 "미안하다"고 말했다. 그날 나는 확신했다. 현장은 문제로 움직이지만, 사람은 감정으로 움직인다. 감정을 다스릴 수 있다면 문제는 반드시 풀린다. 또 다른 날, 해외 바이어가 예정보다 훨씬 일찍 도착했다. 나는 기다리게 하지 않기 위해 현장을 즉시 재편하고 즉석 미팅을 만들어냈다. 그 한 번의 응대는 이후 몇 년간 이어지는 파트너십으로 성장했다. 그때 나는 알았다. 기획자의 진짜 능력은 지식이 아니라 '태도'에서 나온다는 것을.

현장은 하루에도 몇 번씩 나를 시험했다. 조명은 갑자기 꺼지고, 통역은 오지 않고, 기업은 갑자기 취소를 하고, VIP는 예정보다 일찍 도착했다. 매 순간 나는 정답이 없는 상황에서 '결정'을 내려야 했다. 그 결정이 틀릴 수 있어도, 현장은 멈추는 순간 무너진다. 그래서 나는 두려움에 먼저 맞서는 연습을 했다. 하루가 끝나면 반드시 '현장 노트'를 썼다. 배운 점, 놓친 점, 개선점. 그 노트는 시간이 쌓일수록 두꺼워졌고, 내 커리어의 뼈대가 되어갔다. 나를 성장시킨 것은 보고서나 회의가 아니라, 언제나 현장 그 자체였다.

기획자를 넘어
'연결자'로

현장에 익숙해질수록 전시는 단순한 행사가 아니었다. 그 안에는 구조와 흐름, 심리와 욕구가 얽혀 있었고, 나는 자연스럽게 '운영자'에서 사람과 사람 사이의 접점을 설계하는 사람으로 변화하고 있었다. 자신감 넘치던 사람도 미팅 직전에는 어깨가 떨렸다. 나는 조용히 다가가 "긴장해도 괜찮다"라고 말했다. 그 한마디가 미팅을 살린 순간이 여러 번 있었다. 또 어떤 스타트업은 스스로를 작다고 주저했지만, 진정성 하나로 가장 뜨거운 관심을 끌었다. 그들을 보며 나는 분명하게 배웠다. 결정적 순간을 만드는 것은 기업의 크기가 아니라 담당자의 진심이다.

특히 기억에 남는 한 기업. 제품은 초기 단계였고 직원은 몇 명 되지 않았지만, 그들의 태도는 진지했고 가능성은 분명했다. 나는 그 가능성을 믿었고, 해외 파트너를 찾기 위해 밤낮없이 메일을 보내고 전화를 했다. 결국 전시장에서 처음 만난 바이어와의 미팅이 실제 공급 계약으로 이어졌다. 대표가 보낸 메일에는 이렇게 적혀 있었다. "그 30분이 우리 회사 운명을 바꿨습니다." 그 메시지는 기획자로서의 내 정체성을 다시 정립해주었다. 나는 단순히 공간을 운영하는 사람이 아니라, 누군가의 가능성을 현실로 만들 기회를 설계하는 사람이었다.

행사가 커지고 프로젝트가 복잡해질수록 기업들은 내게 방향을 묻기 시작했다. "어떤 바이어를 만나야 할까요?", "어떤 시장이 맞을까요?", "해외 진출은 어떻게 설계해야 하나요?" 나는 점점 스케줄을 조율하는 사람이 아니라, 시장을 읽고 산업의 흐름을 해석하며 기업의 미래를 함께 설계하는 사람으로 변화하고 있었다. 특히 큰 무대에서 VIP 연사가 예정보다 일찍 도착했을 때, 나는 수십 개의 스위치를 동시에 켜듯 전체 구조를 다시 조정해야 했다. 두려웠지만 멈추지 않았다. 그 상황을 지켜본 총괄 PD가 물었다. "어떻게 그렇게 침착할 수 있어요?" 나는 말했다. "침착한 게 아니라… 누구보다 빨리 두려움에 맞섰을 뿐이에요." 그 대답은 나에게 스스로를 설명하는 문장이 되었다. 행사를 움직이는 힘은 기술이 아니라, 사람을 다루는 용기와 태도다. 수년간의 현장을 지나며 나는 결론에 도달했다. 기획자는 행사를 만드는 사람이 아니라, 관계를 설계하는 사람이다. 만남은 프로젝트를 낳고, 프로젝트는 다시 새로운 관계를 만든다. 그 흐름이 끊기지 않게 조율하는 것이 기획자의 본질이었다. 이것을 깨달은 뒤 나는 비로소 콘텐츠 산업이라는 더 깊고 넓은 세계로 들어갈 준비가 되어 있었다.

IT 전시장에서
콘텐츠 세계로

IT 전시장을 누비며 몇 년을 보낸 어느 시점, 나는 자연스럽게 다른 세계로 이끌렸다. 콘텐츠의 세계였다. 2000년대 초반, 문화산업이 갓 태동하던 시기였다. 기술은 빠르게 발전했지만, 콘텐츠는 작은 불씨처럼 여기저기서 조심스럽게 타오르는 단계였다. 그 불씨를 처음 봤을 때의 설렘은 지금도 생생하다. IT와 전시 기획에서 쌓은 경험과는 전혀 다른 차원의 세계. 처음에는 '또 하나의 프로젝트'라 생각했지만, 준비 과정이 깊어질수록 깨달았다. 콘텐츠는 산업이 아니라, 사람의 기억과 감정을 움직이는 힘이었다.

기업의 비즈니스를 이어주는 연결자로서 역할을 하다 보니 깨달은 것이 있었다. 비즈니스를 이어주는 나의 단순한 역할이 궁극적으로는 비즈니스를 넘어서서 한국의 기술과 문화를 글로벌로 확장하는 마중물이었다는 것을 말이다. 기술에 이어 콘텐츠, 더 나아가 한류가 다양한 장르를 넘나들며 더 많은 사람, 기업과의 연결고리를 만드는 것에 많은 희열을 느꼈던 것 같다.

애니메이션과 게임 콘텐츠 마켓에 참가해 프로젝트를 진행하게 되고 콘텐츠의 무궁무진한 확장성과 장르 간 비즈니스 협업의 기회를 만드는 것을 보면서 나는 완전히 새로운 가능성과 미래를 보게 되었다. 밤새워 자신들의 세계를 만드는 개발자들, 한 컷에 삶을 담는 감독들, 캐릭터의 감정을 설계하는 작가들… 그들의 작품은 상품이 아니라 살아 있는 '세계관'이었다. 처음 비즈니스 미팅을 지켜본 순간이 잊히지 않는다. 작은 테이블 하나를 사이에 두고 국내 제작자와 해외 바이어가 앉아 있는데, 그 좁은 공간 안에 설명하기 어려운 진심과 열정이 가득했다. 이들은 기능을 설명하는 것이 아니라, 자기의 시간과 삶을 이야기하고 있었다.

콘텐츠 비즈니스는 본질적으로 사람 중심적이다. 창작자·바이어·투자자·퍼블리셔의 관심사는 모두 달랐고, 나는 자연스레 그 사이에서

'언어를 번역하는 사람'이 되어 갔다. 감정 중심의 기획, 세계관을 읽는 눈, 시장과 정서를 잇는 관찰. 그 속에서 또 하나의 깨달음을 얻었다. 콘텐츠도 결국 비즈니스다. 다만 그 중심에 사람이 있다. 20년 동안 나는 그 과정을 지켜보며 이렇게 믿게 되었다. 기적 같은 계약은 한 번의 행운이 아니라, 수백 번의 성실함이 만든다. 연결자는 기적을 만드는 사람이 아니라, 기적이 일어날 자리를 끝까지 지키는 사람이다.

연결자의 탄생, 세계를 잇는 다리가 되다

콘텐츠 세계에 발을 들이고 몇 년이 지났을 때, 나는 이 산업이 단순히 '성장하는 산업'이 아니라 가장 빠르게 변하는 산업이라는 사실을 실감했다. 게임만 봐도 그랬다. 처음 내가 맡았던 프로젝트의 중심은 PC 패키지 게임과 온라인 게임이었다. 바이어는 PC방 시장의 가능성을 이야기했고, 기업은 신규 타이틀 론칭을 위해 밤샘 개발을 이어가는 것이 당연했다. 그런데 불과 몇 년 사이 시장은 급격히 모바일로 이동했다. 새로운 플랫폼과 비즈니스 모델이 쏟아졌고, 나는 그 변화의 한가운데에서 수많은 개발자와 퍼블리셔의 이야기를 들었다. 그 과정에서 한 가지를 깨달았다. 비즈니스는 흔히 냉정하다고 말하지만, 콘텐츠 비즈니스의 내부에는 냉정함보다 인간적인 온기와 절실함이 훨씬 먼저 보인다는 사실이었다.

어느 날 한 개발자가 내게 말했다. "우리가 만드는 건 그냥 프로그램이 아니라, 누군가의 인생에서 몇 시간을 함께 보내는 동반자 같은 존재예요." 그 말은 내가 현장에서 보아 온 장면들과 단번에 연결되었다. 밤샘 작업 끝에 모니터 앞에서 꾸벅꾸벅 졸던 기획자, 패치 오류로 서버가 다운되자 화장실에서 울던 젊은 개발자, 멀리 해외에서 처음 유저 피드백이 왔다며 손을 떨며 기뻐하던 디자이너. 그때부터 나는 게임을 단지 '산업'이 아니라 사람의 시간이 녹아 있는 예술이자 세계관으로 보기 시작했다. 그리고 마음속으로 결심했다. 이 세계가 세상 밖으로 나가는 데 필요한, 작지만 단단한 디딤돌이 되고 싶다고. 그래서 게임 비즈니스 미팅을 기획할 때 나는 시장성과 기술력만 보지 않았다. 그 안에 담긴 '사람의 이야기'를 먼저 살폈고, 그 이야기를 좋아해 줄 만한 해외 파트너를 찾으러 다녔다.

어느 해에는 개발비도 부족하고 팀 규모도 작은 인디 게임팀을 유럽 퍼블리셔와 연결한 적이 있다. 그들은 자신들의 가능성을 확신하지 못해, 미팅에 들어가기 직전까지도 손을 떨고 있었다. 나는 조용히 말했다. "지금 보여주실 건 기술이 아니라 여러분의 진심이에요. 기술은 누군가 따라 할 수 있지만, 여러분의 마음은 아무도 따라 할 수 없어요." 그 미팅은 그들이 처음 유럽 시장에 발을 디딘 출발점이 되었다. 그 순간 나는 다시 한번 확인했다. 연결자는 누군가의 가능성을 '기회'라는 이름으로 건네주는 사람이라는 것을.

애니메이션 현장은 또 다른 방식으로 나를 설득했다. 몇 초의 영상에 수십 명의 손길과 수개월, 때로는 수년의 시간이 들어간다는 사실을 알고 난 뒤, 나는 이 산업을 완전히 다시 보게 되었다. 애니메이션은 단순한 '즐길 거리'가 아니라 집요한 정성과 철학이 축적된 하나의 세계였다. 한 감독이 말했다. "한 컷 수정하는 데 한 시간이 걸리기도 해요. 그런데 그 한 컷이 작품의 감정을 살려주는 순간, 그 시간은 아무것도 아니게 됩니다." 나는 사람이 자신의 세계를 표현하는 방식이 얼마나 진지할 수 있는지, 그리고 그 진지함이 쌓여 하나의 IP가 되고, 한 나라의 산업을 움직이는 힘이 된다는 사실을 알게 되었다. 그래서 애니메이션 비즈니스 미팅을 기획할 때도 숫자와 시장성만 보지 않았다. 먼저 그 작품이 가진 감정의 색과 감독의 철학을 이해하려 애썼고, 그 색과 철학에 공감해 줄 만한 국가, 플랫폼, 제작사를 찾았다. 어떤 작품은 훌륭한 스토리를 가지고도 재정적 여력이 부족해 제작이 위태로운 상황에 놓여 있었다. 그러나 작은 미팅 하나를 계기로 해외 제작사와의 공동제작 계약이 성사되기도 했다. 그 소식을 전하던 감독은 이렇게 말했다. "누구에게도 이해받지 못할 줄 알았던 제 이야기를, 바이어가 이해해줘서 너무 감사했습니다. 그리고 이런 자리를 만들어 준 운영진이 참 고맙습니다." 그 말을 들으며 나는 또 확신했다. 콘텐츠 산업에서 연결자는 사람의 마음을 먼저 이해해야 하는 사람이다. 성공하고 싶은 마음은 나도, 그들도 같기 때문이다.

시간이 흐르면서 나는 이 산업의 구조가 겉에서 보는 것보다 훨씬 복잡하다는 것을 알게 되었다. 화려한 성공 사례 뒤에는 언제나 수많은 실패와 좌절, 방향을 잃고 헤매던 시간들이 켜켜이 쌓여 있었다. 회의실 한쪽에 수십 장의 기획서를 펼쳐 놓고 투자자를 설득하던 제작사 대표,

영상과 스케치를 오가며 캐릭터 콘셉트를 수십 번 바꾸던 감독, 무시당하지 않을까 하는 두려움에 목소리가 떨리던 사람들. 그 모든 장면을 지켜보며 나는 이해하게 되었다. 성공은 기적처럼 떨어지는 번개가 아니라, 끝까지 버틴 시간과 성실함이 응축된 결과라는 것을.

그 사이에서 연결자는 무엇을 하는가. 연결자는 단순한 중계자가 아니다. 관계를 설계하고, 창작자의 언어를 바이어가 이해할 수 있는 비즈니스 언어로 번역하며, 시장의 흐름을 읽어 기업이 놓치고 있던 기회를 조용히 알리는 사람이다. 그래서 나는 산업 전체를 입체적으로 보려 했다. 장르별·국가별 트렌드를 기록하고, 바이어 인터뷰를 수없이 반복하고, 시장 보고서와 현장의 공기를 함께 읽었다. 어느 순간부터 시장의 움직임은 내게 하나의 '언어'처럼 느껴지기 시작했다. 제작자는 상상하는 사람이고, 바이어는 판단하는 사람이다. 두 사람은 같은 말을 해도 전혀 다른 세계에 서 있다. 제작자는 감정을 이야기하고, 바이어는 수익 구조를 묻는다. 그 둘을 잇는 다리가 바로 나, 연결자였다. 그래서 나는 두 사람 사이에서 자주 이렇게 설명했다.

창작자에게는, "지금 바이어가 묻는 건 당신의 이야기가 부족해서가 아니라, 그 이야기를 더 많은 사람에게 어떻게 전할 수 있을지에 대한 질문입니다." 바이어에게는, "이 작품은 아직 숫자로 다 설명되지는 않지만, 이 장면이 가진 힘을 보시면 그 가능성을 느끼실 수 있을 겁니다." 이 과정을 반복하며 나는 더 깊이 확신하게 되었다. 콘텐츠 비즈니스는 결국 '이야기를 이해하는 사람'에게 유리한 산업이라는 것을. 이야기를 이해해야 창작자의 감정을 시장의 언어로 번역할 수 있고, 바이어의 계산을 인간적인 언어로 풀어낼 수 있기 때문이다.

점점 나는 한 프로젝트를 넘어서 생태계 전체를 설계하는 사람으로 역할이 커졌다. 어떤 기업에게는 "지금은 해외보다 국내 협력이 먼저입니다"라고 말했고, 어떤 창작자에게는 "이 작품은 OTT보다는 드라마 제작사와의 협력이 더 자연스럽습니다"라고 조언했다. 어떤 프로젝트에는 "이 바이어보다, 3개월 뒤 열릴 다른 마켓에서 만나는 게 타이밍이 더 좋습니다"라고 제안하기도 했다. 이런 조정과 제안이 쌓이자, 기업들은 나를 더 이상 '행사를 운영하는 사람'으로 보지 않았다. 비즈니스의 방향을 함께 고민하는 파트너로 보기 시작했다.

완성된 콘텐츠가 글로벌 시장에서 빛을 보지 못할 경우 그것들을 쪼개고 뜯어 붙여서 또 다른 비즈니스 기회를 만들어나갈 수도 있다는 것을 바이어들과의 네트워크와 소통을 통하여 알게 된 것도 그즈음이었던 것 같다. 일방적으로 비즈니스 연결만 하며 이벤트와 프로젝트를 만들어내는 것이 아니라 각 분야 콘텐츠 시장을 분석하여 또 다른 비즈니스로 연결하는 추가 비즈니스를 할 수 있을 거라는 가능성을 알게 되면서 나는 단순 연결자에서 다양한 분야를 분석하고 의견을 나눌 수 있는 네트워크 전문가로서 한발을 내딛은 것 같다. 콘텐츠는 결국 삶의 이야기다. 그리고 나는 그 이야기를 서로 연결하는 사람이다. 그 연결고리를 시작으로 국내만이 아닌 글로벌로도 콘텐츠 확장을 이어가는 기회의 프로젝트를 만드는 사람이다.

돌아보면, 내가 콘텐츠 산업에서 만난 사람들, 함께 만든 프로젝트, 연결해낸 비즈니스 기회는 단순한 실적이 아니라 내 삶을 이루는 문장들이었다. 누군가의 이야기가 다른 사람의 세계를 만나 새로운 의미로 다시 태어나는 순간, 나는 그 순간을 사랑한다. 그 장면을 위해 수많은 밤을 새웠고, 셀 수 없이 많은 자료를 읽었고, 수백 번의 미팅을 기획했고, 수천 명의 사람을 연결했다. 이 일은 나에게 직업이 아니라, 삶이고 철학이고 정체성이다. 그래서 나는 앞으로도 계속 이 길을 걸어갈 것이다.

무너짐과
다시 서기

내 비즈니스 인생에서 가장 위험했던 순간은 돈이 없을 때도, 프로젝트가 끊겼을 때도 아니었다. 가장 위험했던 순간은 '나는 이제 잘한다'라고 믿기 시작했을 때였다. 성공 경험이 쌓이면 사람은 쉽게 착각한다. 내가 잘해서 된 것인지, 좋은 시기를 만난 것인지, 주변의 도움 덕분인지 구분하지 못한 채 마음속에는 "내가 해냈다"라는 문장 하나만 남는다. 나 역시 그랬다. 나는 누구보다 치열하게 현장을 뛰어다녔다고 믿었고, 누구보다 고객을 잘 안다고 생각했다. 그래서 다음 프로젝트도 당연히 내 차례라고 여겼다. 그렇게 익숙함은 서서히 교만이 되었고, 여유는 방심으로 변했다. 템포는 빨라졌지만 심장은 긴장을 잃었고, 발걸음은 가벼워졌지만 눈은 예리함을 잃어갔다. 나는 뒤늦게 깨달았다. 익숙함은 교만보다 더 위험하다. 익숙해지면 스스로의 틈을 보지 못하기 때문이다.

어느 날 작은 균열이 찾아왔다. 그날도 나는 늘 하던 대로 제안서를 쓰고 있었다. 수백 번 써본 형식, '이 정도면 우리가 수주한다'라고 안심했다. 분석은 얕았고, 경쟁사 비교는 형식적이었고, 클라이언트의 니즈를 다시 확인하는 수고도 하지 않았다. 그럼에도 '내 경력과 네트워크가 채워주겠지'라고 믿고 있었다. 며칠 뒤 발표를 마치고 나오는데 심사위원이 물었다. "작년과 다른 점이 무엇입니까?" 그 질문 앞에서 나는 멈췄다. 입으로는 몇 마디 답을 했지만, 마음은 이미 알고 있었다. '이번에는 떨어지겠구나.' 결과는 예상대로였다. 처음에는 화가 났다. "경쟁사는 더 큰 회사잖아." "심사위원이 내 의도를 이해 못 한 거야." 머릿속에는 온갖 합리화가 떠올랐지만, 시간이 지나자 더 이상 나에게 거짓말을 할 수 없었다. 준비가 부족했던 건 나였다. 성장은 멈췄고, 반복된 습관만 남아 있었다. 오랫동안 쌓아온 진지함과 성실함이 조금씩 무너지고 있었는데, 나는 그 사실을 마지막 순간에야 깨달았다. 며칠 동안 나는 아무것도 할 수 없었다. '나는 정말 잘하는 사람인가?' '내가 만든 네트워크는 진짜 가치가 있었나?' '여기까지 온 게 단지 운은 아니었을까?' 수많은 질문이 한꺼번에 밀려왔다. 그러다 마음 깊은 곳에서 한 문장이 떠올랐다. "이대로 계속할 수는 없다." 그 문장은 다시 일어서라는 신호였다.

나는 처음으로 돌아가기로 했다. 현장에 처음 뛰어들던 날의 떨림, 한 명의 고객을 만나기 위해 수십 번 전화를 돌리던 마음, 한 번의 미팅을 위해 밤새 자료를 분석하던 태도. 그 시절을 떠올리며 결심했다. "다시 기획의 본질로 돌아가자. 다시 분석하고, 다시 듣고, 다시 묻고, 다시 설계하자." 나는 '초심'이라는 단어를 감정이 아니라 시스템으로 다시 정의했다. 그때부터 더 촘촘하게 기록하기 시작했다. 작은 정보도 메모했고, 기업의 니즈가 보이지 않으면 보일 때까지 질문했다. "왜 이 기업은 이 시장을 원할까?", "왜 이 작품은 특정 국가에서만 반응이 있을까?", "왜 이번 마켓에서는 이 장르가 강세일까?", "왜 이 바이어는 이 작품에만 시간을 쓰는가?" 이 질문들은 다시 내 사고의 깊이를 키워 주었다. 이전에는 흐릿하게만 보이던 것들이 점점 또렷해졌다. 만남의 이유, 숨은 이해관계, 서로의 타이밍까지 하나씩 읽히기 시작했다.

한때 나는 오랜 네트워크가 나를 지켜줄 거라 믿었다. 하지만 네트워크는 방치하면 금세 낡는다. 관계를 지키는 힘은 오래 알았다는 사실이 아니라, 지속적인 성실함이다. 그래서 나는 다시 작은 인사 하나, 짧은 메일 하나, 현장에서의 사소한 배려 하나에 마음을 쓰기 시작했다. 그 하찮아 보이는 태도들이, 내가 잃어버린 신뢰를 다시 회복시켜 준 힘이 되어 주었다. 그 과정을 반복하며 프로젝트는 내 눈에 단순한 '사업의 틀'이 아니라 하나의 생명체처럼 보이기 시작했다. 탄생과 성장, 연결과 확장, 그리고 소멸까지. 각 프로젝트마다 고유한 생명주기가 있었고, 그 리듬을 읽을 때 비로소 기획의 방향이 보였다. 그제야 나는 이해했다. 실패는 나를 무너뜨리기 위한 사건이 아니라, 나를 더 사려 깊은 기획자로 만들기 위한 경고이자 선물이었다는 것을.

그 이후로 나는 세상을 다르게 보기 시작했다. 예전에는 행사장의 크기, 참가 기업 수, 언론에 나갈 기삿거리부터 계산했다면, 이제는 그 아래 숨어 있는 감정, 맥락, 기류, 언어가 먼저 보였다. 그리고 아주 천천히, 그러나 깊게 배웠다. 기획자는 프로그램을 짜는 사람이 아니라, 사람의 언어와 시장의 흐름을 분석하고 읽어내며 기본적인 의미 외에도 추가적인 의미를 설계하는 사람이라는 사실을. 나는 '무너짐'과 '다시 서기'의 시간을 통해 비로소 그 진실에 닿을 수 있었다.

콘텐츠 확장의 중심, 사람과 감정의 연결

콘텐츠 산업이 어느 순간부터 '확장'이라는 말로 설명되기 시작한 데에는 이유가 있다. 게임은 웹툰으로, 웹툰은 드라마와 영화로, 다시 오프라인 행사와 굿즈, 음악, 체험 전시로 뻗어 나간다. 나는 그 흐름을 가장 가까운 현장에서 지켜봐 온 사람이다. 그래서 늘 이렇게 생각해 왔다. "이 연결의 한가운데에는 결국 기획자가 서 있다." 기획자는 단순히 일정과 공간을 짜는 사람이 아니다. 사람들의 감정이 흐를 길을 만들고, 산업의 흐름이 지나갈 통로를 여는 사람이다. 어떤 현장에서는 게임 제작자가 웹툰 PD를 만났고, 또 다른 자리에서는 웹툰 작가가 애니메이션 감독과 마주 앉았다. 처음에는 서로의 언어에 서툴렀지만, 잠시 대화를 나누고 나면 이미 같은 세계를 다른 각도에서 보고 있었다는 것을 깨닫곤 했다.

내가 하는 일은 단순한 '만남의 주선'이 아니었다. 각자의 시선과 경험, 산업적 위치와 필요가 가장 자연스럽게 교차할 수 있는 구조를 만드는 일이었다. 사람이 편안해지기까지의 시간, 고민을 꺼내도 된다고 느끼는 심리적 거리, 내 언어를 상대가 이해해 줄 것이라는 기대감. 이 모든 것이 갖춰져야 비로소 진짜 대화가 시작된다. 그래서 나는 '누가 만나는가'보다, '어떤 분위기에서 만나게 할 것인가'를 먼저 설계했다. 사람들이 서서히 마음을 열고, 이야기의 방향이 서로를 향해 조정되는 순간을 발견할 때마다 기획자로서 가장 큰 희열을 느꼈다.

어느 순간, 나는 MICE 프로그램을 '종류'로 나누어 보지 않게 되었다. 대신 하나의 프로젝트 생명주기를 구성하는 유기적인 흐름으로 보기 시작했다. 전시는 산업의 얼굴이었다. 기업은 이곳에서 가능성을 보여주고, 바이어는 이곳에서 기회를 포착한다. 첫째, 전시는 단순한 전시물이 아니라 시장의 공기와 소비자의 반응, 산업의 방향을 읽는 레이더였다. 둘째, 세미나는 해석의 장이었다. 전시에서 포착된 신호들을 트렌드, 기술, 정책, 전략의 언어로 재구성하는 자리였다. 셋째, 비즈니스 미팅은 전환의 장이었다. 전시와 세미나에서 얻은 영감과 정보가 실제 행동과 계약으로 바뀌는 순간이 이곳에서 만들어졌다. 마지막으로 네트워킹은 지속의 장이었다. 관계를 유지하고 확장하며, 다음 기회를 약속하는 자리. 전시·세미나·미팅에서 만들어진 감정과 신뢰가 이 자리에서 비로소 응고되었다. 이 네 가지를 하나로 이어 붙이자 비로소 '흐름의 설계도'가 보였다. 예전에는 퍼즐 조각처럼 흩어져 있던 프로그램들이 하나의 생태계로 연결되기 시작했다. 전시에서는 '무엇을 보여줄까'가 아니라 '누가 어떤 이유로 찾아와야 하는가'를 고민했고, 세미나에서는

‘무엇을 발표할까’보다 ‘어떤 인사이트가 미팅으로 이어질까’를 떠올렸다. 미팅에서는 기계적인 매칭 대신 전시와 세미나에서 만들어진 감정의 온도를 고려해 관계의 밀도를 조절했다. 네트워킹은 하루 이벤트가 아니라 ‘다음 프로젝트의 출발점’을 설계하는 시간이 되었다.

이렇게 관점을 바꾸자 행사의 성패 기준도 달라졌다. 예전에는 바이어 숫자가 많고, 미팅 스케줄이 빽빽하면 좋은 행사라 생각했다. 이제는 다른 기준이 생겼다. ‘얼마나 많이 연결되었는가’가 아니라 ‘어떤 깊이로 연결되었는가’, ‘얼마나 성과를 냈는가’가 아니라 ‘그 성과가 어떤 변화를 만들어냈는가’, ‘몇 개 기업이 참여했는가’가 아니라 ‘누가, 왜 참여했는가.’ 바이어는 행사장에서 잠깐 스쳐 지나가는 손님이 아니라, 한 산업을 움직이는 중요한 축이었다. 기업은 부스 숫자가 아니라, 함께 미래를 설계할 파트너였다. 제작자는 시장에 결과물을 내놓는 사람이 아니라, 새로운 세계를 만드는 창작자였다. 그리고 나는 이 모든 흐름을 연결하는 ‘산업적 디렉터’에 가까운 역할을 맡게 되었다.

관점이 바뀌자 자연스럽게 형식도 바꾸고 싶어졌다. IR(투자자를 대상으로 하는 기업 설명, 홍보 활동) 피칭 세션, 특정 분야만 모은 라운드 미팅, 스탠드업 토크, 캐릭터 기반 비즈니스 쇼케이스, 테마형 바이어 초청 프로그램, 콘텐츠 기반 네트워킹 디너… 어떤 형식은 한 번으로 사라졌고, 어떤 형식은 여러 해 이어지는 모델이 되었다. 결과와 무관하게 중요한 것은, 기획자인 나 스스로가 다시 ‘시도할 용기’를 되찾았다는 사실이었다. 일은 다시 살아 있는 창조 과정이 되었다. 그 과정에서 나는 하나를 분명히 깨달았다. 기획자의 행복은 성과에서만 오지 않는다. 성과는 조직을 움직이고, 기업을 성장시키고, 프로젝트가 시장에서 살아 있음을 증명해 준다. 그보다 더 깊은 곳에서 나를 움직이는 힘이 있었다. 사람들이 연결되는 순간을 지켜보는 기쁨, 그 연결이 서로의 삶을 조금이라도 바꾸는 장면을 목격하는 감정이었다.

그래서 나는 기획자를 이렇게 정의하게 되었다. 기획자는 단순히 행사를 만드는 사람이 아니라, 흐름을 설계하는 사람이다. 프로그램을 짜고 일정을 관리하는 데서 그치지 않고, 사람의 언어와 시장의 흐름을 읽어 의미 있는 장면을 만드는 사람. 어떤 연결은 당장 성과로 이어지지 않지만, 몇 년 뒤 예기치 못한 협업과 새로운 시장 진입으로 이어지기도 한다. 그때 나는 마음 깊이 받아들였다. 기획자의 진짜 역할은 즉각적인 성과를 만드는 것이 아니라, 시간이 흘러도 살아남는 연결을 설계하는 일이라는 것을. 그 연결의 중심에 언제나 콘텐츠가 있고, 콘텐츠를 사이에 둔 사람과 사람의 감정이 있다. 나는 그 감정의 흐름을 가장 가까이에서 지켜보는 기획자로, 그리고 연결자로 살아가고 있다.

세계 속의 나, 그리고 한류의 정경

해외 현장을 처음 마주한 순간, 내가 어디에 서 있는 사람인지 다시 확인하게 되었다. 나는 콘텐츠 제작자가 아니다. 누군가의 작품에 내 이름을 얹는 사람도 아니다. 내 역할은 이미 만들어진 콘텐츠가 가장 적절한 장면에서, 가장 맞는 관객을 만나고, 가장 좋은 타이밍에 빛을 발하도록 길을 설계하는 사람이었다. 국내에서만 일할 때는 어딘가 막연함이 있었지만, 세계라는 넓은 무대 위에서는 이 역할이 오히려 더 분명하게 빛났다.

뉴욕 코믹콘은 그 사실을 가장 먼저 일깨워준 현장이었다. 수십만 명이 몰린 거대한 공간에서 사람들이 열광한 것은 콘텐츠 그 자체가 아니었다. 그들은 콘텐츠가 어떻게 공간을 점유하고, 어떤 방식으로 감정을 자극하며, 어떤 흐름으로 동선을 따라 기억을 만들어내는지를 경험하고 있었다. 그때 나는 확신했다. "콘텐츠가 아무리 훌륭해도 어떻게 세상에 내놓는가에 따라 생명력은 전혀 다른 방향으로 흐른다." 도쿄게임쇼에서도 같은 사실을 배웠다. 압도적인 인파 속에서도 콘텐츠를 보여주고 경험할 수 있게 하는 현장의 디테일은 결코 흐트러지지 않았다. 관람객의 동선, 스태프의 움직임, 체험 이후의 흐름까지 모든 것이 관람 경험을 방해하지 않도록 정교하게 설계되어 있었다. 그곳은 복잡했지만 기준이 살아 있는 공간이었다.

그 장면들 속에서 나는 다시 깨달았다. 기획은 단순한 운영의 기술이 아니라 콘텐츠가 사람의 기억 속에 남을 수 있도록 경험의 구조를 설계하는 능력이라는 것을. 그리고 나는 비로소 내 역할을 한 문장으로 정의할 수 있게 되었다. "나는 콘텐츠를 만들지는 않지만, 그 콘텐츠가 세계에서 오래 살아남을 길을 만드는 사람이다."

한류의 확산은 단순한 수출이나 유통 개념으로 설명되지 않는다. 그 중심에는 감정과 장면이 얽혀 만들어내는 '정경(情景)'이 있다. 한국 드라마의 감정선, 게임의 서사, 웹툰의 미장센, K-팝의 무대 연출… 이모든 요소가 문화권을 넘나들며 현지에서 다시 해석될 때 비로소 '한류'라는 파동이 완성된다. 그 파동을 현실 세계의 프로그램으로 번역하고, 시장에서 실제로 작동하게 만드는 사람들이 있다. 그 안에 나도 있다. 앞으로 이 역할은 더 중요해질 것이다. 콘텐츠가 넘쳐나는 시대일수록 '무엇이 만들어졌는가'보다 '어떻게 연결되고 어떤 장면으로 기억되는가'가 더 큰 힘을 갖기 때문이다. 우리 콘텐츠가 글로벌 시장에 나아가기 위해서는 콘텐츠의 우월함만 보여서는 문화로 인식되지 못하고 한때의 유행처럼 지나가버릴 수 있다는 것을 알고 있다. 다양한 문화 속에서 한류가 살아 숨 쉴 수 있는 콘텐츠 문화가 되게 하기 위해서는 내가 행했던 그동안의 연결자, 기획자의 역할을 넘어서서 현지 문화 속으로 녹일 수 있는 '사람', '네트워크'를 이어가기 위한 노력이 중요하다고 생각한다.

연결은
끝나지 않는다

돌아보면, 나는 우연히 이 길에 들어선 것이 아니었다. 처음에는 눈앞의 프로젝트를 해결하고 다음 행사를 준비하는 데 몰두했지만, 시간이 흐른 지금에서야 깨닫는다. 내가 걸어온 모든 순간은 결국 '연결'이라는 하나의 문장으로 귀결된다. 전시장의 소란스러운 아침 공기,

새로운 파트너를 기다리는 기업의 떨림, 첫 미팅을 앞둔 창작자의 숨결. 그 장면들 속에서 나는 비즈니스의 본질이 숫자나 기획서가 아니라 열망을 가진 사람들의 움직임에 있음을 보았다.

기획자는 무대 위에 서지 않는다. 하지만 무대가 빛나기 위해 가장 넓은 시야를 지녀야 하는 사람이다. 나는 콘텐츠를 직접 만들지는 않지만, 콘텐츠가 세계로 향하는 흐름을 이끄는 구조를 누구보다 가까이에서 바라보며 설계해 온 사람이다.

한류가 세계에서 사랑받기 시작했을 때, 나는 그 뒤편에서 조용히 움직였다. 한국 콘텐츠가 단순한 '상품'이 아니라 감정·이야기·경험·장면으로 전달되는 구조를 설계하는 역할을 맡아왔다. 누군가는 나를 마케터라 부르고, 누군가는 커넥터라 부른다. 하지만 나는 스스로를 이렇게 부르고 싶다. "사람과 시장 사이의 만남을 만드는 사람."

작은 만남 하나가 수년 뒤 거대한 사업으로 이어지는 장면을 수없이 봤다. 네트워킹 파티에서 나눈 10분간의 대화가 해외 진출의 기점이 된 경우도 많았다. 현장에서 가장 깊이 배운 진실은 이것이었다. "비즈니스의 흐름은 결국 사람이 만든다." 사람의 온도, 리듬, 욕망, 타이밍이 맞닿는 순간, 비즈니스는 비로소 움직이기 시작한다. 나는 그 만남이 가능하도록 보이지 않는 틈을 잇고, 길을 만들고, 흐름을 설계해왔다. 그리고 그 모든 과정 끝에서 기업들이 말하곤 했다. "덕분에 길을 찾았습니다." "오늘 이 자리가 우리에게 큰 변화를 만들었습니다." 그 문장들은 내 직업이 단순한 직무가 아니라 사람을 잇는 일이라는 사실을 다시 확인하게 해주었다.

세상은 빠르게 변하고 있다. AI는 콘텐츠를 재구성하고, 팬덤은 시장의 중심이 되고, 장르의 경계는 사라지며, 경험은 하나의 산업이 되었다. 이 변화 속에서 기획자의 역할은 더 단단해지고, 커넥터의 가치는 더 선명해진다. 왜냐하면 기술이 아무리 발전해도 사람을 사람에게 연결하는 일은 결국 사람이 해야 하는 일이기 때문이다.

나는 이제 확신한다. 나의 비즈니스 인생은 수많은 프로젝트의 연속이 아니라 사람들이 서로를 알아보고, 세계를 확장시키고, 각자의 장면을 만들어가는 감정의 지형을 함께 설계해온 시간이었다는 것을. 나는 오늘도 조용히 다짐한다. "연결은 끝나지 않는다. 연결이 이어지는 한, 나의 일도 계속된다." "나는 아직 배우는 중이다. 그래서 여전히 앞으로 나아갈 수 있다."

＊
세 번째 한류 정경

한류를 다시 읽는 시선

1

남아프리카 한류의
풍경 속으로

남아프리카 콘텐츠 크리에이터
케이 세소코

2019년부터 한국에 거주하고 있는 남아프리카 출신 미디어 전문가이자 콘텐츠 크리에이터다. EPIK 교육 프로그램을 통해 처음 한국에 온 후, K-콘텐츠 업계로 전향해 K-팝맵에서 매체 콘텐츠 편집자로 활동하며 K-팝과 K-드라마를 취재했다. 김민재, 케플러, 원태민 등 다수의 아티스트를 인터뷰했으며, K-드라마 세트장에서 비하인드 촬영부터 주요 시상식 실시간 영어 자막 제공까지 다양한 현장 경험을 쌓았다. 현재는 AI 테크 스타트업에서 일하면서 동시에 다양한 한국 브랜드와 협업하여 콘텐츠를 제작하고 있다. 한류 팬이자 업계 인사이더로서 문화 번역의 보이지 않는 노동과 프로덕션 양면에서 한류를 경험하는 이중적 시각을 제공한다.

K에 빠져든
순간

한국과는 지리적으로 엄청나게 떨어져 있는 남아공이라는 나라에서 살던 내가 K-팝을 처음 만난 것은 열여섯 살 때였다. 그것은 특별한 계기를 통해 준비된 만남이라기보다, 여행지에서 한밤중에 우연히 열어 둔 화면 속에서 찾아온 순간이었다. 학교 수학여행으로 태국을 찾았을 때의 일이다. 지금 돌아보면, 그 만남의 장소가 태국, 그것도 방콕이었다는 사실은 결코 우연이 아니었다. 방콕은 오래전부터 아시아와 세계의 문화가 자연스럽게 뒤섞이는 도시였고, 수많은 언어와 리듬, 이미지가 일상처럼 교차하는 공간이었다. 호텔 방 안에 놓인 TV는 그런 도시의 성격을 솔직하게 비추는 창이었다. 국경이나 언어의 경계보다 먼저, 지금 이 도시를 사로잡은 대중문화가 무엇인지를 가감 없이 보여주는 매개체였다.

가장 친한 친구와 함께 배정받은 호텔 방에서 우리는 짐을 내려놓자마자 습관처럼 TV를 켰다. 당연히 태국 음악이나 현지 프로그램이 나올 것이라 생각했다. 낯설어도 괜찮았다. 여행지에서는 모든 것이 잠시 스쳐 가는 풍경이 되니까. 그런데 화면에 등장한 것은 태국 음악도, 미국 음악도 아니었다. 익숙한 것 같으면서도 분명히 다른, 한국의 음악, K-팝이었다. 순간, 예상 밖의 놀람이 먼저 스쳤다. '왜 여기서 이 음악이 나오지?'라는 생각이 들기도 전에 멜로디는 이미 귀를 붙잡고 있었다. 분명 아시아의 대중가요였지만, 그동안 우리가 알고 있던 어떤 범주에도 정확히 들어맞지 않는 소리였다. 낯선데 불편하지 않았고, 새로웠지만 밀어내고 싶지 않았다. 설명하려 애쓰기보다, 그저 조금 더 듣고 싶어지는 음악이었다. 그날 방콕의 호텔 방에서 나는 K-팝을 이해하기 전에 먼저 느끼고 있었다. 놀람은 곧 호기심으로, 호기심은 어느새 자연스러운 끌림으로 바뀌어 있었다.

첫 번째로 나온 영상은 2PM의 〈A.D.T.O.Y〉였다. R&B라는 익숙한 구조를 가지고 있었지만, 노래가 풍기는 정서와 퍼포먼스는 쉽게 설명되지 않았다. 익숙함과 낯섦이 동시에 존재하는 감각. 그 순간 나는 이것이 단순한 '외국 음악'이 아니라, 다른 어딘가에서 충분히 세련된 언어를 획득한 문화라는 인상을 받았다. 이어서 등장한 포미닛의 〈What's Your Name?〉은 그 인상을 확신으로 바꾸었다. 과감한 색채, 단호한 동작, 시선을 돌릴 틈을 주지 않는 구성. 보고 싶지 않아도 보게 되는 영상이었다. 우리는 뜻도 모른 채 후렴구를 흉내 냈다. 낯선 발음은 오히려 노래를 우리 쪽으로 끌어당겼다. 알아듣지 못했기에 더 자유로웠고, 그 자유로움이 음악을 거리감 없이 받아들이게 했다.

그 여행 내내 우리는 태국의 거리를 걸으며 마치 비밀스러운 암호를 공유하는 사람들처럼 서툰 한국어 가사를 중얼거렸다. 아이러니하게도 태국이라는 제3의 공간은 K-팝을 '이질적인 외래문화'가 아니라 아시아 안에서 자연스럽게 흐르는 대중문화로 느끼게 만들었다. 그 경험은 짧았지만, 쉽게 사라지지 않았다. 그때는 몰랐지만, 이미 마음 한쪽에 작은 흔적을 남기고 있었다.

남아공으로 돌아온 뒤, 우리는 그 노래들을 어렵게 다운로드했다. 한동안 K-팝은 우리의 일상이었다. 아침에 듣고, 이동 중에 듣고, 잠들기 전에도 틀어 두었다. 하지만 곧 환경의 벽에 부딪혔다. 당시 남아공에서 K-팝은 쉽게 접할 수 있는 문화가 아니었다. 접근 경로가 사라지자 관심도 함께 멀어졌다. 그때의 K-팝은 아직 내 삶 깊숙이 들어올 준비가 되어 있지 않았다. 2013년의 일이었다.

어느새 나의 일상이 된 K-팝

두 번째 만남은 몇 년 뒤 대학에서 찾아왔다. 쉬는 시간, 별다른 생각 없이 유튜브를 켰을 때였다. EXO의 〈Call Me Baby〉가 추천 영상으로 올랐다. 썸네일을 클릭한 순간, 나는 이전과는 전혀 다른 상태로 음악을 마주하고 있었다. 이미 한 번 스쳐간 기억이 있었기에, 이번에는 훨씬 열린 마음으로 화면을 바라보고 있었다. 음악은 시작과 동시에 나를 붙잡았다. 마치 오랜 시간 나를 지켜본 알고리즘이 마침내 정확한 답을 내놓은 것처럼 느껴졌다. 영화 전공자로서 촬영감독을 꿈꾸던 나는 처음엔 영상을 분석하듯 바라보았다. 프레이밍과 카메라의 움직임, 조명과 컷 편집을 따라가며 전공자의 눈으로 화면을 읽고 있었다. 그러나 그 태도는 오래가지 못했다. 어느 순간부터 나는 분석하고 있다는 사실조차 잊고 있었다. 시선은 자연스럽게 춤으로 옮겨갔다. 특히 카이, 그의 움직임은 세련되고 부드러워 춤을 보고 있다기보다, 리듬이 몸을 빌려 흐르고 있는 듯했다. 동작 하나하나가 설명이 필요 없는 문장이 되었고, 몸의 움직임이 감정을 대신 말하고 있었다. 그 순간, 나는 더 이상 관찰자가 아니었다. 영상 속으로 한 발짝 들어가 그 리듬과 감정에 함께 호흡하고 있었다. 무엇을 어떻게 만들었는지를 따지는 대신, 그저 계속 보고 싶다는 마음이 앞섰다. 분석은 사라졌고, 남은 것은 즐거움이었다.

그때 나는 알았다. 이것은 더 이상 '잘 만들어진 영상'을 감상하는 일이 아니라, 하나의 문화 안으로 들어가 그것을 온전히 누리고 있다는 감각이라는 것을. 나는 이미 K-팝을 바라보는 사람이 아니라, K-팝을 함께 즐기는 사람이 되어 있었다.

그 이후로 그 영상을 몇 번이고 재생해서 보았다. 하루 중 어느 순간이면 마치 습관처럼 자연스럽게 손이 갔다. 의식적으로 선택했다기보다 이미 일상 속에 스며들어 있었던 것이다. 나의 끌림은 이후 EXO의 다른 무대 영상과 연습실 영상으로 이어졌고, 그 과정에서 나는 아이돌 기획사들이 팬을 위해 만들어내는 자체 콘텐츠의 세계, 이른바 ‘자컨’을 알게 되었다. 그곳에는 무대 위의 완성된 이미지뿐 아니라 연습하고 웃고 실수하는 순간들이 함께 담겨 있었다. 음악은 더 이상 음원으로만 존재하지 않았다. 그 세계는 하나의 관계이자 일상처럼 다가왔다. 나는 점점 더 K-팝에 몰입하고 있었다.

EXO에서 시작된 관심은 자연스럽게 BTS를 거쳐 GOT7과 MONSTA X로 이어졌다. 누군가는 가사를 모르면서 어떻게 그렇게 빠질 수 있느냐고 물었다. 하지만 내게 음악은 반드시 이해해야 할 대상은 아니었다. 이미 감각의 언어로 충분히 말을 걸고 있었기 때문이다. 오히려 알아듣지 못했기에 더 오래 곁에 두고 천천히 익히고 싶어졌다. 이후 한국 힙합과 R&B를 접하면서 나는 한류가 남아공에서 어떻게 스며드는지를 조금씩 생각하게 되었다. 로꼬, pH-1, 그레이, 후디, 이하이. 이미 우리에게 익숙한 장르의 결 위에서 한국 음악은 훨씬 부드럽게 자리를 잡고 있었다. 처음에는 취향이 아니라고 여겼던 걸그룹 음악도 점차 마음속으로 들어왔다. 레드벨벳이 ‘Red’와 ‘Velvet’를 오가며 보여준 이중성은 내 취향의 지도를 완전히 바꾸어 놓았고, 결국 트와이스까지 좋아하게 되었다. 취향이 바뀌었다기보다는, 내가 받아들일 수 있는 취향의 세계가 넓어졌다는 표현이 더 정확할 것이다.

한류를 함께 즐기는
동지들이 생기다

그 무렵, 나는 영화학과에서 영화 이론을 배우고 있었다. 수업을 통해 일본 영화와 여러 아시아 영화들을 접하다 보니, 어릴 적 아버지와 함께 보았던 중국과 홍콩 영화들이 비로소 기억이 아니라 하나의 흐름으로 이어지기 시작했다. 당시에는 그저 함께 본 영화들이었지만, 시간이 지나 돌아보니 내가 처음으로 통과한 아시아 문화의 입구였다. 액션 영화는 내 취향이 아니었지만, 그 영화들은 이미 내 감각 어딘가에 흔적을 남기고 있었다. 그리고 K-팝과 K-드라마는 그 입구를 지나 조금 더 안쪽으로, 내가 미처 이름 붙이지 못했던 세계로 나를 이끌었다.

어느 주말, 일본 드라마 〈장난스런 키스: Love in Tokyo〉를 보게 되었다. 가볍게 시작했지만 이야기가 예상보다 오래 마음에 남았다. 그래서 다시 보고 싶어졌고, 자연스럽게 한국판이 있다는 사실을 알게 되었다. 비교할 생각은 없었다. 그저 같은 이야기를 다른 방식으로 보고 싶었을 뿐이다. 하지만 결과는 뜻밖이었다. 한국판은 처음부터 다른 호흡을 가지고 있었다. 감정의 결이 더 섬세했고, 인물들은 서두르지 않고 서로의 시간을 존중하며 관계를 쌓아갔다. 같은 이야기를 하고 있었지만, 이야기를 대하는 태도가 달랐다. 나는 어느새 화면 속 인물들의 감정에 더 깊이 공감하고 있었다. 그렇게, 아주 자연스럽게 나는 K-드라마의 세계 안으로 들어왔다.

당시 남아공에는 한국 콘텐츠를 공식적으로 소비할 수 있는 창구가 거의 없었다. 그래서 나는 가능한 모든 경로를 사용했다. 스트리밍 사이트를 전전했고, 다운로드 파일을 찾았고, 유튜브와 친구 간 파일 공유도 마다하지 않았다. 과정은 번거로웠지만, 이상하게도 그 수고가 싫지 않았다. 보고 싶다는 마음이 먼저였기 때문이다. 그렇게 함께 보게 된 친구 역시 결국 나와 같은 한류의 세계 안으로 들어왔다. 좋아하는 이유를 길게 설명할 필요는 없었다. 같이 한 편을 보는 것만으로도 충분했다. 이야기는 설명보다 빠르게 사람을 설득했다. 나를 완전히 사로잡은 작품은 〈도깨비〉였다. 혼자 보기에는 아까운 이야기라는 생각이 들었다. 부모님께 거실에서 함께 보자고 권했다. 멜로드라마를 즐기지 않던 아버지도 끝까지 자리를 지켰고, 어머니는 그날 이후 K-드라마의 열성적인 시청자가 되었다. 한 작품이 가족의 대화를 바꾸는 순간이었다. 우리는 같은 장면을 보고, 같은 인물에 대해 이야기하며 같은 감정을 공유하고 있었다. 그 풍경은 지금도 또렷이 기억난다. K-드라마는 더 이상 나만의 취향이 아니라, 누군가와 함께 나눌 수 있는 이야기가 되어 있었다.

나의 한류 사랑에 함께하는 여러 동지가 생기자 나는 한국대사관에서 열리는 '한국 영화의 밤'에 참석하기 시작했다. 〈신세계〉와 〈써니〉를 스크린으로 보며 한국 영화의 결이 음악이나 드라마와는 또 다른 깊이를 가지고 있다는 것을 알게 되었다. 무엇보다 인상적이었던 것은, 그 자리에 이미 나와 비슷한 마음을 가진 사람들이 모여 있었다는 사실이었다. 한국 드라마와 영화, 음악을 좋아하는 사람들. 처음 만난 사이였지만 우리는 같은 장면에 웃고, 같은 대목에서 숨을 고르며 이미 하나의 언어를 공유하고 있었다. 그 공간에서 나는 처음으로 내가 좋아하는 것을 굳이 설명하지 않아도 된다는 안도감을 느꼈다. 한류는 그때부터 혼자만의 취향이 아니라, 함께 나누고 자연스럽게 이어질 수 있는 언어가 되었다.

신선함이 애정으로 발전하기까지

왜 그렇게 깊이 빠져들었을까. 한국 콘텐츠는 내가 익숙해 있던 미디어와는 다른 방식으로 말을 걸어왔다. 자극에 의존하지 않아도 이야기는 충분히 강렬할 수 있었고, 감정을 과장하지 않아도 공감은 깊어질 수 있었다. 그 차이는 쉽게 사라지지 않았다. 처음에는 신선함이었고, 그 다음에는 익숙함이 되었으며, 시간이 지나면서 애정으로 자리 잡았다.

열한 개가 넘는 부족 문화가 공존하는 남아공이라는 사회에서 자라면서 나는 언제나 타협과 조정 속에서 살아왔다. 나는 남아공인이지만, 일상 속에서 나의 고유한 문화를 온전히 경험하기는 쉽지 않다. 그래서인지 한국은 내게 자신들의 문화를 지키면서도 외부인에게 그것을 이해시키는 데 주저하지 않는 사회로 보였다. 그 태도는 콘텐츠만큼이나 인상적이었다. 한국의 일상은 내게 하나의 판타지처럼 다가왔다. 여성이 밤늦게 혼자 스마트폰을 보며 귀가하는 장면은 남아공 현실에서는 쉽게 상상할 수 없는 풍경이었다. 그 장면은 단순한 부러움을 넘어, '삶은 이렇게도 다를 수 있다'는 감각을 처음으로 갖게 했다.

언젠가 한국에 가야겠다고 마음먹은 정확한 순간은 없다. 그 생각은 결심이기보다, 시간 속에서 서서히 형성된 하나의 정경에 가까웠다. 음악을 듣고, 드라마와 영화를 보고 함께 이야기하는 동안 나는 이미 여러 번 한국이라는 장소를 향하고 있었다. 화면과 소리를 따라 이동하며, 그 안에 깃든 감정과 관계의 방식을 내 일상의 풍경으로 받아들이고 있었다. 한국어를 배우기 시작했을 때, 비로소 보이기 시작한 것이 있었다. 내가 마주하고 있던 것은 개별 콘텐츠의 집합이 아니라, 사람과 사람이 만나고, 감정이 오가며, 시간이 켜켜이 쌓여 만들어진 문화의 정경이었다는 사실이다.

나는 오랫동안 그 정경을 멀리서 바라보고 있었다. 이제는 그 풍경을 설명하는 자리에 머무르기보다, 그 안으로 직접 걸어 들어가 움직이며 경험하고, 그 속에서 나의 자리를 찾고 싶어졌다.

마침내 한류 정경의 일부가 되다

한국으로 갈 계획을 처음부터 세워 두었던 것은 아니었다. 돌이켜보면 그것은 계획이라기보다, '설계되지 않은 열망'에 가까웠다. 여러 번의 우연이 서로를 밀어 올리며 결과처럼 도착한 선택이었다. 대학 졸업 직후 EPIK 프로그램을 알게 된 것은 행운이었다. 영어권 국가의 교사를 한국 공립학교에 배치하는 정부 프로그램. 자격증 과정을 밟고, 지원서를 쓰고, 면접을 거쳐 합격 통보를 받았다. 대학에서 1년 더 공부할 수 있는 장학금도 받았지만, 이상하게도 그 선택지는 마음에 오래 머물지 않았다. 한국행이 더 시급하게 느껴졌다. 부모님은 늘 그랬듯 나를 지지해주었다. 붙잡기보다 믿어주었고, 나는 "2년만 다녀오겠다"고 말했다. 그 말이 어느새 5년에 가까워질 줄은 상상하지 못한 채로.

나를 친언니처럼 아껴주던 사촌언니는 걱정이 많았다. 나는 혼자 살아본 적도, 혼자 해외로 이주해본 적도 없었다. 그래서 2018년, 우리는 함께 한국을 여행했다. 일종의 시험 운행이었다. 결과는 예상보다 훨씬 좋았다. 여행을 마치고 언니는 말했다. "서울은 정말 네 도시야." 그 말은 이상하게도 오래 남았다. 한국에서의 삶을 구체적으로 그려본 적은 없었다. 지금은 농담처럼 '충동적으로 이주했다'고 말하지만, 사실 크게 틀린 표현도 아니다. 나는 그저 드라마 속에서 매료되었던 장면들을 직접 살아보고 싶었다. 어쩌면 나만의 작은 K–드라마 속 인물이 되어보고 싶었는지도 모른다.

첫 발령지는 충청북도 청주였다. 영어 교사로서의 삶이 시작된 곳이자, 지금은 한국에서 고향처럼 느껴지는 도시다. 아프리카 문화와 한국 문화는 의외로 여러 면에서 닮아 있었고, 극적인 문화 충격은 생각보다 크지 않았다. 진짜 충격은 아무도, 아무것도 모르는 곳에 혼자 서 있다는 사실이었다. 처음에는 모든 것이 기록할 만한 경험이었다. 바나나우유를 처음 마셨을 때, 한강을 처음 건넜을 때. 5년이 지난 지금도 나는 여전히 너무 많은 사진을 찍는다. 휴대폰 저장 공간은 늘 부족하다.

한류 팬으로서 한국에 산다는 것은 분명 특별하다. 좋아하는 아티스트의 콘서트와 팬미팅에 갈 수 있고, 한국 영화 신작을 가장 먼저 극장에서 만날 수 있다. 드라마를 실시간으로 보고, 촬영지를 직접 찾아가며, 굿즈에 손쉽게 접근할 수 있다. 관광객의 시선으로 보면 한국은 꿈처럼 보일지도 모른다. 하지만 산다는 것은 꿈의 색을 조금씩 바꾼다. 판타지는 서서히 벗겨지고, 현실의 결이 드러난다.

교사로 일하던 첫해, 나는 좋은 학교를 만났다. 학생들은 사랑스러웠고, 동료들은 친절했다.

내가 K-팝 팬이라는 사실은 수업 첫날 바로 들통났다. 소개 PPT에 GOT7과 MONSTA X 사진을 넣어 '내 취미 맞히기' 퀴즈를 냈기 때문이다. 대부분의 학생이 "BTS!"를 외쳤고, 내가 다른 그룹의 팬이라고 말하자 몇몇은 진심으로 배신당한 표정을 지었다. 그날 이후 교실의 공기는 달라졌다. 나는 아이들 문화를 모르는 외국인 교사가 아니었다. 쉬는 시간마다 아이들이 달려와 "선생님, 스트레이 키즈 컴백했어요!"라고 외쳤고, 나는 과할 정도로 열정적으로 반응했다. 그럴 때마다 아이들은 웃었다.

특히 잊히지 않는 한 학생이 있다. 조용하지만 유난히 똑똑했던 6학년 여학생이었다. 어느 날, 그 아이는 BTS 정국 사진으로 가득 채운 플라스틱 파일을 내게 건넸다. 직접 인쇄하고, 자르고, 코팅한 흔적이 고스란히 남아 있었다. 우리는 교과서의 문장을 넘어 진짜 대화를 나누고 있었다.

이후 나는 교직을 떠나 글로벌 K-콘텐츠 미디어 플랫폼의 편집자가 되어 쇼케이스와 기자회견, 드라마와 뮤직비디오 세트장을 오갔다. 한류를 '소비하던 사람'에서 '그 안에서 일하는 사람'이 된 것이다. 쇼케이스에서 실시간으로 영상 자막을 입히며 수백만 글로벌 시청자가 내 반사신경에 의존하고 있다는 사실을 실감했다. 그제야 화면 속 반짝임 뒤에는 말로 다 할 수 없는 노동과 긴장이 있다는 것을 알게 되었다. 그리고 그 세계 안에 내 자리가 생겼다는 것을. 나는 더 이상 파도를 바라보는 사람이 아니었다. 가장자리에서 망설이며 서 있지도 않았다. 이미 그 안으로 들어와, 물결의 속도를 몸으로 느끼며 함께 움직이고 있었다. 이제 나는 그 한류 정경의 일부가 되었다는 사실을 조용히, 그러나 분명하게 받아들이고 있다.

〈퀴즈 온 코리아〉에
출연하다

나는 한동안 한류 정경 한가운데서 시간을 보냈다. 그러다 다시 남아공으로 돌아왔다. 파도에서 잠시 물러났다고 해서 그 흐름이 끊어진 것은 아니었다. 오히려 그 이후, 한국과 다시 연결되는 또 다른 장면들이 조용히 시작되었다. 돌아와 보니 내 안에는 이미 설명할 필요가 없는 마음 하나가 남아 있었다. 처음에는 그저 '좋아하는 마음'이었다. 하지만 그 마음은 점점 말로 증명하지 않아도 되는 장소를 필요로 했다. 그 역할을 해준 곳이 남아공의 한국대사관이었다. 나는 그곳에서 열린 '한국 영화의 밤'에서 나와 비슷한 취향과 결을 가진 사람들을 만났다. 그곳에서는 굳이 왜 한국을 좋아하는지 설명하지 않아도 되었다. 우리는 같은 장면에 웃고, 같은 대사에서 숨을 고르며 서로를 알아보고 있었다. 그 자리에서 한류는 더 이상 혼자만의 취향이 아니라 사람과 사람을 연결하는 하나의 언어가 되었다.

그 언어를 나누는 일이 점점 자연스러워질 무렵이었다. 재택근무를 하던 어느 날, 뜻밖의 연락을 받았다. 대사관에서 'Remember Korea'라는 행사가 열리는데, 한국에서의 경험과 내 삶에 대한 이야기를 짧게 들려줄 수 있겠느냐는 제안이었다. 무대에 서는 일보다 그 질문 자체가 더 인상 깊었다. 내가 살아온 시간이 이야기가 될 수 있다는 사실, 그리고 그 이야기가 누군가에게 공감의 언어로 받아들여질 수 있다는 사실이 조금 낯설고, 동시에 익숙하게 느껴졌다. 행사 당일, 나는 사람들 앞에서 한국에서의 경험과 그 시간을 통해 바뀐 나의 시선을 이야기했다. 내가 하는 이야기는 새로 만들어낸 서사가 아니라, 이미 오래전부터 내가 살아오던 이야기라는 것을 그때 깨달았다. 나는 그저 그 정경을 말로 옮기고 있을 뿐이었다. 그 순간, 한류는 다시 한 번 내 삶의 다른 자리에서 모습을 드러냈다. 무대 위의 화자가 된 것도, 대사관이라는 공간에서 사람들과 시선을 나눈 것도 모두 하나의 흐름 안에 있었다. 나는 여전히 그 파도의 연장선 위에 있었고, 그 정경은 형태를 바꾸어 계속 이어지고 있었다.

강연을 마치고 내려오자 대사관 직원이 다가와 조용히 말을 건넸다. "곧 외교부와 KBS에서 하는 퀴즈 대회가 있는데, 한번 도전해보지 않겠어요?" 그 행사 이름은 〈퀴즈 온 코리아〉였다. 〈퀴즈 온 코리아〉는 전 세계 각국에서 한국을 사랑하는 사람들이 모여 한국의 역사와 문화, 사회와 언어에 대한 이해를 나누는 국제 퀴즈 프로그램이었다. 각 나라에서 먼저 예선을 치르고, 예선에서 우승한 단 한 명만이 한국에서 열리는 결승 무대에 설 수 있었다.

남아공 예선은 단순한 참가가 아니라 한국으로 이어지는 유일한 문이었다. 그 사실을 알았을 때, 가볍게 도전해보자는 마음은 금세 사라졌다. 대신 묘한 책임감이 생겼다. 이 퀴즈는 단순히 문제를 맞히는 자리가 아니라, 내가 좋아해온 세계를 얼마나 진지하게 이해하고 있는지를 스스로에게 묻는 자리처럼 느껴졌기 때문이다.

원래 도전을 좋아하는 성격이라 나는 곧장 공부를 시작했다. 한국의 역사와 문화는 단순히 '정보'로만 남지 않았다. 어떤 내용은 따뜻하게 다가왔고, 어떤 내용은 낯설어서 더 궁금해졌다. 내가 알고 있다고 믿었던 한국이, 사실은 훨씬 깊고 넓다는 것을 그때부터 조금씩 알게 되었다. 남아공 퀴즈 대회 날, 대사관에는 '한국을 좋아하는 사람들'이 모였다. 날씨는 춥고 공기는 들떠 있었다. 모두의 얼굴에는 긴장이 묻어 있었지만, 그 긴장은 두려움보다는 열기에 가까웠다. "우리가 왜 여기까지 왔을까"라는 질문은 굳이 입 밖으로 꺼낼 필요도 없었다. 각자의 표정 속에 이미 답이 담겨 있었기 때문이다. 한국을 향한 마음 하나가 서로 다른 사람들을 그 자리에 불러 모으고 있었다.

마지막 순간까지 외운 내용을 되짚으며 마음이 어지러웠다. 잘하고 싶었다. 무엇보다 '내가 좋아하는 세계를 더 정확하게 알고 싶다'는 욕심이 있었다. 첫 라운드는 대중문화와 비교적 익숙한 질문이 많아 숨을 돌릴 수 있었지만, 시간이 흐를수록 문제는 예리해졌다. 그럼에도 이상하게 도망치고 싶지 않았다. 오히려 더 집중하게 되었다. 치열한 라운드 사이사이에는 BTS 댄스파티와 K-팝 커버 퍼포먼스 예선 같은 시간이 있었다. 그 덕분에 대사관은 잠시 '시험장'이 아니라 '축제의 홀'이 되었다. 마침내 우승자가 발표되었다. 내 이름이 1위로 불렸을 때, 나 자신이 가장 놀랐다. 자리에서 일어서며 든 감정은 뿌듯함보다 감사였다. 그보다 더 크게 다가온 생각이 하나 있었다. 결승전은 한국에서 열린다!

그 후 나는 '다음 단계의 공부'를 시작했다. 일과 공부를 병행하기가 쉽지는 않았지만, 이상하게도 공부하는 시간이 기다려졌다. 한국에 간다는 생각이 나를 계속 움직이게 했다. 준비하는 과정은 한국을 더 사랑하게 만들기도 했지만, 동시에 한국 사회의 깊이를 더 현실적으로 바라보게 만들었다. 한류는 언제나 반짝이는 표면으로만 존재하지 않았다. 그 아래에는 설명해야 할 맥락과, 이해해야 할 결이 있었다. 드디어 출발 날이 왔다. 공항으로 향하는 동안 나는 안절부절못했고, 비행 시간은 길었다. 16시간의 이동 끝에 드디어 한국에 도착했다!

KBS 스태프들의 따뜻한 환영을 받은 뒤, 다른 참가자들과 함께 호텔로 이동했다. 첫날은 쉬는 일정이었지만, 로비와 복도에서 자연스럽게 서로 마주쳤다. 인상적이었던 것은 참가자들 출신지가 너무나 다양했다는 점이다. 캐나다, 앙골라, 탄자니아, 조지아, 스웨덴, 터키, 몽골… 문화도 언어도 달랐지만, 대화를 시작하자마자 이상하게 '같은 방향을 바라보는 사람들'이라는 느낌이 들었다. 그때 나는 또 한 번 '정'이라는 단어를 떠올렸다. 서로 다른 나라에서 왔는데도 금세 가까워지는 기류. 그것은 내가 남아공 대사관에서 처음 배운 한류의 감각과 닮아 있었다.

여행과 일정은 '한국을 보여주는 방식'이 섬세하게 짜여 있었다. 대전 뿌리공원에서 족보 문화와 성씨의 역사에 대해 배우고, 염색 원단과 강정 만들기 같은 체험을 하며, 전통과 일상이 어떻게 이어지는지 몸으로 확인했다. 경복궁의 성벽과 왕실의 흔적을 걷다가, 남산 케이블카로 도시를 내려다보는 순간에는 한국이라는 사회가 가진 양면—전통과 현대가 동시에 작동하는 방식—이 조금 더 선명하게 보였다. 청와대를 방문했을 때는 '상징'이 실제 공간으로 바뀌는 경험이 얼마나 묘한지 새삼 느꼈다.

그리고 마침내, 방송 녹화의 날이 왔다. '퀴즈 온 코리아 가족'이라는 말이 실감 나는 순간이었다. 메이크업을 하고 의상을 갖춰 입는 동안, 우리는 긴장보다 서로의 기운을 더 크게 느꼈다. 질문은 순우리말, 전통 음식, 사회 규범, 역사까지 다양하게 이어졌다. 퀴즈는 경쟁이었지만, 동시에 학습이었다. 무엇보다 "알고 싶다"는 마음이 어디까지 사람을 데려가는지 확인하는 시간이기도 했다.

개인적으로는, 좋아하던 K-팝 그룹 GOT7의 뱀뱀을 만난 순간이 오래 남는다. 팬으로서의 설렘이 분명히 있었지만, 그 설렘은 단순한 '행운'이 아니라 내가 걸어온 경로 전체가 잠시 한 점으로 모이는 느낌이었다. 남아공에서 시작된 취향이 대사관을 지나, 공부와 여정을 지나, 결국 방송 현장 한복판까지 나를 데려온 것이다.

돌아보면 2022년 〈퀴즈 온 코리아〉는 단순한 퀴즈 대회가 아니었다. 그 프로그램은 한류라는 파도가 사람을 어디까지 데려갈 수 있는지, 그리고 그 파도가 결국 어떤 관계와 경로를 만들어내는지를 보여주는 하나의 장면이자 하나의 과정이었다. 나는 우연처럼 그 장면 한가운데 서 있었다. 지금도 그 사실을 영광이라 여긴다.

그 여정은 방송으로 끝나지 않았다. 〈퀴즈 온 코리아〉를 준비하고 촬영하는 과정에서 나는 PD님을 알게 되었다. 그는 프로그램을 '만드는 사람'이기 이전에 한류와 K-콘텐츠 자체에 대한 애정이 깊은 사람이었다. 촬영 현장에서 오간 짧은 대화 속에서 그가 이 프로그램을 단순한 예능이나 이벤트가 아니라, 사람과 사람을 잇는 장치로 바라보고 있다는 것이 느껴졌다. 방송이 끝난 뒤에도 우리는 연락을 이어갔다. 그 인연은 혼자만의 연결로 머물지 않았다. 그를 통해 나는 한류 현장에서 일하는 여러 사람을 소개받았고, 각자의 자리에서 K-콘텐츠를 고민하고, 지탱하고, 확장해온 이들과 자연스럽게 인사를 나누게 되었다. 그들은 내가 걸어온 길을 흥미롭게 들어주었고, 외국인 수용자의 시선으로 한류를 경험해온 나의 활동을 기꺼이 응원해주었다.

최근에는 그 PD님께서 한국에서 열린 컨퍼런스에서 발표할 기회를 마련해주셨다. 그동안 나는 한류를 '좋아하는 사람'으로서, 또 현장에서 직접 일하는 사람으로서 경험해왔지만, 콘텐츠가 어떻게 말해지고 해석되는지를 공식적인 담론의 장에서 마주한 적은 없었다. 컨퍼런스 현장은 또 다른 풍경이었다. 무대 위에서는 한류를 산업으로, 정책으로, 하나의 문화 흐름으로 분석하고 있었고, 나는 객석에서 그 이야기를 듣는 외국인 참가자였다. 동시에, 남아공에서 출발해 한국에 살며 한류의 여러 국면을 직접 통과해온 사람으로서 그 논의는 결코 추상적으로 느껴지지 않았다. 발표자들의 말 사이사이에서 나는 내가 실제로 겪어온 장면들을 떠올리고 있었다.

그날 이후, 나는 처음으로 스스로를 이렇게 정의하게 되었다. 나는 더 이상 단순한 해외 팬도, 그저 현장에서 일하는 외국인도 아니다. 나는 한류가 만들어내는 정경을 수용자 자리에서 바라보는 동시에, 그 안에서 함께 움직이는 내부자 자리에서도 체감하고 있는 사람이다. 한류는 내가 '좋아하는 대상'에서 '이해하고, 설명하고, 질문해야 할 세계'로 자리 잡기 시작한 것이다.

〈퀴즈 온 코리아〉가 나를 한류의 무대 위로 불러냈다면, 그 컨퍼런스와 그곳에서 만난 사람들은 한류를 바라보는 나의 시선을 바꾸어 놓았다. 나는 여전히 한류 팬이고, 여전히 설렌다. 그러나 동시에 묻기 시작한다. 이 문화는 어떻게 이동하는가. 왜 이 방식으로 세계에 닿는가. 그 과정에서 무엇은 선명해지고, 무엇은 쉽게 보이지 않는가. 그 질문들 속에서 나는 한류를 하나의 결과가 아니라 사람과 사람, 현장과 담론, 취향과 산업이 겹쳐 만들어내는 살아 있는 풍경으로 바라보게 되었다.

K-콘텐츠 산업 내부자로 일하게 되다

나는 청주에서 교사로 일하다가 글로벌 K-콘텐츠 미디어 플랫폼으로 이직을 하게 되었다. 좋아하던 K-팝과 K-드라마에 대해 글을 쓰고, 그 대가로 월급을 받는다는 사실은 믿기 어려울 만큼 설렜다.

처음 맡은 역할은 기사 작성이었다. 이후에는 한국 브랜드를 위한 스폰서 콘텐츠를 기획하고 집필했다. SF9과 세븐틴의 이름이 적힌 쇼케이스 현장에서 사진을 찍었고, 데뷔와 컴백의 긴장감이 감도는 기자회견장에 서 있었다. 늘 영상 클립으로만 보던 무대 뒤편, 조명이 꺼진 공간에서 스태프들이 숨을 고르고 동선을 점검하는 풍경을 직접 보게 되었다. 김민재 배우, 엑소디악, 케플러, 원태민 배우, 〈취하는 로맨스〉의 류원우 배우 등 여러 한국 아티스트를 직접 인터뷰했고, 수많은 서면 인터뷰도 진행했다. 그중에서도 가장 사랑했던 작업은 K-팝 뮤직비디오와 K-드라마 세트장에서 비하인드 콘텐츠를 촬영하는 일이었다. 프로젝트 걸그룹 Triple iz, BL 드라마 〈고백을 못하고〉 세트장은 '성덕'이라는 말을 실감하게 해준 공간이었다. 물론 현장에서는 언제나 프로다워야 했지만, 집에 돌아와 내가 참여한 프로젝트를 떠올리며 흥분을 감추지 못하는 일만큼은 포기할 수 없었다.

처음에는 유명인과 대면하는 일이 긴장됐다. 그러나 남아공에서 프리랜서로 일하며 유명 인사들과 협업해본 경험 덕분에 감정을 정리하는 법을 알고 있었다. 인터뷰 도중 날아갈 것처럼 설렜던 순간도 있었지만, 그 설렘은 늘 결과물을 위해 눌러두었다. 일은 언제나 그보다 앞서야 했으니까. 현장에서 일하며 나는 화면 속 장면 하나가 만들어지기까지 얼마나 많은 피로와 집중, 보이지 않는 선택이 필요한지 알게 되었다. 〈고백을 못하고〉의 임현희 감독을 인터뷰하며 K-드라마 연출이 단순한 조합의 문제가 아니라 감정과 현실, 판타지의 균형을 끝없이 계산하는 작업이라는 것도 배웠다. 팬으로서는 그냥 지나쳤을 디테일이 제작자의 시선에서는 결정적인 문제였다. 그 간극을 이해하게 되는 과정이 무척 즐거웠다.

어느 겨울날, 영하의 날씨 속에서 우리는 인천 외곽의 한 카페에서 〈고백을 못하고〉 비하인드를 촬영하고 있었다. 나는 촬영, 사운드, 조연출을 오가며 온몸에 장비를 달고 뛰어다녔다. 콧물과 갈라진 입술, 손끝의 감각이 사라질 만큼 추운 날씨였지만 세트장의 공기는 이상하리만큼 뜨거웠다. 우리는 시청자들이 설레며 보게 될 '따뜻한 장면'을 만들고 있다는 사실 하나로 그 시간을 견뎌내고 있었다. 옥상에서 촬영된 장면은 화면 속에서 로맨틱한 순간으로 바뀌었다. 편집과 색보정, 음악의 힘이었다. 배우들의 손이 감정이 아니라 추위로 떨리고 있었다는 사실을 시청자들은 알지 못할 것이다. 그것이 바로 무대 뒤의 세계였다.

가장 강렬했던 경험은 TMA(The Fact Music Awards)에서 실시간 영어 자막을 담당했을 때였다. 번역은 시작에 불과했다. MC의 애드리브, 말의 리듬, 순간적인 호흡을 읽으며 수백만 글로벌 팬이 이해할 수 있는 타이밍을 예측해야 했다. 세 시간 동안 거의 눈을 깜빡이지 못한 채 키보드 위에 손을 얹고 있었다. 공연이 끝났을 때, 내 손은 떨리고 있었지만 쇼는 무사히 세계로 전달되었다. 그 순간, 나는 확실히 알았다. 나는 더 이상 파도를 바라보는 사람이 아니었다. 그 물결이 만들어지는 안쪽에서 함께 움직이고 있었다. 그 사실을, 나는 지금도 큰 영광으로 여긴다.

K-콘텐츠 업계에서 일하는 동안 사무실 위치는 여러 번 바뀌었다. 그 덕분에 나는 서울이라는 도시의 서로 다른 얼굴들을 몸으로 익힐 수 있었다. 종로와 을지로, 광화문 일대에서 오랫동안 일했고, 퇴근 후에는

청계천을 따라 걸었다. 수많은 K-드라마 속 인물들이 데이트를 하거나 마음을 가라앉히던 바로 그 길이었다. 점심시간에는 경복궁으로 잠시 들어가 왕실 정원을 둘러보고 다시 컴퓨터 앞에 앉기도 했다. 한때는 조계사 바로 뒤에 사무실이 있었다. 오후 여섯 시, 퇴근까지 삼십 분쯤 남았을 때면 하루의 끝을 알리는 종소리가 들려왔다. 가끔은 예불 소리와 함께 향 냄새가 창문 틈으로 스며들었다. 내 책상 위에는 GOT7과 MONSTA X의 포토카드가 놓여 있었다. 그 풍경 속에서 나는 분명히 업계 안에 있었지만, 여전히 팬이기도 했다.

내가 맡은 일은 다양했다. 기사 작성, 서면과 대면 인터뷰, 소셜 미디어 콘텐츠, 설문과 퀴즈, 사전 기획부터 촬영과 편집까지. 모든 일을 좋아했지만, 현장에 있을 때만큼 생생한 순간은 없었다. 일은 늘 아이디어를 제안하는 일과 주어진 과제를 수행하는 일 사이에서 이루어졌다.

재량이 허락되는 영역도 있었고, 기획안을 따르고 피드백을 반영해야 하는 경우도 있었다. 하지만 모든 작업의 출발점은 같았다. 이 콘텐츠를 보게 될 사람은 누구인가, 그들은 무엇을 궁금해할 것인가. 인터뷰를 앞두고는 리서치를 하고 질문을 만들었다. 그러다 보면 자연스럽게 팬의 시선 속으로 들어가게 되었다. 가장 기뻤던 순간은 독자들이 내 글을 두고 "진짜 팬이 쓴 것 같다"고 말해주었을 때였다. 그 말은 내가 서 있는 자리를 정확히 가리키고 있었다.

인터뷰 현장에서도 그 위치는 분명하게 드러났다. 김민재 배우를 인터뷰할 때 내가 남아공 출신이라는 이야기를 꺼냈고, 그가 언젠가 가보고 싶은 나라들에 대해 말했다. 조금 뒤, 케플러를 〈Tipi Tap〉 발매 인터뷰로 만났을 때는 그 곡이 남아공 사운드인 'Gqom'에서 영감을 받았다는 이야기를 나눴다. 나는 그들이 그 장르의 기원을 알고 있는지 물었고, 남아공을 비롯한 여러 아프리카 국가에도 그들을 기다리는 팬들이 있다는 사실을 전했다. 반응은 인상적이었다. 업계에서 잘 언급되지 않는 지역에도 자신들을 지켜보는 팬이 있다는 사실에 그들은 진심으로 기뻐했다. 세계 어디든 찾아가 팬들을 만나고 싶다는 말도 덧붙였다. 그 장면들은 한류가 숫자가 아니라 관계로 확장되는 순간처럼 느껴졌다.

문화 번역자의 시선으로

내 일상이 늘 인터뷰와 쇼케이스로만 채워져 있었던 것은 아니다. 오히려 나는 종종 콘텐츠를 한국 사회의 맥락 속에서 풀어내는 작업에 더 많은 시간을 쏟았다. 'Korea Explained' 시리즈를 공동으로 기획하며 나는 드라마를 단순히 소개하는 데서 멈추지 않으려 했다. 중요한 것은 이야기가 아니라, 그 이야기가 한국 사회에서 왜 그런 방식으로 읽히는가였다. 〈일타 스캔들〉이 방영되었을 때는 입시와 사교육 문화에 대해 썼고, 〈눈물의 여왕〉에서 남성이 제사 준비를 맡는 장면이 화제가 되었을 때는 한국 사회의 젠더 감수성과 그 미묘한 변화의 결을 짚었다. 한국 시청자에게는 즉각적으로 읽히는 장면들이었지만, 글로벌 시청자에게는 쉽게 포착되지 않는 층위였다. 이 작업이야말로 내가 가장 자부심을 느꼈던 일이었다. 보이지 않던 것을 말의 형태로 드러내는 일. 글로벌 팬들은 때때로 드라마의 감정에는 공감하지만 전체적인 의미는 놓친다. 나는 그 간극을 잇는 사람, 문화 번역자가 되고자 했다. 왜 어떤 장면이 한국에서 그토록 큰 울림을 남겼는지를 차분히 설명하는 역할이었다.

물론 현실은 결코 낭만적이지 않았다. 초기에는 하루에 여섯 편의 기사를 써야 했고, 각각 전혀 다른 집중력을 요구했다. 장문 기사를 위해서는 팬 포럼을 뒤지고, 내부 농담의 기원을 추적하고, 왜 어떤 순간이 한국과 해외에서 다르게 반응하는지를 이해해야 했다. 'Boy Crush'와 'Girl Crush' 시리즈는 특히 공이 많이 들어간 작업이었다. 아이돌의 무대 영상과 인터뷰를 수십 편씩 보고, 보컬과 퍼포먼스, 스타일의 변화를 정리했다. 그 과정에서 나는 팬덤의 언어와 기억 속으로 깊이 들어갔다. 그들이 왜 이 아티스트를 사랑하게 되었는지를 이해하려 애썼다. 팬의 시선으로 글을 쓰되 업계의 언어로 다듬은, 작은 헌사에 가까웠다.

물론 모든 작업이 환영만 받았던 것은 아니다. 단어 하나로 거센 반발을 맞기도 했다. 애정의 의미로 사용한 표현이 모욕으로 읽히는 순간도 있었다. 그때마다 나는 한 문장이 팬덤 안에서는 얼마나 무거운 책임이 되는지를 배웠다.

점심시간, 사무실은 작은 문화 교류의 장이 되곤 했다. 한국 스태프는 어떤 장면이 왜 민감하게 읽히는지를 설명했고, 외국인 편집자들은 어떤 요소가 글로벌하게 확산될지를 예측했다. 우리는 함께 한류가 어디에서 오해받고, 어디에서 깊이 공명하는지를 몸으로 배워갔다. 협찬처가 있는 콘텐츠를 쓸 때는 또 다른 종류의 번역이 필요했다. 한국 브랜드의 언어를 글로벌 감수성에 맞게 옮기는 일. 그 균형을 찾는 과정은 늘 여러 번의 수정과 질문을 요구했다. 어떤 날은 게시된 기사 목록을 보며 조용한 성취감을 느꼈고, 어떤 날은 댓글을 읽으며 문화 번역이 과연 충분할 수 있는지 회의에 빠지기도 했다. 그러나 누군가 "이제야 이 장면이 왜 중요한지 알겠다"고 말해줄 때면, 다시 의욕이 충만해졌다.

나는 여전히 한류를 사랑하는 팬이지만, 동시에 K-콘텐츠 산업 내부에 있는 사람이기도 하다. 그 두 자리를 오가며 바라본 한류는 이제 하나의 주제나 관심사를 넘어, 내가 직접 몸으로 건너온 세계가 되었다. 그 세계는 어느새 내 삶의 일부로 자리 잡은 하나의 정경이 되어 있었다.

내 한류의 시간은
현재진행형

이런 순간들을 겪으며 나는 한류가 생산되는 방식이 개인의 감정과 얼마나 깊이 연결되어 있는지를 실감하게 되었다. 그 이해는 자연스럽게 감사로 이어졌다. 얼마 전 더 로즈 콘서트에 다녀왔다. 오랜만에 찾은 공연장이었고, 그들의 초기 곡이 울려 퍼지자 내가 처음 K-팝에 빠졌던 시절이 선명하게 떠올랐다. 열정적인 무대와 그에 겹쳐진 향수는 한류에 대한 내 애정이 여전히 현재진행형임을 다시 확인시켜주었다.

한류 팬이 된다는 것은 많은 것을 가르쳐준다. 특히 나처럼 스펙트럼의 양 끝을 모두 지나온 경우라면 더욱 그렇다. 예술과 문화를 더 깊이 감상하는 법, 그리고 존중하는 법을 배우게 된다. 무엇보다 한류는 다른 글로벌 팝 현상에서는 좀처럼 보기 어려운 방식으로 사람을 포용한다. 나는 그 이유가 한류가 여전히 진정성 위에서 만들어지고 수행되기 때문이라고 생각한다.

최근에는 한류에 깊이 빠지지 않았던 사람들마저 자연스럽게 끌어당기는 장면들을 자주 목격한다. 〈오징어 게임〉의 세계적 성공이나 〈K-팝 데몬 헌터스〉와 같은 실험적 콘텐츠의 반향은 한류가 '가볍게 즐기는 문화'로도 충분히 작동할 수 있음을 보여준다. 한류는 이제 열성 팬들만의 전유물이 아니라, 더 넓은 대중에게도 기쁨과 행복을 건네는 문화가 되었다. 나는 그 기쁨을 누리는 사람인 동시에, 비록 작은 역할일지라도 그 기쁨을 만드는 과정에 참여했다는 사실이 무척 감사하다. 물론 한류 기여자가 업계 종사자들만은 아니다. 한류는 팬 없이는 지금의 위치에 도달할 수 없었다. 팬들은 단순한 소비자가 아니라 아이디어의 원천이자, 기여자이며, 때로는 혁신가다.

틱톡에서 한 인플루언서가 한국 메이크업을 좋아하지만 색조가 너무 밝다고 말한 영상 하나가 뷰티 브랜드의 색상 범위를 바꾸고, K-팝 팬들의 여행 브이로그가 공식적인 K-여행 상품으로 이어지는 것을 우리는 이미 보아왔다. 한류는 팬들에 의해 계속해서 형태를 바꾸며 확장된다. 팬들은 통계가 아니라 한류의 심장이다.

이제는 안다. 내 한류의 시간은 끝나지 않았다는 것을. 한국 문화를 세계가 접근할 수 있는 언어로 옮기는 일. 지치고, 스릴 넘치고, 때로는 황당하기까지 한 이 작업보다 나를 더 또렷하게 살아 있게 만든 경험은 없었다. 다만 이제는, 그 일이 어떤 얼굴을 하고 있는지도 분명히 안다. 팬들이 상상하는 화려한 무대 뒤에는 텐트 안에서 자막과 씨름하는 밤이 있고, 단어 하나를 두고 분노한 팬들에게 의도를 설명해야 하는 시간이 있으며, 추운 쇼케이스 현장에서 선배 사진작가의 고함을 지켜보는 현실이 있다.

가장 중요하게 깨달은 것은 이것이다. 한국이 '발신하는' 한류와 세계가 '받아들이는' 한류 사이에는 나와 같은 사람들이 존재한다는 사실. 문화 번역가, 연결자, 이름 없는 조율자들. 우리는 단지 K-콘텐츠 업계에서 일하는 사람들이 아니다. 우리가 바로, 그 업계가 작동하도록 만드는 보이지 않는 손들이다. 파도를 만들어내는 중심이 아니라, 그 파도가 멀리 닿을 수 있도록 방향과 결을 잡는 숨은 인물들이다.

이제 누군가가 묻는다. "K-팝에서 일하는 건 어떤가요?" 그럴 때 나는 이렇게 말하고 싶어진다. 무언가를 너무 사랑해서 그 모든 결을 이해하고 싶어졌고, 그 기회를 얻은 순간, 이해가 사랑의 방식을 바꾸어 놓는다는 사실을 알게 되었다고. 기쁨과 행복으로 한류의 '숨은 인물'이 된다는 뜻이다. 우리가 보이지 않는 이유는 존재하지 않아서가 아니라, 이 문화가 누군가에게 비로소 이해되고, 도달하고, 움직이게 되는 그 풍경의 순간을 만들어내고 있기 때문이다.

2

일본인이 K-팝을
연구하게 된 까닭

일본 K-팝 연구자
야마모토 조호

오사카에서 1973년에 태어났다. 1995년 대학생 시절 처음 한국을 여행하며 K-팝에 깊이 관심을 갖게 되었다. 일본 불교대학 대학원 문학연구과 동양사학 전공 박사과정을 졸업하고 박사(문학) 학위를 취득했다. 한국학중앙연구원과 고려대학교 아세아문제연구소에서 초빙연구원을 역임했으며, 일본 외무성 전문조사원으로서 주부산 일본 총영사관에서 근무하며 현장 조사와 정책 관련 업무를 수행했다.

2025년 현재 리츠메이칸대학 강사로 재직 중이며, 전공은 한국학, 한국 근현대사, 한국 대중문화 연구이다. 특히 K-팝을 동아시아 및 글로벌 맥락에서 역사적으로 분석하는 데 주력하고 있다. 주요 저서로는 《K-팝 현대사》 일본어판(2023)과 이를 확장·보완한 한국어판(2025)이 있으며, 일본과 한국에서 다수의 연구서와 논문을 발표했다.

음악이 만들어내는
보이지 않는 힘

나는 일본 오사카에서 태어나고 자랐다. 1990년대 일본은 J-팝이 전성기를 맞이하며 음악과 대중문화가 눈부시게 변모하던 시기였다. 그러나 지리적으로 가까운 한국은 내게 여전히 뉴스 속의 이미지—격렬한 시위, 군사정권, '엔카의 나라'라는 단순한 인상—로만 존재했다. 그런 나에게 한국 대중음악은 먼 이야기였고, 'K-팝'이라는 이름조차 아직 세상에 퍼지지 않았던 때였다.

시간이 흐르면서 한국의 음악과 청년문화가 새로운 활력을 얻고, 일본에도 서서히 그 존재를 알리기 시작했다. 거리와 방송을 채우는 음악, 세대를 건너는 열기, 그리고 국경을 넘어 사람을 끌어당기는 독특한 힘은 일본에서 자라난 내게도 점차 강렬한 질문을 던지기 시작했다. 왜 이 음악은, 언어의 벽을 넘어 이렇게까지 사람의 마음을 움직이는가. 이 물음은 단순한 호기심을 넘어 내 삶의 방향을 바꾸어 놓았다. 나는 이 질문을 풀기 위해 오랜 시간 한국을 찾아가고, 음반을 구해 들으며, 언어를 배우고, 한국의 사회와 역사를 공부했다. 그 과정에서 한류가 단순히 '해외로 나간 콘텐츠'가 아니라, 사람들의 일상과 기억, 세대를 잇는 문화적 풍경이라는 사실을 실감했다. 음악은 시대의 공기와 함께 변하고, 그 안에서 사람들은 새로운 연대를 만들며, 때로는 국가와 민족의 경계를 넘어 서로를 이해해 왔다.

이 글은 그 긴 여정에서 내가 보고 듣고 느낀 것들을 한 편의 이야기로 엮은 것이다. 한 연구자로서의 시선과, 한 사람의 음악 팬으로서의 감각이 교차하며, K-팝이 어떻게 개인의 삶과 사회, 역사적 경험을 관통해 왔는지를 탐색한다. 내가 일본인으로서 한국 대중음악을 연구하게 된 이유, 그리고 그 과정을 통해 무엇을 배우고 사유하게 되었는가를 이 글에서 담아내고자 한다.

여기서 나는 화려한 스타의 성공담을 단순히 따라가지 않는다. 대신, 거리와 공연장, 음반과 팬덤 속에서 살아 숨 쉬는 사람들의 기억과 목소리를 따라가며, 음악이 만들어내는 보이지 않는 힘과 관계의 지형을 비추어 보고자 한다. 이러한 기록은 한일 양국이 과거와 현재를 잇고 미래를 함께 그려 가는 데 있어, 문화가 어떤 역할을 해왔는지를 보여주는 작은 증언이 될 것이다.

1980년대 한국 사회와 음악의 태동

1980년대의 한국은 광주의 상처를 안은 채 군사정권의 통제와 민주화를 향한 열망이 맞서던 시대였다. 문화 영역에도 팽팽한 긴장감이 감돌았다. 그 무렵 일본에서 초중학생이었던 나에게 한국은 군과 경찰, 학생과 시민이 거리에서 충돌하는 나라, 김치와 엔카의 나라로 인식되었다. 조용필, 김연자, 계은숙 등 한국 출신 가수들이 일본의 엔카 무대에서 큰 인기를 얻고 있었기에, '한국=엔카의 나라'라는 이미지는 많은 일본인에게 공통된 인상이었다. 텔레비전과 신문이 전하는 화면은 학생 시위와 계엄령 아래 긴박한 서울의 모습이 대부분이었고, 한국 대중음악 현장이 어떻게 살아 숨 쉬고 있는지를 알 기회는 거의 없었다.

그 시절 한국에서는 공연윤리위원회가 연극·음악·영상 등을 사전 심의하여 '불건전'하거나 '불온'하다고 판단된 작품의 상연과 유통을 금지하고 있었다. 심의를 거치지 않은 작품은 불법으로 간주되었고, 가사 수정 명령이나 발매 중지 조치도 가능했기에 음악인들은 방송에 오르기도 전에 '보이지 않는 벽'과 마주해야 했다. 이러한 강력한 사전 규제는 박정희·전두환 정권기를 지나 노태우·김영삼 정부 초기까지 이어졌으며, 1996년에 조직 개편을 거쳐 완화와 재편의 길로 접어들었다.

이처럼 막강한 검열과 통제에도 불구하고 음악은 꺼지지 않았다. 대학가 소극장과 음악다방, 서울 대학로의 공연 공간에는 통기타의 스트로크와 합창이 가득했고, 억압된 사회 속에서도 사람들은 노래에서 연대의 길을 찾아냈다. 학생운동의 한복판에서 자라난 '민중가요'는 민주화를 향한 목소리를 가시화하는 매체가 되었고, 1987년 6월 항쟁 이후에는 교회와 노동 현장에서도 널리 불렸다. 음악은 정치적 구호의 대변을 넘어, 일상의 숨 막히는 고통을 공유하고 희망의 이미지를 만들어가는 수단이었다.

주류 무대에서도 대중을 고무하는 스타들이 등장했다. '가왕' 조용필은 1970~80년대를 관통하며 국민가수로 압도적인 인기를 누렸고, 시대를 넘어 1위 히트를 기록한 드문 존재였다. 훗날 2010년대에도 〈Bounce〉로 정상에 올라, 한국 대중음악사의 장대한 척추로 남았다. 한편 김완선은 1986년 데뷔해 강한 비트와 댄스 퍼포먼스로 '한국의 마돈나'로 불렸다. 1990년의 앨범 〈삐에로는 우릴 보고 웃지〉는 여성 솔로로는 처음으로 밀리언셀러에 도달했다고 전해지며, 이를 신호로 댄스팝이 지상파 황금시간대에 진입했다. 성적 표현에 대한 사회의 시선이 여전히 엄격하던 시절, 그녀는 텔레비전 카메라 앞에서 몸짓의 새로운 지평을 열어 이후 여성 댄스 가수의 모델이 되었다.

그러나 검열의 벽은 여전히 높았다. 1970년대부터 이어진 블랙리스트에는 외국 대중가요까지 포함되었다. 1973년 사이먼 앤 가펑클의 〈Cecilia〉가 외국 곡으로는 최초로 금지 명단에 오른 사례로 기록된다. 이러한 전사(前史) 위에서 1980년대에도 가사의 불건전성(술·폭력·퇴폐 암시 등)이나 반사회성, 정치적 함의가 문제시되었고, 방송 심의에서 '부적절' 판정을 받으면 가사 교체나 방송 불가 처분이 내려졌다. 1990년대

중반 제도가 개편되는 방향으로 나아갔으나, '방송 기준'에 의한 심의와 뮤직비디오 검열은 이후에도 방송사별로 계속되었다.

한편 서울 도심 백화점 옥상에서는 발라드와 댄스팝이 번갈아 흘렀고, 주말 대학로 거리에는 학생 동아리의 거리 공연이 해 질 녘 군중의 발길을 멈춰 세웠다. 레코드점의 신보 진열대에는 서정 가요 카세트테이프와 함께 댄스비트 LP가 꽂혀 있었고, 매장 모니터에서는 음악방송의 재방송이 흘러나왔다. 방송국 음악 프로그램은 '건전성'을 강조하는 윤리 기준과 시청률 경쟁 사이에서 과도한 의상이나 춤을 제어하려 했으나, 결국 젊은 감성을 받아들이지 않을 수 없었다. 민주화가 진전되고 표현의 자유가 조금씩 확장되면서, 제작 현장은 더 이상 '우회로'를 찾지 않고 '새로운 기준'을 세워가기 시작했다.

이 시대의 또 다른 중요한 층위는 항쟁과 추모 노래가 공적 기억과 결합했다는 점이다. 훗날 아시아 곳곳에서 불리게 되는 〈임을 위한 행진곡〉은 집회·추도식·노동 현장에서 불리며 시민사회의 상징이 되었다. 이 노래는 방송가요와는 다른 통로로 확산되었고, 민주화 이후에도 기억의 장치로 기능했다.

이러한 맥락에서 1990년대 초반에는 댄스팝, 발라드, 록, 포크가 공존하는 다채로운 생태계가 갖추어졌다. 대중가요의 정통을 잇는 조용필의 히트곡이 견고한 기반을 다지고, 김완선이 신체 표현의 프런티어를 넓혔으며, 대학가와 소극장의 열기가 현장을 떠받쳤다. 검열의 벽은 여전히 높았지만 민주화의 바람과 함께 음악은 해마다 '허용의 폭'을 넓혀 갔다. 1980년대의 억압과 창의의 대립은 훗날 K-팝이 세계로 나아갈 토양이 되었고, 1990년대 중반의 풍요로운 팝 음악으로 이어졌다.

1990년대 초반 사회경제적 변화와 음악

1987년 민주화 선언으로 정치적 자유가 확대된 한국은 1990년대 들어 급속한 경제 성장과 사회 변동의 시기를 맞이했다. 1988년 서울올림픽을 계기로 도시 정비와 정보통신 인프라 확충, 가전·자동차 산업의 도약이 이어졌고, 중산층이 확대되었다. 그 결과 음악을 비롯한 엔터테인먼트 산업은 새로운 시장을 확보하게 되었다.

CD플레이어 보급률은 1990년대 초반 급격히 상승했으며, 레코드에서 CD로의 전환은 음질 향상뿐 아니라 앨범 단위로 음악을 즐기는 소비문화를 일반화시켰다. 이로써 음악 산업의 수익 구조도 점차 확대되었다. 이러한 경제적 기반 위에서 한국 대중음악은 장르의 다양화를 가속화했다. 1992년에 등장한 서태지와 아이들은 랩과 댄스 비트를 전면에 내세우며, 미국의 힙합과 뉴잭스윙을 한국어 가요에 대담하게 도입했다. 데뷔곡 〈난 알아요〉는 사회적 충격을 불러일으킨 히트곡으로, 가사에는 학교 교육과 기존 가치관에 대한 비판이 담겨 있었다. 젊은 세대는 그들의 음악에서 시대의 새로운 언어를 발견했다.

같은 시기 신승훈은 연이어 히트곡을 발표하며 '발라드의 황제'로 불렸다. 그의 부드러운 보컬과 서정적인 멜로디는 민주화 이후 자유를 얻은 사회의 감성을 대변했고, 세대와 계층을 넘어 폭넓은 공감을 얻었다. 방송 환경도 달라졌다. MBC 〈음악캠프〉와 KBS 〈가요톱10〉은 시청자 투표와 순위제를 도입해 생방송의 긴장감과 현장감을 강화했다. 가수들은 라이브 무대에서 패션과 안무로 개성을 드러냈고, 스튜디오 객석을 가득 채운 젊은이들의 환호 속에서 프로그램 자체가 새로운 도시 문화의 상징이 되었다.

서울 도심의 클럽과 라이브하우스는 주말마다 음악 팬으로 붐볐고, 홍대 일대는 인디 밴드와 예술적 실험이 이루어지는 공간으로 성장했다. 카페와 소극장의 벽에는 해외 록 밴드의 포스터가 걸려 있었고, 젊은 음악가들은 외국 음악을 참고하면서 자신들만의 곡을 만들어 연주했다. 이러한 변화는 사회의 가치관에도 변화를 일으켰다. 기존의 방송 심의 기준은 여전히 존재했지만, 서태지와 아이들처럼 교육 제도와 기성 질서에 문제를 제기하는 음악이 젊은 세대에게 열광적으로 받아들여지면서, 당국은 더 이상 일방적인 '금지'만으로 대응할 수 없었다. 수정 명령을 받은 곡이 시청자의 요구로 다시 방송되는 일도 있었고, 이런 흐름은 제도 완화의 신호탄이 되었다.

그 무렵 나는 일본 오사카에서 고등학교에 다니는 학생이었다. 한국의 음악계가 이렇게 극적인 변화를 겪고 있다는 사실을 전혀 알지 못한 채, 여전히 '한국 음악은 엔카'라는 편협한 인상을 갖고 있었다. 당시 내가 몰두했던 것은 '가요'에서 'J-팝'으로 명칭이 바뀌어 가던 일본 음악과, 세계적으로 확산되던 힙합이었다. 텔레비전으로 즐겨 보던 것은 CHAGE & ASKA, B'z, 미국 R&B와 랩의 영향을 받은 일본 가수들이었다. 해외에서는 마이클 잭슨, MC 해머, RUN-D.M.C.가 폭발적인 인기를 끌었고, 나는 로저 래빗 같은 스텝을 따라 하며 그 리듬에 몸을 맡기곤 했다.

1990년대 초반 대학에 진학하면서 활동 범위는 한층 넓어졌다. 오사카 난바의 클럽에 자주 드나들며 DJ의 선곡과 리듬을 온몸으로 체감했다. 그곳에서는 소울, 힙합, 하우스 등 다양한 장르가 밤새 흘러나왔고, 춤을 통해서만 얻을 수 있는 해방감과 같은 음악을 사랑하는 사람들과의 일체감이 있었다. 한국 대중음악이 도약의 시기를 맞이하던 그때, 나는 일본의 도시 클럽 문화 한가운데에서 청춘을 보냈다.

이러한 개인적인 경험은 훗날 내가 한국 음악을 연구하게 된 중요한 비교 축이 되었다. 한일 양국의 음악 산업이 세계적 흐름을 의식하면서도 서로 다른 진화를 이뤄 왔다는 점, 그리고 내가 그 현장을 직접 체험하지 못했다는 사실이 이후의 연구에 강한 동기가 되었다.

1995년 서울, 나의 출발선

1995년, 나는 대학생으로서 처음 한국을 방문했다. 아직 인천공항이 없던 시절, 김포공항으로 향하는 비행기 창밖으로 한강의 윤슬이 반짝였고, 그 순간 가슴이 설렜다. 군사 독재 정권의 시위 진압 장면만을 뉴스로 보며 자라온 내게, 실제 서울은 상상 이상으로 생동감 넘치는 도시였다. 거리마다 포장마차에서 김이 피어올랐고, 사람들의 웅성거림 속에서 새로운 팝 음악이 끊임없이 흘러나왔다. 당시 일본 언론이 전하던 딱딱한 이미지와는 전혀 다른, 자유롭고 도시적인 에너지가 나를 압도했다.

CD 가게에 들어서자 당시 히트곡이 진열대에 가득했다. 댄스 비

트와 서정적 멜로디가 공존하는 사운드는 J-팝이나 미국 힙합과는
또 다른 독자적인 빛을 뿜어냈다. 스피커에서 흘러나오는 한국어 리
듬은 뜻을 다 알지 못했지만 묘한 설득력을 지녔고, 몸 깊숙한 곳까지
전달되었다.

당시 일본에서는 수도권의 심야 방송 일부에서만 한국 음악이 잠깐
언급될 뿐이었다. 오사카에 살던 내 주변에는 한국 대중음악에 관한 정
보가 거의 유통되지 않았다. 수입 음반점이나 라디오 프로그램에서도
'K-팝'이라는 단어는 존재하지 않았고, 내가 손에 넣은 CD 대부분은
현지에서 직접 구입한 것이었다. 서울의 음반 가게에서 점원에게 추천
을 부탁하며 한 장 한 장 고르는 일은 음악과 마주하는 작은 의식이자,
도시의 공기를 통째로 품는 경험이었다. 그러나 일본으로 돌아오면 상
황은 달라졌다. 주변에서 한국 대중음악에 관심을 가진 사람은 거의 없
었고, 대학 친구들에게 CD 이야기를 해도 대부분의 반응은 "한국의 엔
카?"였다. 그럼에도 내 귀는 여전히 서울 거리에서 들은 음악에 끌리고
있었다. 현지에서 구입한 CD를 반복해서 들으며 그 리듬과 멜로디를
되새기는 시간은 어느새 내 일상의 일부가 되어 있었다.

그해 1월, 내가 살던 간사이 지역은 한신·아와지 대지진을 겪었다.
집은 반파되었고, 지진 이후 경기 침체가 겹치며 거래처 대부분이 고베
에 있던 아버지 회사도 큰 타격을 입었다. 할아버지가 창업하고 아버지
가 3대째 이어온 회사로, 장남인 나는 본래라면 그 뒤를 이어야 할 위치
에 있었다.

재벌급 대기업과는 거리가 먼 소규모 회사였지만, 어린 시절 나는 부

족함을 모르고 자랐다. 부모님은 엄격하면서도 "하고 싶은 일을 해라"라며 선택의 자유를 인정해 주셨다. 그러나 지진은 그 기반을 뒤흔들었고, 나는 가족과 떨어져 지내야 했다. 20대 나이에 아버지에게 회사를 정리하자고 권유해야 하는, 가슴이 미어지는 역할을 맡게 되었다. 수익이 나는 사업은 타사에 넘기고, 빚을 남기지 않은 채 회사를 원만히 폐업해야 하는 현실을 아버지에게 설명하고 납득시키기까지, 우리 가족에게는 잊기 어려운 시련이었다.

일상은 한순간에 무너졌고, 나는 무거운 현실을 마주할 수밖에 없었다. 하지만 그 길고 고된 복구 과정에서, 서울에서 만난 한국의 팝 음악은 조용히 내 마음을 지탱해 주었다. 강렬한 댄스 비트는 슬픔을 덜어 주었고, 다시 걸어 나갈 용기를 주는 듯했다. 음악은 국경을 넘어 사람을 위로하고, 사회와 국적을 넘어 마음을 이어 준다는 사실을 그때 처음 실감했다. 그 경험은 훗날 내가 한국 문화를 공부하고, 양국을 잇는 연구자의 길을 걷게 되는 정신적 기반이 되었다.

그 무렵 일본 음악계에서는 1980년대 후반의 인기 가수들이 여전히 활동을 이어 가는 가운데, 고무로 데쓰야를 중심으로 한 '고무로 패밀리'의 시대가 열리고 있었다. globe, 가하라 토모미 등이 연이어 히트곡을 내며 댄스 비트를 전면에 내세운 J-팝이 대세로 자리 잡았다. 나는 그런 변화를 곁눈질로 지켜보며, 일본의 새로운 팝과 미국의 힙합, R&B를 즐겨 들었다. 그러면서도 한국에서 만난 음악을 특별한 위로이자 희망의 원천으로 계속 들었다.

이 체험이 곧바로 연구로 이어진 것은 아니었다. 1995년의 만남은 마음속에 깊이 새겨졌지만, 2010년 전후까지는 어디까지나 개인적인 취미로 남아 있었다. 그러나 소녀시대의 일본 데뷔와 차세대 K-팝 부상기를 맞으며, 오랫동안 품어 온 체험이 연구의 씨앗으로 싹 트기 시작했다. 그 기억은 학회 발표와 논문으로 이어졌고, 이후 내 연구의 큰 흐름을 형성했다.

1995년은 한국 대중음악사에서도 결정적인 전환점이었다. K-팝의 원형이라 할 수 있는 서태지와 아이들이 다음 해 해체되었고, 곧이어 H.O.T.를 비롯한 아이돌 그룹 시대가 열렸다. 민주화 이후의 자유화, 경제 성장에 따른 시장 확대, 장르의 다양화가 겹치며, 한국에서 자라난 대중음악은 점차 국경을 넘어 퍼져 나갔다. 보아와 동방신기가 등장하는 2000년대 일본의 '제1차 K-팝 붐'으로 이어지는 긴 도약의 출발선에, 나는 우연히도 서 있었다.

나에게 1995년은 단순한 여행의 기억이 아니었다. 대지진의 고통, 가업을 둘러싼 고된 결단, 한국 음악과의 만남. 이 세 가지 경험이 겹쳐지며, 문화로 사람과 사회를 잇는 연구자의 길을 걷게 되는 정신적 토대를 만들어 준 '출발점'이었다. 이후 한국 음악이 세계로 확산되는 과정을 추적하면서도, 나는 그해의 경험으로 끊임없이 되돌아가곤 한다. 그곳에, 나의 연구와 삶을 잇는 근원의 리듬이 있다.

K-팝과
함께한 시간들

'개인적 청취'의 계절, 붐 이전의 시간(1995년~2000년)

1995년 여름, 서울에서 사들인 몇 장의 CD는 일본으로 돌아온 뒤 내 일상을 조용히 바꾸어 놓았다. 당시 일본 사회에서 'K-팝'이라는 단어는 아직 존재하지 않았고, 한국 대중음악을 함께 이야기할 상대도 없었다. 그 시절 나에게 음악 감상은 철저히 개인적인 행위였다.

대학원 진학 대신 일을 택한 나는, 출퇴근길 자동차 안이나 늦은 밤 짧은 휴식 시간마다 한국에서 직접 고른 앨범을 반복해서 들었다. 가사는 완전히 이해할 수 없었지만, 한국의 댄스 음악이 지닌 멜로디와 리듬은 지진 이후의 불안과 직장의 긴장을 감싸 안아 주었다. 누구와도 나눌 수 없는 고요한 시간이었기에, 음악은 오히려 내게 더 가까이 다가왔다.

그 무렵 일본에서 한국 음악의 유통은 미약했고, 정보의 통로 또한 극히 제한적이었다. 일본에 거주하던 한국인들이 운영하는 마트 진열대에서 우연히 한국 음반을 발견하면 그 자체가 행운이었다. 잡지나 방송이 한국 팝을 정기적으로 다루는 일은 거의 없었다. 그래서 나는 휴가 때마다 서울을 찾아 음반점의 신보 코너를 돌고, 점원이 건네는 한마디 추천에 귀를 기울였다. 1990년대 중반 일본의 '정적'은 훗날 인터넷과 위성방송의 보급으로 깨지지만, 그 시절의 나는 아직 그 변화를 체감하지 못했다. 국경을 넘어 도시와 도시를 오가며 음악을 듣는, 작은 개인적 회로만이 나와 한국 음악을 이어 주는 유일한 통로였다.

내가 개인적으로 한국 음악을 청취하는 동안, 한일 양국 사이에 이후 문화 교류를 가능하게 할 제도적 기반이 조금씩 마련되고 있었다. 1998년, 오부치 게이조 일본 총리와 김대중 대통령이 '한일 공동선언—21세기를 향한 새로운 한일 파트너십'에 서명하며, 인적·문화적 교류 확대를 공식 천명했다. 양국의 청년 교류, 문화·스포츠 협력, 2002년 월드컵 공동 개최를 위한 협업 등이 명시되었고, 관계 재구축을 향한 정치적 메시지가 뚜렷이 드러났다.

이 선언과 보조를 맞추듯, 한국 정부는 일본 대중문화의 단계적 개방을 결정했다. 김대중 정부는 영화·음악·만화 등 각 분야의 규제를 네 단계에 걸쳐 해제하는 방침을 내놓았다. 반세기 이상 이어진 사실상의 금지 정책을 '4단계 개방'으로 푸는 이 정책 전환은, 양국의 문화 교류에 역사적 의미를 남겼다. 일본 언론도 이를 대대적으로 보도하며, 양국 간 '소프트 교류' 확대의 신호탄으로 받아들였다.

당시 나는 아직 인터넷을 사용하지 않았다. 2000년 이전에는 컴퓨터를 다루는 습관조차 없었다. 따라서 일본에 머무는 동안 한국 음악의 최신 정보를 얻기는 거의 불가능했다. 그럼에도 불구하고 서울에서 직접 음반을 구매해서 듣는 경험이 축적되면서 청각이 조금씩 변화되었다. 나는 일본 신보와 미국의 R&B·힙합을 들으면서도, 한국에서 가져온 음반들을 나만의 서가에 꽂았다가 다시 꺼내 들었다. 대화 상대가 없었기에, 오히려 음악의 질감과 목소리의 결에 더 섬세하게 귀를 기울일 수 있었다.

2000년 전후로 한국의 일부 기획사는 일본 시장 진출을 본격적으로 모색하기 시작했다. 특히 SM엔터테인먼트는 일본 레이블과 협력해 젊은 여성 솔로 프로젝트를 준비했다. 이후 보아는 일본에서 눈부신 성공을 거두게 되는데, 한국 데뷔(2000년)에 이어 avex trax와 손잡고 일본 활동을 본격화했다. 그녀의 일본어 앨범 〈LISTEN TO MY HEART〉(2002)는 한국 출신 아티스트 최초로 오리콘 앨범 차트 1위와 밀리언 출하를 기록했다. 내가 명동에서 사 왔던 '개인적인 음악'이, 그때부터 일본 지상파 방송과 대형 음반 매장 진열대에 얼굴을 드러내기 시작한 것이다.

한편, 일본 대중에게 한국 문화를 강렬히 각인시킨 계기는 흔히 2003년 드라마 〈겨울연가〉 이후라고 회자된다. 이 작품은 단숨에 전국적인 열풍을 불러일으켰고, 관광과 소비문화로 확산되었다. 내가 '붐 이전'에 경험했던 개인적 청취와, 일본 사회 전체가 공유한 한류 현상 사이에는 분명한 시간적 간극이 있었다.

1995년에서 2000년까지 연구자가 되기 이전, 나는 오롯이 한 명의 음악 애호가로서 서울의 음반점과 나 자신의 귀만을 의지해 한국 음악의 세계를 조금씩 넓혀 나갔다. 지진 이후 암담한 현실 속에서 일을 해야 했다. 대화할 공간도, 자료를 모을 방법도 한정되어 있었지만, 그렇기에 음악과 마주한 시간은 더욱 깊었다. 제도가 정비되고, 기업이 전략을 세우고, 작품이 국경을 넘어가기 시작했을 때, 나의 긴 '개인적 청취'는 사회적 현상과 조용히 맞물려 갔다. 그 접점의 시작은, 1998년 공동선언과 한국의 문화 개방 결정이라고 생각한다.

K-팝 붐의 도래

2000년대 들어서며 한국 대중음악은 이제 개인적 청취의 범위를 넘어, 일본 사회에서 가시적인 현상으로 자리 잡기 시작했다. 그 상징적 첫걸음은 보아의 성공이었다. 불과 열다섯 살의 나이에 이룬 이 쾌거는, 한국 아티스트가 일본 주류 시장에 본격적으로 진입한 최초의 사건이었다. 이후 남성 그룹 동방신기가 등장했다. 2005년 일본 데뷔 초창기에는 시행착오도 있었지만, 뛰어난 하모니와 퍼포먼스는 점차 팬층을 넓혀 갔다. 2008년에는 〈주문-MIROTIC〉 등의 히트로 일본 음악방송과 아레나 공연을 장악하며, '한국에서 단련된 실력파'라는 이미지가 일본 미디어에 각인되기 시작했다. 탁월한 가창력과 완성도 높은 군무, 그리고 치열한 연습 문화는 한국 음악 산업의 경쟁력을 상징하는 언어로 받아들여졌다.

이어 소녀시대와 카라가 잇따라 진출하며 K-팝의 인기는 급격히 확대되었다. 소녀시대는 2010년 일본 데뷔 싱글 〈GENIE〉로 오리콘 2위를 기록했고, 2011년에는 앨범 〈GIRLS' GENERATION〉으로 주간 1위를 차지하며 여성 그룹으로서의 존재감을 확고히 했다. 카라 또한 〈Mister〉의 히트로 일본 젊은 여성층을 중심으로 사회적 열풍을 일으켰다. 이들의 성공은 단순히 한류 드라마 인기에 기댄 것이 아니라, 음악 자체의 힘으로 시장을 개척한 결과였다.

이러한 흐름은 1998년 '한일 파트너십 공동선언'과 한국의 일본 대중문화 개방 정책이 마련한 제도적 토대 위에서 가능했다. 김대중 정부는 영화·음악·만화 등 일본 문화의 단계적 해제를 추진했고, 양국 간 문화 교류의 실질적 폭이 넓어졌다. 그 결과 일본 음반사나 방송사가 한국 아티스트를 적극적으로 영입하고 기획할 수 있는 환경이 조성되었다.

나 역시 이 시기에 변화를 맞았다. 1995년 첫 방한 이후 한국 음악은 어디까지나 '개인적인 취미'에 머물렀지만, 보아, 동방신기, 소녀시대의 부상과 함께 주변 친구나 지인들로부터 "요즘 K-팝이 화제더라"라는 말을 듣는 일이 잦아졌다. 그동안 누구와도 공유할 수 없었던 관심이 비로소 공적인 화제로 인정받기 시작한 순간이었다.

2003년 NHK 방송으로 시작된 드라마 〈겨울연가〉 열풍도 K-팝 수용의 환경을 넓히는 중요한 배경이 되었다. 드라마를 계기로 한국 문화 전반에 대한 관심이 높아지고, 여행이나 한국어 학습 수요가 확산되었다. 음악 팬이 아니었던 사람들까지도 '한국을 알고 싶다'는 마음을 품게 되었고, 그 관심은 보아와 동방신기 같은 뮤지션의 존재를 더 폭넓게 알리는 계기가 되었다.

2000년대 후반으로 가면서 음악 유통 구조도 크게 바뀌었다. 브로드밴드 보급, 2005년 시작된 유튜브의 확산, SNS의 부상은 한국과 일본 팬들을 직접 연결시켰다. 뮤직비디오가 발매 직후 즉시 공유되는 시대가 열렸고, 한국 음악방송을 인터넷으로 시청하며 일본에서 응원 댓글을 남기는 풍경이 일반화되었다. 이 시기부터 팬덤의 국제화가 본격적으로 시작된 것이다.

이제 한국 팝 음악은 더 이상 '이국적인 취향'이 아니라 일본 젊은 세대 문화의 일부로 확립되었다. 콘서트장에서는 일본어로 합창이 울려 퍼지고, 도시의 노래방에서는 한국어 원곡이 자연스럽게 선곡되었다. 내가 1995년 명동 거리에서 처음 들었던 그 멜로디는, 15년이 지난 뒤 비로소 공적 공간에서 함께 나누는 음악으로 변모해 있었다.

2010년 전후 ― 연구 대상으로서의 K-팝

2000년대 중반, 나는 새로운 전환점을 맞이하고 있었다. 2006년 대학원 석사과정에 진학해 일을 병행하며 한국 근현대사 연구를 시작했다. 처음부터 K-팝을 본격적인 연구 주제로 삼은 것은 아니었다. 당시의 관심은 한반도의 역사와 사회 변동을 학문적으로 탐구하는 데 있었지만, 음악과의 인연은 예상치 못한 방식으로 다시 깊어지게 되었다.

2007년, 소녀시대가 한국에서 데뷔했을 때 나는 우연히 텔레비전으로 그들의 첫 무대를 보게 되었다. Mnet의 인기 음악 프로그램 〈M COUNTDOWN〉에서 선보인 〈다시 만난 세계 (Into the New World)〉는 단정한 하모니와 생동감 넘치는 퍼포먼스로 1995년 서울에서 느꼈던 충격을 생생하게 되살려 주었다. 화면 너머로 전해지는 에너지와 일체감에 가슴이 뛰었고, 나는 그 순간 팬이 되기로 결심했다.

열정은 쉽게 식지 않았다. 곧바로 SM엔터테인먼트에 공식 팬클럽 가입 방법을 문의했다. 그러나 해외 거주자의 가입이 불가능하다는 답변을 들었다. 실망했지만 포기하지 않고 네이버 팬카페에 등록하기로 마음먹었다.

그 시절 해외 거주 외국인이 네이버 계정을 만들기 위해서는 여권 사본을 팩스로 전송해 본인 인증 절차를 거쳐야 했다. 일본어 안내는 없었고, 한국어로 국제전화를 걸어가며 확인을 받았다. 모든 절차를 마치고 가입이 승인되었을 때의 성취감은 처음 한국에서 음반을 손에 넣었을 때와 비슷한 감정이었다. 그렇게 나는 한국 팬들이 모인 온라인 공간에 참여하게 되었고, 소녀시대를 응원하는 글을 남기고 최신 정보를 함께 공유했다. 한국어로 소통하기가 쉽지 않았지만, 매일 게시글을 작성하고 번역을 하면서 자연스레 언어 능력도 다져졌다.

이후 소녀시대의 일본 활동이 본격화되자, 나는 일본 공식 팬클럽(SONE Japan)에도 가입했다. 2014년 연구를 위해 한국에 건너갈 때까지 일본 공식 팬클럽의 회원 자격을 유지했는데, 공식 팬클럽 가입은 30년에 이르는 나의 K-팝 팬 생활 중 유일한 경험이었다. 멤버 가운데 특히 유리를 응원하며, 음반과 영상물을 빠짐없이 구입했고, 활동 하나하나를 지켜보았다. 연구자로서의 시각이 싹트기 시작하던 시기였던 만큼, 팬 활동의 경험은 훗날 학문적으로 팬덤을 연구할 때 살아 있는 1차 자료가 되었고, 현장의 공기를 직접 체감할 수 있는 소중한 밑거름이 되었다.

2009년에서 2010년 사이, 소녀시대와 카라는 일본 시장에 진출해 〈GENIE〉와 〈Mister〉로 오리콘 상위권에 오르며 사회적 화제를 불러일으켰다. 유튜브와 트위터 등 소셜미디어의 확산은 국경을 넘은 팬덤의 확장을 단숨에 가속화했다. 공식 채널의 뮤직비디오는 공개와 동시에 수십만 조회 수를 기록했고, 댓글란에는 세계 각지의 팬들이 모였다. 일본 내에서도 라이브와 방송 출연이 잇따랐고, 카페나 대학 캠퍼스에서도 그들의 이름이 오르내렸다. 그동안 나만의 관심사에 머물던 한국 음악이, 처음으로 주변과 공유할 수 있는 문화적 현상으로 눈앞에 드러나기 시작한 것이다.

이 시기 나의 연구 주제는 여전히 한국 근현대사에 있었지만, 소녀시대와의 만남이 불러일으킨 감각은 이후 K-팝을 학문으로 연구하게 되는 결정적인 계기가 되었다. 네이버 팬카페에서 이루어진 교류와 공식 팬클럽 경험은 팬덤 조직과 커뮤니티 운영, 팬들의 자발적 번역과 정보 공유의 구조를 직접 몸으로 이해하게 해주었다. 음악이 단순한 오락을 넘어 국경을 초월한 사회적 현상으로 분석할 가치가 있다는 확신이 내 안에서 분명히 자리 잡은 것은 바로 이 무렵이었다.

2010년대 전반
―한국에서의 연구

2014년 봄, 나는 한국에서 본격적인 연구 생활을 시작하기로 결심했다. 그것은 단순한 장기 유학이 아니었다. 대학 시절부터 20년 가까이 걸어온 직업적 종교인(승려)의 길을 완전히 내려놓고, 사회적 책임을 동반한 사찰이라는 공간을 떠나, 일본에서 하던 모든 일을 정리한 뒤 한국에 뼈를 묻을 각오로 떠난 결정이었다. 지역 사회의 신뢰와 후원 속에 이루어진 사찰 활동을 내려놓는다는 것은 생활의 기반을 송두리째 바꾸는 일이자, 인생의 중심에 닿는 도전이었다.

내가 향한 곳은 경기도 성남시에 위치한 한국학중앙연구원이었다. 펠로십 프로그램에 선발되어 초청받은 것이었다. 한국학 연구의 중심으로 알려진 이 연구원은 방대한 사료 아카이브와 전 세계 연구자들이 모여드는 국제적 네트워크를 갖추고 있었다. 내가 탐구해온 한국 근현대사, 그리고 K-팝을 매개로 한 동아시아 문화 교류 연구를 현지에서 뿌리내리기에 이보다 더 적합한 환경은 없었다.

이 결정에는 가족이 큰 힘이 되었다. 배우자는 나보다 반년 먼저 연구원에 초청 장학생으로 머물고 있었고, 내가 도착한 시기와 거의 동시에 국비 장학생으로 박사과정에 진학했다. 함께 연구 생활을 이어간다는 것은 단순한 생활의 안정뿐 아니라, 서로에게 학문적 자극을 주고받는 귀중한 시간이 되었다.

2014년 3월, 아직 봄기운이 완전히 돌아오지 않은 성남시에 도착했다. 정연하고 차분한 연구원 분위기 속에서 새로운 생활을 시작했다. 언덕 위에 자리한 게스트하우스의 작은 방이 나의 새로운 연구 인생의 출발점이었다. 마침 일본에서 준비해 온 K-팝 관련 저서《한류 일류―동아시아 문화 교류의 시대》가 출간되어, 연구와 사회적 활동이라는 두 축이 동시에 움직이기 시작했다.

게스트하우스에서 생활하면서 지적인 자극을 많이 받았다. 우연히 옆방에는 영국 런던대 SOAS의 키스 하워드(Keith Howard) 교수가 머물고 있었다. 국제학회에서 이미 얼굴을 익힌 사이였기에, SNS를 통해 서로가 옆방에 있다는 사실을 알게 되었을 때 얼마나 놀랐던지 지금도 그 기억이 생생하다. 복도나 식당에서 마주치면 자연스럽게 대화가 시작되었고, 국제 비교 시각이나 영어권 K-팝 연구 쟁점 등에 대한 학문적 토론이 이어졌다. 그러한 일상적 교류는 내 연구를 한일 양국의 틀을 넘어 세계적 맥락으로 확장시키는 계기가 되었다.

생활 또한 하나의 배움이었다. 한국어를 독학으로 배워왔지만, 생활 언어로 사용하기는 이번이 처음이었다. 은행 계좌 개설, 휴대전화 계약, 출입국관리사무소 신고 등 일상의 모든 절차가 즉각적으로 언어 능력을 시험했다. 연구원 식당에서는 한국 각지뿐 아니라 세계 여러 나라에서 온 젊은 연구자들과 점심을 함께했고, 정치·역사·대중음악까지 화제는 끊이지 않았다. 주말에 서울 도심으로 나가면 명동과 홍대 거리에서 새로운 음악이 흘러나왔고, 지하철 광고와 카페 배경음악으로 BTS, 엑소 등 차세대 K-팝이 들렸다. 1995년 처음 방문했던 서울과는 전혀 다른 도시 풍경이 펼쳐지고 있었다.

이 시점에서 비로소 K-팝은 연구 대상으로서 명확한 윤곽을 갖기 시작했다. 소녀시대와 카라의 일본 진출을 계기로 싹튼 학문적 관심은, 한국에서 직접 자료를 모으고 업계 관계자 및 연구자와 대화를 나누며, 현장의 공기를 느끼는 과정을 통해 구체적인 학문적 구조로 다듬어졌다. 음악 산업의 구조, 방송사와 연예기획사의 역학, 팬덤의 형성과 변화 등 문헌만으로는 포착할 수 없는 현상이 날마다 이루어지는 조사와 만남에서 입체적으로 드러났다.

이렇게 시작된 한국에서의 연구 생활은 학문과 일상이 하나로 녹아든 시간이었다. 모든 것이 연구였고, 동시에 생활이었다. 오랜 세월 일본에서 '개인적 청취'로 이어져 온 K-팝에 대한 관심은, 이곳에서 처음으로 사회·역사·사람과 직접 연결되었고, 연구자로서의 확신으로 변모해 갔다.

연구 주제의 심화와 교류

연구원 생활이 자리를 잡자, 나의 하루는 학문과 사회를 왕복하는 밀도 높은 시간으로 바뀌었다. 아침에는 연구동 아카이브에 들어가 한국 근현대사와 대중음악 관련 문헌, 신문 기사, 음악 산업 통계를 세밀히 읽었다. 오후에는 연구원이나 서울 시내 대학에서 열리는 세미나와 공개 강연에 참석하고, 때로는 직접 발표도 맡았다. 저녁에는 연구자들과 식사를 함께하며 토론을 이어갔고, 귀갓길 지하철에서도 논문을 탐독했다. 학문 탐구는 끊어짐 없이 이어졌다.

연구 관심은 초기의 한국 근현대사를 넘어, K-팝을 매개로 한 동아시아 문화 교류의 사회문화사적 분석으로 급속히 확장되었다. 소녀시대를 통해 체득한 팬덤 현장의 경험은 학문적 문제의식을 선명히 하는 데 큰 도움이 되었다. 키스 하워드 교수와 대화하면서 영어권 K-팝 연구의 흐름과 한계를 함께 검토하게 되었고, 국제적 시야를 갖게 되었다.

같은 연구원에 머물던 배우자와는 한국 사료의 해석, 현지 조사 방법, 연구자의 시선에 대해 매일 논의했다. 때로는 치열하게 토론했는데, 가족으로서의 신뢰와 학문적 동반자로서의 자극이 공존하는 환경이 만들어졌다.

국제학회 발표와 공동연구 추진,
그리고 다음 단계로

2015년 전후, 한국 생활에 어느 정도 익숙해지자 나는 한일 양국을 오가며 학회와 심포지엄에서 발표를 이어가기 시작했다. 한국 대중음악의 수용과 변용을 동아시아의 역사사회학적 시각에서 분석한 발표는 일본에서 출발한 K-팝 연구로서 점차 주목받기 시작했다. 질의응답 시간에 한국 연구자들은 활발하게 의견과 비판을 피력했다. 한국어로 직접 발표하고 토론한 경험은 연구자로서 자신감을 한층 높여 주었고, 국제적 네트워크는 더욱 넓어졌다.

2015년에 한국학중앙연구원의 공동연구 과제 〈글로벌 공간 '명동'을 통해 본 한국 문화의 가능성에 대한 연구(AKSR2015-C09)〉에서 연구 책임자로서 전체를 총괄하였다. 명동이라는 도시 공간을 매개로 한국 사회의 다문화적 역사와 문화 창조력을 심층적으로 탐구한 이 연구는, 조사 설계에서 논문집 편집에 이르기까지 내가 직접 주도하였다. 국내외 연구자들을 한자리에 모아 진행한 이 프로젝트는, 일본과 한국에서 쌓아온 지적 네트워크를 총동원해 이루어졌고, 연구자로서 중요한 성취였다.

국제학회 발표, 현지 조사, 명동을 주제로 한 국제 공동연구라는 세 축은, 나의 연구원 생활을 단순한 해외 체류 차원을 넘어 한국 문화 연구를 국제적으로 심화시키는 기반으로 끌어올렸다. 신문 아카이브와 통계 자료, 현장 조사 등을 통해 1차 자료를 학문적 분석으로 연결하는 작업을 거듭하며, '현장을 걷는 연구자'라는 평판을 굳히게 되었다.

체류 기간이 길어지면서 귀국 이후의 진로를 고민하게 되었다. 그러나 한국에서 인생을 걸 각오로 일본 생활을 정리하고 온 이상, 단순히 일본으로 돌아간다는 발상은 없었다. 나에게 중요한 것은 한국에서 쌓은 지식과 경험을 일본으로 옮기는 것이 아니라, 양국 시민이 대등하게 대화하고 함께 배우는 장(場)을 만드는 일이었다.

이 시기에는 한일 양국 대학과 학회로부터 강연과 특별 강의 초청이 잇따랐고, 연구 성과를 한국어·일본어·영어로 사회에 환원할 기회도 많아졌다. 이러한 경험은 학문을 닫힌 세계에 머물게 하지 않고, 시민사회와 공유해야 한다는 사명감을 일깨워 주었다.

2017년 3월, 나는 외무성 전문조사원으로 주부산 일본국총영사관에 부임하였다. 한국학중앙연구원 등 수도권에서 쌓은 지식과 네트워크를 문화 교류와 외교 현장에서 구현하는 일은, 연구의 연장이자 동시에 새로운 사회적 실천의 시작이었다.

서울 수도권에서 보낸 시간은 학문적 성취와 국제적 시야, 시민사회에 대한 책임의식을 동시에 길러 주었고, 이후의 연구·저술·인맥 형성의 결정적 토대가 되었다. 연구자로서 방법론과 국제 네트워크를 확립하고, 공동연구를 주도하며, 한국 사회에 깊이 뿌리내린 경험은 부산에서 이루어진 문화 교류 활동과 그 이후 학문적 여정의 단단한 기반이 되었다.

부산 일본총영사관 근무
—냉혹한 현실 속에서 본 것들

2017년 3월, 나는 주부산 일본국총영사관으로 부임했다. 한국학중앙연구원에서 쌓아온 연구 성과와 국제적 네트워크를 문화 교류 현장에서 살려 보고자 한 선택이었지만, 현실은 예상보다 훨씬 냉혹했다.

당시 한일 관계는 역사적 갈등으로 얼어붙어 있었다. 부산 일본총영사관 앞에는 소녀상이 설치되어 있었고, 매일 시민단체의 집회와 시위가 이어졌다. 총영사관이라는 공간 자체가 늘 긴장의 최전선에 놓여 있었다. 교류 사업을 기획해도 정치적 상황에 따라 연기되거나 취소되는 경우가 잦았다. 겉으로 드러나지 않는 세밀한 조정과 긴 대기 시간이 일상 업무의 대부분을 차지했으며, 연구원 시절의 집중된 학문 생활과는 전혀 다른 리듬으로 시간이 흘렀다.

학문에서 외교 현장으로 급격한 전환은 생각 이상으로 무겁게 다가왔고, 언어 능력과 현지 경험이 충분히 있어도 행정 조직에서 일한다는 것은 연구와는 전혀 다른 종류의 긴장과 책임을 요구했다. 때로는 깊은 고독감에 사로잡히기도 했다. 그럼에도 불구하고 부산이라는 도시는 내게 끊임없는 자극을 주었다. 항만 도시라는 국제성, 조선통신사 이후로 이어져 온 한일 교류의 역사, 한국 영화와 음악의 지역적 거점이라는 생동감—이 모든 것이 살아 있었다. 연구자로서의 시선은, 현장의 어려움을 넘어 이 도시에 잠재한 역사적 층위와 문화적 가능성을 끝내 놓지 않았다.

총영사관에서 하는 업무는 즉각적인 성과로 가시화될 수 있는 일이 거의 없었다. 정치적 긴장이나 예산 제약으로 무산되는 기획도 있었고, 보이지 않는 관계를 다지고 신뢰를 쌓는 데 많은 시간이 쓰였다. 그 과정에서 지방자치단체의 행정 담당자, 민간 교류 단체, 지역의 연구자·예술가들과 대화를 거듭하며 상대 입장에서 이해하고 신뢰를 구축하는 법을 배웠다.

부산에서 지낸 세월은 눈에 띄는 연구 업적을 남기지 않았을지 모른다. 그러나 나는 이곳에서, 문화 교류가 정치와 제도의 한계를 넘어서기 위해서는 보이지 않는 관계를 오래 갈고닦는 끈기가 필수적이라는 사실을 온몸으로 깨달았다. 한국학중앙연구원에서 길러낸 이론과 분석력은, 이 시기에 이르러 현장을 견디고 사람과 마주하는 인내의 힘으로 바뀌었다.

부산, 나와 가족사가 겹치는 장소

부산 생활이 일상의 리듬을 갖기 시작하면서, 이 도시가 나의 가족사와 보이지 않는 실로 이어져 있음을 자주 떠올리게 되었다. 부산은 단순한 근무지가 아니었다. 약 백 년 전, 나의 친할아버지가 젊은 시절을 보낸 도시이기도 했다.

할아버지는 1920년대 초반 몇 해를 부산에서 보냈다. 어린 시절에 부친을 여의고, 생모는 재혼으로 집을 떠나, 초등학교조차 다닐 수 없을 만큼 가난에 시달렸던 할아버지는 겨우 초등학교 5학년 나이에 생계를 찾아 바다를 건넜다. 소년 노동을 금지하는 법이 일본 본토만큼 엄격하지 않았던 식민지 조선이라면, 일손으로 고용될 가능성이 있었기 때문이다. 그는 부산항에서 어업에 종사하며 하루하루를 버텼다. 가족을 잃은 어린 소년이 이국의 항구에서 생존을 위해 택한 고된 노동을 생각하면 지금도 가슴이 먹먹하다.

할아버지가 들려주던 부산에 대한 기억 속에는 고난만 있었던 것은 아니었다. 할아버지 또래 자녀를 둔 한국인이 가족도 없는 일본인 소년을 안타깝게 여겨 집으로 초대해 식사를 대접했다고 한다. 그 식탁에 올랐던 김치는 매운맛과 깊은 감칠맛이 어우러져, 어린 소년의 마음과 몸을 따뜻하게 해주었다. 오사카에서 할아버지가 말년에 창원 출신 한국 상인이 담근 김치를 드시며 "그립구나" 하고 중얼거리셨던 것도 아마 그때의 맛을 떠올리셨기 때문일 것이다. 할아버지는 그 집 아이들과도 자주 어울려 놀았고, 그때 배웠다는 예스러운 한국어 표현을 노년에 이르러서도 서툰 발음으로 흥겹게 들려주곤 했다.

그러나 할아버지의 기억 속에는 또 다른 현실도 존재했다. 일본 군인이나 경찰이 한국인에게 거만하고 폭력적으로 대하는 장면을 여러 차례 보았다고 한다.

그는 텔레비전에서 한국 역사 문제 관련 뉴스를 볼 때면 늘 "그 분노는 이해할 만한 것이다"라고 조용히 말씀하셨다. 소년의 눈에도 그 당시의 행태가 부당하게 비쳤음을 짐작하게 하는 말이었다.

할아버지 이야기는 식민지 시기에 머물지 않는다. 전후에는 재벌계 창고 회사에서 50대까지 근무하다가 직접 창고 회사를 설립했다. 해외 무역을 기반으로 한 업종이었다. 회사 이름에는 "일본의 발전은 타국과 평화롭게 공존하고 나누며 교류할 때에만 가능하다"라는 뜻을 담았다고, 초등학생이던 시절 들은 기억이 있다.

할아버지는 부산에서 2년을 살고 일본으로 돌아와, 10대 후반에 결혼해 가족과 함께 사는 기쁨을 누렸다. 그러나 그 직후 다시 가족과 이별한 채 침략전쟁에 15년간 동원되었다.

부산에서 만난 한국인의 따뜻한 마음과, 그곳에서 목격한 일본의 오만, 그리고 그 연장선에서 결국 나라가 파국을 맞은 역사적 경험―이 모든 것을 온몸으로 겪은 할아버지에게 회사 이름은 단순한 희망의 표현이 아니라, 절박한 결의의 상징이었다.

앞서 말했듯 나는 아버지에게 회사의 폐업을 권유했고, 그 결과 할아버지가 세운 회사는 문을 닫았다. 하지만 적어도 할아버지가 회사 이름에 담았던 그 뜻만큼은, 나의 연구와 교육 활동에 이어가고 싶다. K-팝과 동아시아 문화 교류를 주제로 한 내 연구의 깊은 밑바닥에는, 바로 이러한 가족사와 할아버지의 염원이 조용히 흐르고 있다.

일본의 식민지 지배가 한국인들에게 안긴 고통과 상실은 결코 정당화될 수 없는 것이다. 할아버지가 보았던 군과 경찰의 폭력은, 우리가 과거를 직시하고 역사적 책임을 인정해야 함을 일깨워 준다. 할아버지가 회사 이름에 담았던 '평화적 공존과 교류'라는 이상은 과거를 면죄하려는 것이 아니었다. 오히려 역사를 반성하고 미래를 향해 타자와 손을 맞잡기 위한 간절한 소망이었다.

부산이라는 도시는 나에게 과거와 현재가 교차하는 지점이었다. 식민지 시기 부산에서 소년기를 보낸 할아버지, 그리고 그로부터 거의 백 년 뒤 연구와 문화 교류를 위해 같은 도시를 걷는 손자인 나—그 두 생이 교차하며, 개인을 넘어선 거대한 시간의 흐름이 이곳에 응축되어 있는 듯했다. 냉혹한 현실 속에서도 할아버지의 발자취를 더듬는 동안, 나는 부산이라는 도시가 내 삶의 뿌리와 깊이 맞닿아 있음을 확신하게 되었다.

부산 근무를 마치며

부산에서 이룬 성과는 화려하지 않았다. 시민과의 대화, 기관 간의 조정, 문화 교류의 기반을 다지는 일은 즉각적인 성과나 숫자로 드러나지 않았다. 연구자로서 언제나 '결과'를 제시하는 것이 당연했던 나에게, 이 '형태 없는 노력'이 과연 얼마나 의미가 있을지 스스로에게 수없이 물었다.

그러나 부산에서 보낸 2년은 나에게 전혀 다른 시선을 열어 주었다. 매일 마주하는 시민과 행정 담당자와 나눈 대화, 젊은 세대가 자발적으로 기획한 문화 행사, 그리고 끈기 있는 시민 활동—이 모든 것은 학문적 성과나 보고서에 담기지 않는 살아 있는 힘이었다. 문화를 매개로 사람과 사람이 이어지고, 서로의 존재를 인정하는 행위야말로 내가 오랫동안 연구해 온 K-팝과 동아시아 문화 교류의 뿌리에 자리한 가치임을 비로소 깨달았다.

임기의 끝이 다가오자, 나는 다음 걸음을 고민하기 시작했다. 한국에서 인생을 걸 각오로 온 만큼, 귀국한다는 선택은 쉽지 않았다. 그럼에도 불구하고 부산에서 배운 '현장과 사회에 열린 학문'의 자세를 살리기 위해서는 다시 연구와 교육의 장으로 돌아가야 한다는 확신이 생겼다. 그리하여 2019년 봄, 나는 5년에 걸친 한국 생활을 마무리하고 일본으로 귀국했다.

그리고 새로운 연구와 교육의 길을 걷기 시작했다. K-팝과 동아시아 문화 교류 연구를 더욱 심화시키고, 그 성찰과 경험을 다음 세대에게 전하는 일—그것이야말로 할아버지가 남긴 '평화적 공존과 교류'의 염원을 미래로 이어가는 나만의 방식이라 믿으면서.

귀국 이후의 연구와
새로운 전개

일본으로 돌아온 나는 다시 연구와 교육 현장에 섰다. 불교대학 종합연구소의 위촉연구원으로서 국제공동연구 기획에 참여하는 한편, 리츠메이칸대학·도시샤대학·불교대학·류코쿠대학·오사카산업대학·데즈카야마학원대학에서 한국어와 한국 문화를 가르치며 교육의 기반을 다져 나갔다. 부산에서 체득한 '현장의 시선'은 수업 자료 선택과 학생에게 던지는 질문 속에서 자연스럽게 살아 숨 쉬었다.

강의에서는 K-팝을 비롯한 한국 대중문화를 단순한 유행으로 다루지 않고, 사회 변화와 가치관의 전환 속에서 이해하도록 이끌었다. 수강생들의 관심과 질문을 소중히 여기며, 한국 사회의 다양한 모습과 한일 교류의 역사적 맥락을 함께 살펴보는 과정을 통해 문화 현상을 입체적으로 이해하는 시각을 기르고자 했다. 부산에서 얻은 구체적인 현장 경험과 사람들과의 만남은 교실 속 토론을 한층 생동감 있고 현실감 있게 만들었다.

연구 측면에서는 한국에서 수집한 자료와 기록을 정리하고 최신 동향을 더해 가며 K-팝의 국제적 전개와 팬덤의 변화를 분석했다. 수업 중에 생겨난 의문이나 학생과의 대화는 새로운 연구의 출발점이 되었고, 교육과 연구가 서로를 비추며 성장하는 순환이 형성되었다.

귀국 이후 몇 년은 코로나19라는 전례 없는 사태 속에서도 교육·연구·국제교류가 유기적으로 맞물리며 발전한 시기였다. 부산에서 쌓은 현장 감각은 교육과 연구 모두에 깊이를 더했고, 문화를 통해 사회를 이해하는 학문적 기반을 더욱 단단히 세워 주었다.

2019년 이후의 K-팝

2019년 이후, K-팝은 전 세계 음악 시장에서 그 어느 때보다 뚜렷한 존재감을 드러내고 있다. BTS는 미국 빌보드 차트 1위를 여러 차례 차지하며, 세계 각지의 스타디움 규모 공연을 연달아 성공시켰다. 블랙핑크 또한 세계 최대 음악 페스티벌 무대와 글로벌 투어에서 찬사를 받으며 국제적 팬층을 비약적으로 확장했다. 이러한 현상은, K-팝이 더 이상 '해외 진출을 시도하는 음악'이 아니라 '세계 대중음악의 흐름을 이끄는 주체'로 전환되었음을 명확히 보여준다. 한편, 세븐틴, 스트레이 키즈, 에이티즈, 있지 등 3세대 후반에서 4세대에 걸쳐 등장한 그룹은 SNS와 영상 플랫폼을 적극 활용하여 자신들만의 팬덤을 구축했다. 특히 짧은 영상 콘텐츠를 이용한 홍보나 온라인과 오프라인을 결합한 공연 형식은 코로나19로 이동이 제한된 시기에도 전 세계 동시 '공연 체험'을 가능하게 했고, 음악이 전파되는 방식을 근본적으로 바꾸어 놓았다.

귀국 후 교육 현장에서도 나는 이러한 세계적 흐름을 수업 속에 자연스럽게 반영했다. 학생들이 최신곡과 뮤직비디오를 직접 보고 들으며 그 안에 담긴 언어 표현과 문화적 맥락을 분석하게 함으로써, 국경을 넘어 음악이 어떻게 수용되고 의미화되는지를 자신의 언어로 설명할 수 있도록 이끌었다.

그 과정에서 K-팝은 단순한 오락을 넘어 언어 교육과 사회 이해를 위한 중요한 학습 자원으로 자리 잡게 되었다. 2019년 이후 K-팝의 세계적 확산은 연구자인 나에게도 결정적인 의미를 지닌다. 1995년, 서울 거리에서 처음 들었던 그 낯설고 강렬한 울림이 이제는 세계 곳곳에서 동시에 공명하고 있는 것이다. 그 사실은, K-팝을 역사적·사회적 맥락 속에서 분석해야 할 이유를 한층 분명하게 만들어 주었다.

《K-팝 현대사》, 한국 음악 100년의 이야기

연구와 교육의 축적은 2023년 4월, 하나의 큰 전환점을 맞이했다. 그동안 쌓아 온 K-팝 관련 학문적 연구를 집대성한 저서 《K-팝 현대사》가 일본에서 출간된 것이다. 이 책은 식민지 시기 한국 대중음악의 탄생부터 BTS에 이르기까지, 약 100년에 걸친 여정을 정치·사회·기술 변화와 교차시키며 서술한 통사적 서적이다. 단순히 히트곡의 연표나 통계 자료를 나열하는 대신, "K-팝은 왜 한국에서 태어났는가", "어떤 역사적 순간이 그 DNA를 형성했는가"라는 근본적인 물음을 바탕으로, K-팝이 태어나 세계화되어 가는 과정을 하나의 문화 생태계로 제시했다.

출간 직후부터 다양한 반향이 이어졌다. 일본어판을 바탕으로 한 한국어 증보판 기획이 시작되었다. 한국어판은 저자 본인이 직접 번역을 맡아 주요 그룹들의 최신 전개를 추가하였으며, 2025년 9월에 출간되었다. 책 출간을 계기로, 한일 양국 언론과 방송에서 나에 대한 관심이 커졌다. 일본 국내 텔레비전·라디오 프로그램에서는 K-팝 연구자로서 최신 동향과 문화적 배경을 해설할 기회가 늘어났고, 한국 신문에서도 여러 차례 인터뷰 요청이 이어졌다. 또한 국내외 학회와 심포지엄에서 기조 강연과 발표를 통해 K-팝과 한류 연구의 국제적 논의를 한층 심화시키는 계기가 되었다.

《K-팝 현대사》 출간은, 30년 여정이 결실을 맺은 순간이자 그 여정이 이제 사회와 세계로 확장되는 출발점이기도 했다. 한일 양국을 잇는 문화적 대화의 장에서, 나는 다시 한번 스스로에게 묻는다.

"음악은 어떻게 시대를 기록하고, 사람을 연결하는가."

30년 여정을 가슴에 품고, 미래로

1995년 여름, 대학생이던 내가 처음으로 한국을 방문해 서울 거리에서 들었던 음악에서 충격을 받은 때로부터 어느덧 30년이 흘렀다. 나는 K-팝의 변천을 한 명의 팬으로서, 연구자로서, 그리고 교육자로서 쉼 없이 바라보며 걸어왔다.

돌이켜보면 K-팝은 언제나 내 삶의 전환점과 맞물려 있었다. 한신·아와지 대지진 이후 고된 시절에 들었던 1990년대 한국 대중음악, 소녀시대의 일본 데뷔를 계기로 본격적인 연구 대상으로 마주하게 된 2010년대, BTS와 4세대 아이돌이 세계를 휩쓴 2020년대—음악의 흐름과 나의 경험은 서로를 비추는 거울처럼 때로는 위로하고 때로는 사유를 깊게 만들어 주었다.

지금 K-팝은 세계 음악 산업의 중심에 서 있다. 새로운 세대의 아티스트들은 국경을 넘어 각자의 언어와 감성으로 다양한 가치와 울림을 전달하고 있다. 그 모습은, 30년 전 내가 서울에서 처음 느꼈던 "말이 통하지 않아도 마음을 흔드는 음악이 있다"는 확신을 이제는 세계적 규모로 증명하고 있는 듯하다.

앞으로도 나는 한국 장기 체류와 연구, 교육 경험을 토대로 분석과 대화를 이어 가며 K-팝이 보여 주는 문화의 가능성을 다음 세대에게 전하고자 한다. 서로 다른 배경을 가진 사람들이 만나 대화할 수 있는 장을 세심히 가꾸는 일―그 꾸준한 걸음이야말로 지난 30년 동안 내가 배운 가장 큰 교훈이자, 미래를 향한 나의 확고한 나침반이다.

3

사회학도의
K - 팝 연구 일지

사회학 연구자
이소윤

듀크대학교에서 정치학을 전공하고, 시카고대학교에서 국제관계학 석사를 마친 뒤, 현재는 동 대학원 사회학과 박사과정에 재학 중이다. 2015년부터 약 10년간 한국과 미국을 오가며 한류의 국제적 확장에 자연스럽게 관심을 가지게 되었고, 현재는 K-팝의 생산 구조, 노동 시장, 직업 훈련에 대한 박사 논문 연구를 진행하고 있다. 이외에도 한류 맵핑 프로젝트, K-팝 교육업 연구 등 다양한 한류 관련 학술 프로젝트에 참여하고 있다.

경계인

　나는 미국 시카고에서 대학원을 다니며 K-팝 산업을 연구하고 있는 사회학도다. 사람들은 보통 대학원생이라고 하면 연구실에 틀어박혀 하루종일 책을 읽거나 실험을 하고, 두꺼운 안경을 쓴 채 커피를 들이키며 논문을 쓰는 모습을 연상하곤 한다. 이는 맞기도 하고, 틀리기도 한다.

　대학원생이자 K-팝 연구자로서 내가 하는 일이 정확히 무엇일까 반추해 보니 마치 1인 기획사의 대표처럼 일하고 있다고 느껴진다. 나는 스스로 연구 프로젝트를 기획해 연구비를 수주하고, 구체적인 연구 방법과 계획을 설정해 실행하며, 다른 학자들에게 내 연구의 당위성과 학술적 공헌을 설명한다. 연구 목적에 적합한 현장 연구 장소를 찾아 관찰하고, 연구하고자 하는 공동체의 일상 속에 깊숙이 들어가 연구하는 사람들의 관점에서 세상을 바라보기 위해 노력한다. 이런 노력을 바탕으로 수집한 자료를 분석하여 도출한 발견과 통찰을 정제하고, 이를 글이라는 '콘텐츠'로 만들어 세상에 내놓는다.

여러 학회와 심포지엄, 워크숍을 다니며 나를 알리고, 다양한 사람들에게 내 연구를 홍보하는 것도 나의 일이다. 마치 아이돌 그룹이 음악방송을 도는 것처럼, 나도 나의 작고 소중한 명함집과 학술적 레퍼토리를 가지고 세계를 누비며 일종의 퍼포먼스를 하고 있는 셈이다. 짧게는 10분, 길게는 20분 안에 나의 연구를 효과적으로 선보이기 위해 발표 원고와 파워포인트 자료를 거듭해 고치고, 때로는 농담 타이밍까지도 고민한다. 박사 5년 차에 접어든 지금, 나 자신을 학계 내에 위치시키고, 내 연구를 '마케팅'하는 것 또한 연구 못지않게 중요한 일이다. 그럼에도 불구하고 "어떤 연구를 하세요?"라는 질문을 받으면, 여전히 숨이 턱 막힐 때가 있다. 연구를 시작한 초기에는 내 연구를 어떻게 설명해야 할지 몰라서 그랬고, 지금은 어디에서부터 설명을 시작해야 할지 몰라서 그렇다.

좌충우돌하며 위의 질문에 나름대로 답을 찾아가는 과정에서 명함을 내밀며 스스로를 K-팝 연구자로 소개하는 것이 훨씬 자연스러워졌다. 이제는 학계에도, K-팝 업계에도 제법 아는 사람이 많아졌다. 물론 아직 배울 것도 많고, 궁금한 것도 많다. 일반 회사로 따지면 이제 신입 딱지를 떼고 어느 정도 1인분을 할 수 있게 된 대리 정도 연차라고 할 수 있겠다.

그래도 나 같은 경계인 입장에서만 발견하고 기록할 수 있는 것들이 있다고 믿는다. 그래서 이 글은 '직업으로서의 학문'을 좇고 있는 대학원생이 '직업으로서의 K-팝'을 연구하게 되고, 두 세계를 연결하는 경계인이 되어가는 과정의 기록이다. 동시에 비전공자로서 사회학 박사과정에 입학하게 된 청년 여성의 관점에서 K-팝 산업을 바라보게 된 과정에 대한 자문화기술지(auto-ethnography)이기도 하다.

모든 학자에게는 기원 이야기(origin story)가 있다고들 한다. 거창하진 않지만 나에게도 있다. 내가 K-팝의 오랜 팬이자 동아시아 대중문화를 두루두루 좋아하는 것을 아는 주변 사람들, 그리고 연구 과정에서 알게 된 분들은 나에게 덕업일치를 이룬 것 아니냐며, K-팝 이야기를 할 때면 눈이 초롱초롱해진다고 말한다.

고백하자면, 나는 원래 아시아의 도시화와 포퓰리즘의 상관관계에 대한 연구를 했었고, 학사 논문은 한국의 정당 정치에 대해, 석사 논문은 인도네시아 전 대통령 조코 위도도의 사례에 대해 썼다. 그런데 나는 왜, 어떻게 K-팝 연구자로 변모하게 되었을까? 한마디로 요약하면 '어쩌다가'이다. 가벼운 마음으로 시작했다는 것은 절대 아니지만, 인생은 원래 계획한 대로 흘러가지 않는 법이다. 분명 A라는 연구 주제를 가지고 시작했는데 실제로 연구를 하고 보니 B를 연구하게 되었다는 것은 질적 연구에서 자주 있는 일이다. 이는 연구자 개인의 신념이나 의지의 문제라기보다는, 자연스러운 연구 과정으로 보는 것이 타당하다.

연구자의 길을 본격적으로 걷기 전까지는 연구가 매우 체계적이며 합리적인 과정을 통해 이루어질 것이라고 생각했다. 일견 맞는 말이다. 연구에는 단계가 분명히 존재하며, 논문을 학술지에 게재하기 위해서는 동료 평가(peer review)를 통과해야만 한다. 그렇지만 연구의 시작과 끝은 생각보다 불분명하며, 연구 과정 또한 불확실성이 가득하다. 어쩌다 시작한 연구가 예상치 못한 큰 발견으로 이어지는 경우도 많고, 정말 많은 노력을 쏟아부었지만 결과를 도출하지 못하는 경우도 많다. 특히나 '사회적 세계(social world)'를 인터뷰, 참여 관찰 등의 방법으로 연구하는 질적 연구자로서 불확실성은 제거해야 할 위험 요소가 아니라 포용해야 하는 동반자 같은 존재다. 언제 누구를 만날지 모르고, 어디서 어떤 문이 열릴지 모른다. 따라서 이러한 불확실성을 견디고, 또 즐기기 위해서는 강력한 내적 동기가 필요한데, 이러한 내적 동기가 꼭 처음부터 완벽한 상태로 존재할 필요도, 그럴 수도 없다고 생각한다.

내가 좋아하는 배구 애니메이션 〈하이큐!!〉에는 이런 대사가 나온다. 카라스노 고등학교 배구부 매니저를 맡고 있는 3학년 시미즈가 임시 매니저를 맡게 된 1학년 야치에게 해주는 말이다.

"참고로 내 경우엔 배구도 매니저도 처음이었어. 뭐든 시작하기 전부터 좋아하는 건 아니잖아? 뭔가를 시작하는 데 확고한 의지라든가 숭고한 동기는 없어도 돼. 어쩌다 시작한 것이 조금씩 소중한 것이 돼 가기도 하니까. 시작에 필요한 건 약간의 호기심 정도야."(《하이큐!!》2기 3화 중)

나는 학창시절 소녀시대, 빅뱅, 샤이니의 음악을 듣고 자라며 자연스럽게 K-팝에 노출되었고, 20대를 거치면서도 K-팝에 대한 열정과 팬심을 계속 유지해왔다. 그렇지만 좋아하는 것은 좋아하는 대로 두고 싶다는 마음, 그리고 K-팝에 대한 개인적인 관심을 학술 연구로 확장하여 연구 경력으로 삼을 만한 각오가 돼 있는가에 대한 의심이 나를 계속 망설이게 했다. 그렇게 나는 'K-팝 연구'를 일종의 숙원 사업처럼 마음에 품고 살아왔다. 하지만 시미즈 선배의 조언처럼, 돌이켜 보니 나를 출발선에 세운 것은 확고한 의지나 숭고한 동기가 아니라 약간의 호기심이었다. 나에게는 사회학도, K-팝 산업에 대한 연구도 어쩌다 시작한 것에 가까웠다. 처음부터 지금의 연구 주제인 K-팝 산업 속의 일과 노동에 관심을 가진 것도 아니었다. 그렇다면 어떻게 지금의 연구 주제에 이르게 됐을까? 그 이야기는 내가 석사과정에 입학했을 무렵, 즉 사회학을 처음 접했을 때인 2021년도로 거슬러 올라간다.

어쩌다,
사회학

내가 사회학에 정식으로 입문한 것은 2019년 가을, 시카고대학에서 정치사회학 수업을 들으면서였다. 시카고대학에는 여러 석사 프로그램이 있는데, 나는 CIR(Committee on International Relations, 국제관계학 석사 프로그램)이라는 프로그램에 진학하게 되었다. 설렘 반 두려움 반으로 첫 학기 수강 신청을 하는데, 아버지의 영향으로 학부에서 정치학 전공을 했던 나는 자연스럽게 정치사회학이라는 수업에 끌렸다.

그때 나는 정치학이라는 학문과 나의 상성이 미묘하게 어긋난다는 느낌은 받았지만 뾰족한 대안은 없었다. 수업을 2~3주쯤 들었을 때였던가, 학교 카페에 앉아 과제로 주어진 논문을 읽다가 문득 그런 생각이 스쳤다. 내가 하고 싶은 것이 정확히 무엇인지는 모르겠지만, 이거야말로 내가 하고 싶은 것에 더 가깝지 않나? 사회학으로 전과한다면 어떨까? 그래서 몇몇 교수님을 찾아가 조언을 구했다. 그중 한 교수님께서 해주신 말씀이 특히 기억에 남는다. "앞으로 어떤 사람들과 일하고 싶은지 생각해 봐라. 너는 혼자 연구를 하는 게 아니라, 어떤 커뮤니티에 들어가는 것이다." 그 말씀을 듣고 나오면서 그동안 읽었던 학자들의 글을 떠올렸다. 나는 그들 중 어떤 사람들과 일하고 싶은가, 어떤 학자들과 어떤 대화를 나누고 싶은가로 질문을 바꾸자, 답이 조금 더 명확해진 느낌이었다.

정치학에서 사회학으로 전과하는 게 그렇게 큰 변화인가? 이렇게 생각하는 분도 있을 거라 생각한다. 9개 수업과 석사 논문을 1년 안에 소화해 내야 하는 상황에서 전공을 바꾼다는 것은 꽤 큰 용기를 요하는 일이었다. 다행히도 통섭을 강조하는 프로그램 성격 덕에 정규 수업의 일환으로 사회학 전공 수업을 생각보다 많이 들을 수 있었다. 그렇지만 어쨌든 나는 비전공자였기 때문에 현실적으로 사회학 박사과정에 입학하기 위해 제한된 시간 속에서 할 수 있는 최선이 무엇인가를 고민할 수밖에 없었다. 그리고 정면으로 부딪치기로 했다.

다시 정치사회학 수업의 예를 들어보겠다. 그 수업은 강의가 중심이 되고, 교수님께서 중간중간 학생들에게 질문을 던지며 참여를 유도하는 형태였다. 면담 이후 나는 스스로와 약속했다. 매 수업 질문이든 대답이든 꼭 한 번은 참여하겠다고. "교수님, 이 부분이 잘 이해가 가지 않습니다. 다시 설명해 주실 수 있을까요?" 이런 식의 참여라고 해도 상관없었다. 그냥 손을 들고, 많은 사람 앞에서 내 의견을 당당히 밝히는 일에 익숙해지는 것이 목표였다. 나는 즉흥적인 질문이나 대답에 강한 편이 아니라고 생각해서, 과제로 주어진 논문을 모두 꼼꼼히 읽고, 질문을 여러 개 준비했다. 다른 학생이 나와 같은 질문을 할 수도 있고, 정황상 어떤 질문이 적절치 못할 수도 있기 때문이었다. 그리고 논문을 읽으며 내가 만약 교수라면 학생들에게 어떤 질문을 던질까를 고민하며, 나름의 대답 또한 구상해 보았다. 그렇게 나는 남은 약 7주간 모든 수업에서 한 번 이상 질문이나 발언을 했다. 결국 그 수업에서 좋은 성적을 받았고, 채점되어 돌아온 기말 페이퍼 마지막 장에는 이번 학기 동안 나의 명확하고 통찰력 있는 코멘트 덕분에 수업 토의를 흥미로운 방향으로 이끄는 데 도움이 되었다며 고맙다는 교수님의 말씀이 적혀 있었다. 결국 그 교수님은 박사과정 추천서를 써주셨고, 지금은 학과 워크숍이나 학교 카페에서 만나면 근황을 나누는 사이가 되었다.

이 경험은 개인적으로도, 학술적으로도 중요한 전환점이었다. 후술하겠지만, 이는 결과적으로 내가 향후 '비전공자'들이 왜, 어떻게 K-팝 산업에 진입하게 되는가 하는 질문을 도출하는 밑거름이 되었기 때문이다. 이 경험을 통해 한 번 새로운 방향으로 눈이 트이고 나니, 새로운 학문적 자극에 좀 더 적극적으로 반응하며, 사회학도로서의 학문적 정체성을 정립해 나가기 시작했다.

수업을 들으며 만난 여러 교수님의 영향으로 나는 도시사회학에도 관심을 가지게 됐다. 한국 정치에 대한 기존의 관심과 도시사회학이라는 새로운 학문적 영역의 만남은 아시아의 포퓰리즘과 도시화의 상관관계라는 새로운 연구 주제로 귀결됐다. 그러다가 인도네시아의 전 대통령 조코 위도도에 대한 석사 논문을 쓰게 됐고, 당시 지도 교수님의 도움과 응원 덕분에 논문을 출판까지 하게 됐다. 그렇게 한국과 인도네시아, 필리핀을 비교 연구하겠다는 포부를 안고 박사과정에 입학하게 됐는데, 이럴 수가! 내가 박사과정을 시작했던 2021년 가을, 〈오징어 게임〉이 전 세계적으로 열풍을 일으킨 것이었다. 아마존에서는 달고나 만드는 기계를 팔고, 학과 행사에서는 동료 박사생들이 〈오징어 게임〉 다음 시즌 줄거리를 추측하며 열변을 토하고 있었다.

그리고 얼마 지나지 않아 내 연구 인생의 방향을 설정하게 될 중대한 사건(?)이 발생했다. 2021년 여름부터 미국의 백신 접종률이 상승하면서 캘리포니아를 비롯한 여러 주에서 팬데믹 규제가 완화되기 시작했다. 6월에는 캘리포니아 주지사가 대부분의 제한 조치를 해제한다고 발표했고, 백신 접종 증명이나 음성 확인서를 조건으로 대규모 실내외 행사가 재개될 수 있게 되었다. 코로나19 사태로 인해 대규모 K‒팝 공연이 거의 열리지 못한 지 거의 2년이 다 되어가던 2021년 10월, BTS의 LA 공연 계획이 갑자기 발표된 것이었다. 11월 말과 12월 초에 무려 7만 명을 수용할 수 있는 소파이 스타디움(Sofi Stadium)에서 총 4회 공연을 한다는 소식을 접한 나는 있는 돈 없는 돈을 다 모아 항공권을 예매하고, 숙소를 예약하고, 공연 티켓을 구했다. 그리고는 11월 말, LA로 향하는 비행기에 몸을 실었다.

유행이 아닌
현상을 보다

　팬데믹이라는 전례 없는 상황 속에서 약 2년 만에 열린 콘서트였으니 그 열기와 기대감이 이루 말할 수 없었다. BTS 콘서트와 자신의 결혼식이 겹치는 불상사(?)가 벌어져 본인 대신에 결혼식에 가줄 사람을 구한다는 팬도 있었을 정도로, BTS 콘서트를 둘러싼 기대감은 엄청났다. 심지어 미국의 교통안전부(TSA)에서 콘서트 한 달 전쯤 소셜미디어 계정을 통해 공항 보안 검색대에서 응원봉을 꼭 '라이트 스틱'이라고 말해 달라고 당부하는 일까지 있었다. BTS의 공식 응원봉 이름은 '아미 밤'인데, 직역하면 '군대 폭탄'이 되니 K-팝 팬덤 문화를 잘 알지 못하는 직원을 만날 경우 혹시나 괜한 오해를 사 문제가 될 수 있다는 것이었다.

　소셜미디어 속 열기는 찻잔 속의 태풍이 아니었다. LA로 향하는 비행기 안에서도, LAX 공항에 내려 호텔로 향하는 우버 안에서 바라본 창밖 풍경에서도, 호텔 로비에서도 아미들을 발견할 수 있었다. 비록 다들 마스크를 쓰고 있었지만, 그들의 표정에서는 들뜸과 설렘이 느껴졌다. 공연장에 도착하니, 끝도 보이지 않는 입장 줄이 공연장 주위를 휘감고 있었다. 5만 명이 한 공간에 있다는 것은 실로 엄청났다.

　약 2~3시간 기다린 끝에 무사히 공연장 안에 들어서자, 눈앞에 보랏빛 파도가 펼쳐졌다. 나보다 훨씬 더 큰 무엇인가에 소속되면서도 압도되는 그런 느낌을 받았다. 사회학 이론 시간에 배웠던 에밀 뒤르켐의

'집합적 열정(collective effervescence)'이 이런 거겠구나 하는 생각이 들었다. (뒤르켐은 '집합적 열정'을 사회적 집단이 모여 특정한 경험을 공유할 때 발생하는 감정적 에너지의 폭발적 상승으로 정의했다. 집합적 열정은 종교적 의례나 축제처럼 사람들이 함께 모여 공유하는 특정 경험에서 특히 두드러지며, 공동체 내 연대감과 결속을 강화하는 중요한 역할을 한다.)

공연이 끝나고 호텔로 돌아가는 우버를 부르려 했는데, 아뿔싸, 통신 서버에 과부하가 걸렸는지 데이터가 터지지 않았다. 막막한 마음에 혼자 서 있는 다른 여성 팬들에게 혹시 숙소가 어느 쪽인지, 괜찮다면 같이 택시를 잡아서 요금을 나누지 않겠냐고 무작정 물어보기 시작했다. 그러다 만난 세 번째 분은 머리가 희끗희끗한 백인 여성이었다. 그녀는 내 숙소 위치를 듣더니 본인이 묵는 곳과 가깝다며, 본인 아들이 곧 픽업을 오기로 했으니 흔쾌히 데려다주겠다고 했다. 다만 본인도 지금 아들과 통화가 되지 않으니, 사람들이 조금 빠지고 통신 서버가 복구될 때까지 같이 기다려 보자고 했다. 약 한 시간 반가량 나는 쌀쌀한 LA의 밤공기 속에서 떨면서 그녀와 여러 이야기를 나누게 됐다.

그녀는 사우스캐롤라이나에 사는 은퇴한 간호사라고 자신을 소개했다. 흥미로웠던 것은 그녀는 원래 〈장난스런 키스〉, 〈꽃보다 남자〉, 〈김비서가 왜 그럴까〉 같은 한국 로맨틱 코미디를 좋아하는 K-드라마 덕후였는데, 우연히 BTS를 접하고 속절없이 빠져들었다는 것이었다. 그렇게 이야기를 나누며 나는 여러 가지 질문에 사로잡혔다.

BTS의 무엇이 이분을 이토록 열광케 할까? BTS를 좋아한다는 이유만으로 일면식도 없던 이분과 이토록 즐겁고 친근하게 이야기를 나눌 수 있다는 것은 무슨 의미일까? 빛나는 아미밤을 들고 깜깜한 LA의 밤을 별처럼 수놓고 있던 수많은 팬들을 보며, 대체 BTS는 무엇을 보여주고, 무엇을 가능하게 하는 걸까 생각했다. BTS는 이 사람들에게 어떤 의미이며, 그 의미는 개개인에게, 그리고 젠더, 인종, 계급 등의 정체성에 따라 어떻게 달라질까 하는 궁금증이 자연스레 들었다. 그리고 공연장에서 느꼈던 그 열기와 에너지는 나에게 K-팝이 단순히 지나가는 유행이 아니라 훨씬 더 큰 사회적 흐름의 시작이라는 확신을 줬다. K-팝 연구를 미루어서는 안 된다. 지금, 바로 지금부터 시작해야 한다는 직감이 들었다.

이처럼 K-팝 연구를 시작한 계기는 시대적 흐름과 우연한 경험에서 생겼지만, 그 이후 연구를 지속 가능하게 한 동기와 힘은 어느 정도 내 안에 내재되어 있었던 것 같다. 다만 내가 알아차리지 못했을 뿐. 정치학, 국제관계학을 거쳐 사회학으로 전과를 고민하는 그 모든 과정에서 나는 항상 대중문화를 좋아했다. 대학교에서도 문화인류학, 언어학 수업을 많이 듣기도 했었다. 지금처럼 OTT 서비스도 없고, 한글 자막이 귀했던 당시 고장극(중국에서 고전 의상을 입는 모든 극을 가리키는 말로 한국의 사극 드라마보다 넓은 개념)에 빠지는 바람에 고장극을 보기 위해 중국어를 너무 열심히 공부한 나머지 HSK 6급을 따고, 대학교 4학년 때는 중국인 친구들과 중국 현대 문학 수업을 듣기에 이르렀다. 어차피 학교-기숙사-도서관 이외에는 딱히 놀러 다닐 곳도 없었기 때문에, 나는 약 4년 동안 웹툰, 웹소설, 드라마, 애니메이션, 유튜브, 소설 등 엄청나게 다양한 동아시아의 대중문화 콘텐츠를 섭렵했다.

생각해 보면 나도 학문이란 무언가 심오하고, 심각하고, 어렵고, 고통스러운 길이어야 한다는 고정 관념에 갇혀 있었던 것은 아닌가 싶다. 그런데 현장에 나가 팬들과 소통하고 그들의 이야기를 들으면서 살아있음을 느꼈고, 그 의미를 탐구하는 과정에서 보람과 즐거움을 느꼈다. 그리고 팬들의 이야기를 들으며 내가 한국인 유학생으로서 BTS의 성장을 지켜보며 느꼈던 복잡한 감정을 조금 더 적확한 언어로 풀어낼 수 있게 됐다는 것을 깨달았다. 돌이켜 보면 그 순간이 오랜 기간 내가 외면해왔지만 항상 내 안에 있었던, 대중문화 연구라는 씨앗이 발아한 순간이었다.

그렇게 겨우겨우 싹을 틔웠지만, K-팝 연구를 사회학 내에 제대로 위치시키기란 쉽지 않았다. K-팝 연구가 어떻게 사회학적인지, 왜 사회학 내에서 이 연구를 해야 하는지에 대한 질문은 사실 나 스스로에게 던져야 할 질문이기도 했다. 주제나 관점, 연구 질문을 계속 바꿔가며 고민했지만, 명확한 사회학적 '엣지'를 찾는 과정은 생각보다 오래 걸렸다. 이런 상황이 몇 달이고 반복되니 내가 사회학에 늦게 입문해서 아직 사회학에 대한 이해가 부족한가 싶기도 하고, 이제 와서 문화사회학이라는 새로운 영역에 또 도전하는 게 맞는지 등등 여러 생각이 들었다. 그렇지만 칼을 뽑았으면 무라도 썰어야 하지 않겠는가. 하다 보면 뭐든 되겠지 하는 마음으로 돌파구를 찾기 시작했다.

병을 숨기는 자에게는 약이 없고, 아픈 건 무조건 소문내라고 하지 않던가. 우선 스스로를 고립시키지는 말자는 생각에 옆 학과 교수님, 다른 학교에 계신 K-팝 연구자 등등 최대한 다양한 분들에게 이메일을 보내 줌 미팅을 요청하거나 조언을 구했다. 지나가던 동기에게도 고민을 털어놓아 보고, 학과 선배들에게도 미팅을 요청해 내 상황을 설명하고 그들의 의견을 구했다. 한국에 있는 오랜 친구들과도 물론 많은 이야기를 했다. 이렇게 다양한 사람들과 이야기를 하면서 나는 크게 세 가지 소득을 얻었다. 첫째, 사람마다 '사회학'을 어떻게 정의하는지가 모두 다르다는 것을 알게 됐다. 둘째, 문화사회학의 큰 흐름을 파악할 수 있었다. 마지막으로, 다른 K-팝 연구자들도 음악학, 인류학, 커뮤니케이션 등 자신의 필드에서 나와 유사한 형태의 '인정 투쟁'을 벌이고 있다는 것을 인지하게 됐다.

잘 찾은 참고 문헌 하나의 위력은 때로는 몇 주나 몇 달의 시간을 절약할 수 있을 정도로 큰데, 나보다 앞서 학문의 길을 걸은 분들과의 대화를 통해 중요한 문헌이나 책에 대한 정보를 많이 얻을 수 있었다. 거기에 더해 그들이 생각하는 사회학의 현주소와 한계, 학문을 대하는 태도에 대해서도 배울 수 있었다. 이렇게 몇 달간 해보니 질적 연구 방법론 수업에서 배운 인터뷰 기술을 나 스스로에게 적용하고 있었다는 사실을 깨닫게 됐다. 다양한 학자들에게 그들이 생각하는 사회학이 뭔지, 그들이 생각하는 K-팝 연구가 무엇인지 묻고 그 결과를 종합하여 분석한 셈이다. 이 과정을 통해 나는 사회학이 고정된 것이 아니라, 시대의 변화와 학자의 관점의 변화에 따라 계속 진화하는 것임을 진정으로 체득하게 됐다. 기존의 이론을 공부하고 이해하되, 사회학에 대한 나만의 관점과 비전을 정립할 필요가 있다는 것을 깨닫게 된 것이다. 이렇게 해서 '나는 사회학에 대해서 잘 모르는 것 같다'라는 부정적인 자기 인식에서 벗어나, K‒팝이라는 주제를 통해 나만의 사회학을 찾자는 발전적인 방향으로 에너지를 전환할 수 있었다.

K‒팝을 만드는 사람들은 어디에서 올까

그렇게 새롭게 다듬은 사회학적 감수성으로 기존의 연구를 바라보니 비어 있는 공간이 좀 더 확실히 보이기 시작했다. 팬덤과 수용에 대한 연구는 많이 진척되어 있었지만, K‒팝이 만들어지는 과정과 그것을 업으로 삼고 있는 사람들에 대한 이야기는 많이 부족하다는 것이 여실히 느껴졌다. K‒팝이라는 문화적 대상에 대한 이해를 진척시키기 위해서는 생산과 수용 모두에 대한 연구가 전제되어야 한다는 것이 나의 생각이었고, 문화적 대상을 생산하는 조직 내의 의사 결정이나 문화가 어떻게 문화적 대상의 형태와 내용에 영향을 주는가는 문화사회학의 주요 질문 중 하나였다. 따라서 나의 연구 질문은 내가 처해 있던 학술적 맥락, 그리고 내가 개인적으로 정의한 필요에 따라 'K‒팝의 생산'으로 귀결되었다.

그렇지만 현실적으로 나는 업계에서 일해본 경험도, 아는 사람도 전무했고, 음악 프로덕션이나 비즈니스 전공자도 아니었다. 나는 여기서 '창의성'을 발휘해보기로 했다. 만약 나 같은 사람이 K‒팝 업계 취업을 목표로 한다면 어떻게 할까? 나는 모든 것을 '학원화'하는 경향이 있

이소윤 _____ 307

는 한국 사회의 특성상 엔터테인먼트 산업의 노동 시장을 매개하는 행위자들이 분명 있을 것이라고 생각했고, 그 예상은 적중했다. 개인적인 소회지만, 내가 이런 발상을 할 수 있었던 것이 학원 문화에 너무나 익숙했기 때문이라는 모순이 씁쓸하기도 하다.

K-팝 산업이 글로벌하게 성장하면서, 더 이상 K-팝을 소비나 덕질의 대상으로만 바라보지 않고, 진로나 직업으로 인식하는 사람들이 늘어나고 있다는 것은 어찌 보면 당연한 일이었다. 그럼에도 불구하고 기존의 K-팝 담론이 아이돌의 정동 노동과 인권, 팬덤 문화를 중심으로 전개되고 있다 보니, 사고의 전환이 어려웠던 게 아닐까 싶다. 질적 연구자들이 자주 사용하는 전략인 '익숙한 것을 낯설게(make the familiar strange)'가 적용된 순간이었다. 익숙한 것을 낯설게 보니, 새로운 질문을 던질 수 있었다. 누가, 어떻게, 왜 K-팝 산업에서 일할까? K-팝 산업에서 일하고 싶어하는 사람들은 어떻게 산업에 진입할까? '직업'으로서의 K-팝은 어떻게 정의할 수 있을까?

이처럼 K-팝을 직업적 세계로 바라보기 시작하자, 구체적인 연구 질문과 방법론은 자연스레 따라왔다. 마침내 2023년부터 서울에 위치한 네 곳의 사설 교육 기관에서 약 2년간 K-팝 산업 진입을 꿈꾸는 이들의 세계에 깊이 들어가게 되었다. 내가 찾아간 곳들은 A&R(아티스트 앤 레퍼토리, 아티스트의 음악적 방향성을 설정하고, 곡 선정부터 앨범 콘셉트 기획, 제작 과정 전반을 조율하는 핵심 직무), 팬 마케터, 작사가, 작곡가 등 K-팝 산업의 다양한 직군을 위한 직업 교육 및 컨설팅 서비스를 제공하고 있었다. 2년간의 참여 관찰을 통해 확인할 수 있었던 것은 수강생의 전공과 배경이 상당히 다양하다는 점이었다. 졸업 이후의 진로를 고민하며 취업 준비를 하는 대학교 3~4학년 학생도 많았지만, 공무원이나 약사, 간호사 등 비교적 안정적인 직업을 경험한 이들도 적지 않았다. 그럼에도 불구하고 공통적으로 눈에 띄는 특징은 수강생 다수가 여성이라는 점, 그리고 많은 경우 스스로를 K-팝 팬으로 정체화하고 있다는 사실이었다. 운영자 및 강사들의 동의와 협조 하에, 나는 수강생 또는 청강생 신분으로 직접 수업을 들으며 아이돌 앨범 콘셉트 기획안을 작성하고, 시장 조사를 하거나 취업 스터디에 참여하기도 했다. 취업 준비생 및 지망생, 운영자 및 강사, 전/현직 산업 종사자들을 인터뷰했고, K-팝 관련 비즈니스 콘퍼런스의 패널에 연사로 참여하는 일이 생기기도 했다.

이 과정에서 예상치 못하게도 '학원'이라는 공간에 천착하게 됐다. 학원 문화에서 성장한 90년대생 청년으로서, '학원'은 너무나도 익숙하고 설명할 필요도 없는 보통명사 같은 것이었다. 그러나 연구 결과를 미국의 다양한 학회에서 발표하며 나는 'K-팝'을 설명하는 것보다도 '학원'을 설명하는 것이 더 어렵다는 것을 깨달았다. 하물며 'K-팝 산업 취업을 학원을 비롯한 사설 교육기관에서 준비한다'는 행위와 그 기저의 심리, 그를 둘러싼 사회문화적 맥락을 외국인 청자에게 설명하는 것은 더더욱 어려운 일이었다.

'학원'을 낯설게 보기 시작하며 나는 한국만큼 학원이 일상에 깊이 뿌리내린 사회도 드물다는 것을 자각했다. 한국은 좋게 말하면 교육에 '진심'인 나라다. 광화문을 가본 사람이라면 '사람은 책을 만들고 책은 사람을 만든다'라는 글귀가 새겨진 비석과 견고하게 서 있는 교보생명 빌딩을 본 적이 있을 것이다. 그렇지만 교보가 '교육보험'의 준말이자, 1958년 신용호 회장이 세계 최초로 교육보험 상품을 출시해 30년간 300만 명의 학생이 이를 통해 학자금을 받았다는 사실은 모르는 경우가 많다. 이처럼 교육은 대한민국의 압축적 근대화와 궤를 같이 해왔고, 이는 철저한 트레이닝과 훈육을 통해 아이돌을 육성하는 K-팝의 연습생 시스템에서도 여실히 드러난다.

K-팝 산업 취업을 매개하는 학원의 등장은 단순히 새로운 종류의 학원이 생겼다는 것 이상의 의미를 갖는다. 이는 K-팝 산업이 성숙하면서, 노동 수요가 증가함과 동시에 노동자 입장에서 산업의 지속 가능성을 고민하는 사람들이 늘어났음을 방증하기 때문이다.

하지만 한국의 만연한 학원 문화 속에서, 이러한 비전은 공적인 성격을 띤다고 해도, 시장 논리에서 절대 자유로울 수 없다. 교육이 철저히 신자유주의화된 지금의 한국에서는 유아 교육부터 직업 훈련, 심지어 은퇴 준비까지, 모든 형태의 지식과 기술이 생애 전반에 걸쳐 구매 가능한 커리큘럼으로 상품화되고 있다. 더욱이 한국 사회에서 노동자의 이동성이 높아지고 평생직장 개념이 해체되면서, 기업들은 신입 직원 교육에 투자할 여력도, 의지도 줄어들었다. 직업 훈련의 외주화가 일어나고, 그 비용은 결국 구직자와 그 가족에게 전가되고 있다. 물론 국비 지원 직업 교육이 다수 존재하지만, 강사의 자격 검증, 실제 취업 연계 등에 있어 관리·감독이 잘 이루어지지 않아 실질적으로 도움이 되지 않는 경우도 상당하다.

내가 연구한 네 곳의 교육기관은 K-팝 교육 시장이라는 새로운 시장 속에서 살아남기 위해 각기 다른 자원과 전략을 활용하고 있었다. 어떤 곳은 K-팝 기획사와의 직접적인 제휴를 내세웠고, 어떤 곳은 업계 경력자인 대표의 네트워크를 강조했으며, 또 다른 곳은 체계적인 커리큘럼과 대형 기획사 출신 강사를 전면에 내세웠다. "우리의 목표는 이 산업의 메가스터디가 되는 것"이라고 말한 한 운영자의 포부는, K-팝 교육 시장이 기존의 입시 논리와 깊게 결부되어 있음을 보여주었다.

다만 흥미롭게도, 이 학원들은 서로를 완전히 배타적인 경쟁자로 인식하며 제로섬 게임에 참여하고 있다기보다는, 시장을 공유하는 협력자의 면모를 보였다. 이는 부분적으로는 한국의 학원 문화에서 하나의 목표를 위해 여러 학원을 동시에 다니는 것이 정상화되어 있는 점에서 기인하는 것으로 보인다. 실제로 인터뷰 대상자 중에는 여러 학원을 동시에 다니거나, 학원을 계속 바꿔가며 전전하거나, 한 학원에서 여러 과목을 수강하는 취준생들이 있었다. 직업 교육 영역에서도 단과반과 종합반 같은 입시 교육의 언어는 재생산되고 있었다. 이처럼 청년층 사이에 공유된 무형의 사회문화적 인프라 위에서 'K-팝 직업 교육'이라는 새로운 시장이 커가고 있었다.

그러나 성인 대상 직업 교육 기관의 성격을 띤다는 점에서는, 내가 연구한 학원들은 일정 부분 사회적인 기능도 수행하고 있었다. 한국의 제도권 교육이 학벌이라는 상징 자본 획득에만 집중한 나머지, 실질적인 기술 체득이나 자아·진로 탐색 기회가 부차적으로 밀려나는 상황에서, 학원은 학생들이 노동 정체성을 탐색할 수 있는 기회와 동시에 비슷한 목표를 가진 사람들과의 공동체를 제공하기도 했다. K-팝 산업에 진입하고 싶지만 어디서부터 시작해야 할지 모르는 이들에게 학원은 꿈으로 향하는 구체적인 경로를 제시한다. 클래식 음악을 전공했지만, 아이돌이 너무 좋아 A&R을 지망하게 됐다는 한 인터뷰이의 말이 생각난다. "엔터 취준 시작하고 A&R을 한다고 하니, 다들 데뷔하는 거냐고 물어봐요. 부모님도 그렇고, 제가 아이돌 하고 싶다는 건 줄 아세요." 가족과 지인에게 꿈을 이해받지 못한 채 조용히 학원을 찾은 이들에게 학원은 구직 과정에서 필요한 정서적 지지를 제공하는 듯 보이기도 했다.

한편으로, 학원이 제공하는 것은 '접근의 환상'일 수도 있다. 청년 실업이 고조되고 미래가 불확실한 상황에서, 학원은 선형적인 나아감의 경험을 만들어낸다. 수업을 듣고, 과제를 제출하고, 피드백을 받는 과정은 목표를 향해 나아가고 있다는 느낌을 준다. 생산성과 지속적인 발전을 추구하는 욕망을 충족시킨다. 하지만 실제로 그 끝에 취업이 보장되어 있는가? 학원은 문을 찾도록 도와줄 수는 있지만, 그 문을 열어줄 수는 없다. 어쩌면 그 문 자체가 환영일 수도 있다.

그럼에도 불구하고, 이러한 학원의 등장은 K-팝 산업의 중요한 변화를 보여준다. K-팝이 더 이상 소수의 천재 프로듀서나 기획사의 전유물이 아니라, 배우고 진입할 수 있는 (또는 적어도 그렇다고 믿어지는) 산업이 되었다는 것이다. 그리고 이는 장기적으로 K-팝의 미학적, 산업적 특성에 영향을 미칠 것이다. 누가 누구를 가르치고, 누가 무엇을 배우고, 누가 고용되는가는 결국 어떤 음악을, 어떤 문화를 만들어낼 것인가와 직결되기 때문이다.

이런 '학원화' 현상은 K-팝에만 국한되지 않는다. 웹툰, 웹소설, 드라마, 이스포츠, 뷰티 산업 등 한국의 다른 문화 산업도 비슷한 과정 속에 있다. 한류의 미래를 이해하려면, 무대 위의 스타만이 아니라 무대 뒤의 이 복잡한 생태계도 함께 봐야 한다.

가장 개인적인 것에서 출발한다: 사회학적 상상력의 힘

내가 사용한 연구 방법을 학계에서는 에스노그라피(ethnography)라고 부른다. 한국어로는 문화기술지 또는 민족지로 번역되며 어떤 문화를 공유하는 공동체의 일상 세계에 비교적 장시간 참여하며 그들의 행위와 그 의미까지도 생생하게 기술하고 해석하는 방법론이다. 어떤 공동체에 대해 글을 쓰고 지식을 생산하는 것은 근본적으로 정치적인 행위이고, 미국 유학생이라는 내 위치성은 나와 연구 대상 사이의 관계에 영향을 준다. 나의 변화하는 위치성에 대해 끊임없이 성찰하고, 이 위치성이 연구의 과정과 결과에 어떤 영향을 주는지 통찰해내는 것 또한 에스노그라퍼의 일이다.

학자라는 직업을 목표로 대학원을 다니고 있는 나의 위치성은 사실 어떻게 보면 K-팝 산업에 진입하기 위해 학원을 다니는 취업준비생의 위치성과 상당히 유사하다. 예를 들어, 약 두 달간 수강했던 한 A&R 준비 수업에서 여러 강사가 A&R이나 음반 기획자를 꿈꾼다면 음악의 소비자가 아닌 생산자 입장에서 바라볼 것을 강조했다. 강한 기시감이 들었다. 대학원에 입학한 후 나는 지식의 소비자가 아닌 생산자가 되어야 한다는 말을 매우 많이 들었기 때문이었다. 논문을 하나의 문화적 대상으로 바라보기 시작하며, K-팝 산업과 학계의 구조적 유사성을 찾아내는 경계인으로서의 정체성을 자각한 것이다.

이러한 시각을 갖추게 된 지금 나의 과제는 K-팝을 직업적 세계로 바라보는 사람들의 삶, 열망, 어려움, 고민을 다른 사람들이 이해할 수 있게끔 정리하고 개념화해 소개하는 것이다. 산업의 지속 가능한 발전을 위해 필요한 일이기도 하고 내가 스스로에게 부여한 사명이기도 하다. 감사하게도 그동안 K-팝 산업 종사자들을 인터뷰하면서 우리를 연구해 주어 고맙고, 산업에 관심을 가져 주어 고맙다는 말을 여러 차례 들었다. 그들의 세계를 이해하고자 하는 내 마음이 가닿은 것 같아 뿌듯하면서도 책임이 더 무거워지는 걸 느낀다. 그것은 내 어깨를 짓누르는 부담스러운 무거움이라기보다는, 연구자라면 응당 견뎌야 할 무게라는 생각이 든다.

지금까지 쓴 글은 지난 4년간 수많은 사람에게 나를 소개하고, 이제는 후배 연구자들이 조언을 요청할 때 사용하는 레퍼토리를 마치 자료처럼 대하고 분석하여 하나의 일관된 이야기로 엮어낸 것이다. 같은 이야기라도 누가 들려주느냐, 언제 듣느냐에 따라 감상이 달라지듯이, 지금까지 한 이야기를 다른 각도에서 써보겠다. '변화하는 연구자의 자아' 또한 더 큰 사회적 흐름 속에서 이해할 수 있으며, 유의미한 통찰을 제공하기 때문이다.

내 연구의 궤적을 다시 살펴보자. 아시아의 포퓰리즘에 관해 쓰다가 이제는 K-팝 산업의 일과 노동에 대해 쓰는 나 자신이 처음에는 굉장히 낯설었다. 주변 사람들도 두 주제를 아주 다른 것이라고 인식했다. 그러나 시간이 흐르고 다시 살펴보니 나는 어떤 분야나 산업에 진입하고자 하는 '외부인'의 이야기에 계속 관심을 기울여 왔다는 것을 깨닫게 됐다. 그것은 나의 이야기이기도 했기 때문이다.

석사 과정 때 내가 관심을 가졌던 인도네시아의 조코 위도도 전 대통령, 필리핀의 로드리고 두테르테 전 대통령, 한국의 이명박 전 대통령은 모두 새로운 유형의 정치 지도자, 즉 전통적인 정치 엘리트 코스를 밟지 않고 정치권에 뛰어든 기술 관료라는 정체성이 강한 인물들이었다. 나는 그들의 동시대적인 정치적 부상이 결코 우연이 아니라고 생각했다.

조코 위도도는 원래 인도네시아 수라카르타에서 가구 사업을 하던 기업인이었다. 그는 유럽 도시를 방문한 경험을 통해 도시 환경 개선에 대한 비전을 가지게 되었고, 이를 실현하기 위해 본인의 고향인 수라카르타 시장 선거에 출마하게 되었다. 2005년도 첫 선거에서는 정치 경험이 거의 없어 매우 어렵게 당선되었지만, 2010년에는 소탈한 이미지와 개혁적인 정책 덕에 무려 90%가 넘는 득표율을 얻어 수라카르타 시장 재선에 성공했다. 이와 같은 행보는 국내외 정계에서 주목을 받았고, 그는 이후 2012년 자카르타 주지사직에 오르며 급속도로 중앙 정치 무대에 진입했다. 조코 위도도는 전통적인 정치 엘리트가 아닌 서민 출신이라는 점을 강조하며 대중과 소통하는 리더십을 구축했고, 이는 그가 대통령까지 오를 수 있었던 결정적인 요인 중 하나였다. 그러나 나는 그의 성공을 단순히 기술적 포퓰리즘 (technocratic populism)의 발흥이라고 분류하는 것은 지나치게 단순한 접근이라고 봤다. 그의 성공 뒤에는 급속한 도시화, 인도네시아의 신자유주의적 경제 개혁, 1997년 아시아 금융위기 이후 기존 정치 엘리트에 대한 대중의 불신이 자리하고 있었다는 것이 내 주장이었다. 다시 말해, 급속한 도시화와 수도권 중심의 경제 발전으로 인한 인도네시아의 여러 사회 문제를 수라카르타와 자카르타의 도시 환경을 개선한 행정가인 조코위도도가 해결할 수 있을 거라는 희망이 인도네시아 정치의 흐름을 바꾸는 데 일조했다는 것이다.

필리핀의 로드리고 두테르테 전 대통령 역시 마찬가지로 정치 명문가 출신이 아니었으며, 법조인으로서 지방 도시인 다바오에서 시장직을 맡으며 본격적인 정치 경력을 시작했다. 시장 당선 이후 강경한 치안 정책을 내세워 대중적 인기를 끌었으며, '범죄와의 전쟁'을 표방하며 논란이 되는 정책을 펼쳤다. 필리핀은 1997년 금융위기 이후 신자유주의 개혁을 추진하면서도 극심한 빈부 격차와 범죄 문제를 겪었고, 수도 마닐라를 중심으로 한 경제 발전과 지방 간의 격차가 더욱 심화되었다. 두테르테는 이러한 사회 문제에서 기인한 불만과 기존 엘리트 정치에 대한 대중의 반감이 만연한 상황에서 '강한 지도자'라는 이미지를 구축하며 기성 정치 질서와의 단절을 강조했다. 특히 필리핀 사회 내에서 기존 정치 엘리트들이 주도해온 정책과 행보에 대한 회의적 시각을 파고들며 대중의 지지를 이끌어냈다. 이러한 흐름

속에서 두테르테는 기존의 수도권 중심 정치에서 벗어나, 지방 정치인 출신으로서 필리핀 정치의 판도를 뒤흔든 대표적인 사례로 남았다고 할 수 있겠다.

한국의 이명박 전 대통령도 이와 유사한 경로를 걸었다고 본다. 그는 정치인이 되기 전 현대건설 CEO를 지냈으며, '경제 대통령'이라는 슬로건을 내걸며 기업인 출신이라는 점을 강조했다. 1997년 외환위기 이후 한국 사회는 신자유주의적 경제 개혁을 본격화했고, 이 과정에서 정치 경험이 없는 재계 출신 인사들이 대중적 인기를 얻기 시작했다. 서울 시장으로서 청계천 복원 프로젝트를 성공적으로 마무리하며 도시 개발과 경제 성장의 상징으로 떠오른 이명박은, 결국 2007년 대선에서 승리하며 대통령이 되었다.

이렇게 보면 조코 위도도, 로드리고 두테르테, 이명박의 사례는 단순한 개인의 성공담이 아니라, 신자유주의적 경제 개혁과 수도권 중심의 도시화, 1997년 아시아 금융위기 이후 기존 정치 엘리트에 대한 대중의 불신이라는 공통된 역사적 궤적 속에서 이해할 수 있다. 그들은 모두 기존 정계의 외부인으로서 대중의 기대를 충족시키는 리더십을 구축했고, 이를 통해 정치권에 진입한 대표적인 사례이다. 결국 나는 이들의 사례를 통해 21세기 아시아 속 '직업으로서의 정치'의 현주소를 탐색했다고도 볼 수 있겠다.

특정 개인이 기존 시스템 밖에서 새로운 경로를 통해 진입하는 과정에 대한 관심은 K-팝 산업에도 결과적으로는 똑같이 적용되었다. 처음에는 K-팝 팬덤을 중심으로 대중이 왜 특정 음악 장르나 아티스트에게 열광하는지, K-팝 팬덤이라는 거대한 집단 속 다양한 취향과 소비 구조가 어떻게 형성되는지에 관심을 가졌지만, 기존 문화사회학 속에 나의 연구를 위치시키면서 점점 K-팝 산업의 일과 노동이라는 주제로 시선을 옮기게 된 것이다. 더 거시적인 측면에서는 '한국이 어떻게 서구 중심의 글로벌 대중문화 속에서 새로운 거점으로 부상했는가'라는 질문으로도 확장해볼 수 있을 것이다.

'K-팝 산업이라는 세계에 진입하려는 사람들은 누구이며, 그들에게 길을 안내하는 이들은 누구인가?'라는 질문은 K-팝이라는 개별 사례를 넘어 특정 개인이 어떻게 자신의 직업적 정체성을 만들어 가는가에 대한 탐구로 확장되었다. 청년 세대의 취업난과 '그냥 쉼' 청년 담론, AI의 등장으로 인한 신입 채용 감소, 노동 시장 속 경력직 선호 현상이 사회적 화두로 떠오른 지금, 이 연구의 시의성과 확장성에 대한 나름의 확신을 바탕으로 연구를 진척시켜 나가고 있다. 그리고 2024년 12월 계엄 사태 이후 화제가 되었던 K-팝 응원봉 시위, 성남 시장과 경기도지사를 거쳐 대통령으로 당선된 이재명 대통령의 사례를 보며 나의 두 연구 프로젝트 사이의 예상치 못한 접점을 발견하기도 했다.

따라서 이 글은 이소윤이라는 연구자가 가진 근본적인 질문과 문제의식을 찾아가는 과정에 대한 기록으로도 읽을 수 있다. 나는 여전히 '사회학도'와 '사회학자' 사이 어딘가에 위치해 있다. 연구자로서의 노동 정체성을 확립해 나가는 중인 것이다. 그럼에도 불구하고 나는 이제 사회학이 나를 매료시킨 이유가 개인과 구조의 상호 작용에 면밀한 관심을 기울이는 학문이면서, 한 사람을 하나의 우주이자 다른 사람과 연결된 점으로도 볼 수 있게 해주는 방법론적 유연함을 갖춘 학문이어서라고 구체적으로 말할 수 있게 됐다. 사회학을 처음 접할 때부터 지금까지, 내 관심사는 개인이 자신의 직업적 정체성과 삶을 만들어 가는 과정이었던 것이었고, 어떤 국가든 분야든 이런 시각을 적용해 왔던 것이다. 내가 가진 문제의식을 더 적확한 언어로 설명할 수 있게 되었다는 점에서 나 또한 직업으로서의 학문에 한발짝 더 다가갔다고 말할 수도 있겠다. 나의 문제의식을 더 많은 사람이 공유하여 한류라는 화려한 현상 뒤에서 '직업으로서의 한류'를 살아내며 매일매일 고군분투하는 사람들이 더 가시화되기를 바란다. 우리가 몰랐던 한류를 이제는 알아야 한다.

4

K의 서사와
나의 한류 정경

KBS 프로듀서, 문화콘텐츠학 박사

배기형

1991년 KBS에 입사해 〈체험 삶의 현장〉, 〈TV는 사랑을 싣고〉, 〈TV 책을 말하다〉 등 다수의 대표 프로그램을 연출한 베테랑 프로듀서다. 제작 현장에서 출발해 국제 협력과 글로벌 전략 분야로 활동 영역을 확장하며, KBS World 채널의 해외 론칭과 글로벌 배급을 주도했고, 에미상 등 주요 국제 시상식의 심사위원으로 활동하며 한국 방송 콘텐츠의 국제적 위상 제고에 기여해왔다. 또한 다수의 국제 공동제작과 글로벌 협업 프로젝트를 기획·추진하며, 한국 방송과 K-콘텐츠가 세계 시장과 만나는 접점을 현장에서 구축해왔다. 이러한 경험을 바탕으로 아시아·유럽·미주 등지의 국제 컨퍼런스, 포럼, 대학에 초청 연사로 꾸준히 참여하며, 한국 콘텐츠 산업의 변화와 전략을 글로벌 관점에서 공유하고 있다. 특히 제작 현장과 산업 정책, 글로벌 유통 환경을 연결하는 실천적 시각으로 K-콘텐츠의 지속 가능한 성장 조건을 탐색해온 인물로 평가받고 있다. 저서로는 《K-컬처와 새로운 한류 정경》, 《AI 시대의 PD》 등 10여 권이 있다.

○● 인생에는 여러 개의 문이 있다. 그 문을 열 때마다 새로운 장면이 펼쳐진다. 내게 그 문을 열어준 것은 언제나 K였다. 그것은 내가 태어난 Korea, 나의 직장 KBS, 그 K는 나를 세계로 향하게 한 Key, 즉 인생의 열쇠였다.

K의 첫 열쇠로 그 문을 연 것은 대학을 졸업하자마자 KBS PD로 입사한 일이었다. 방송은 단순한 직업이 아니라 세상을 배우는 하나의 학교였다. 카메라로 사람을 바라보고, 편집을 통해 이야기를 완성해 가는 과정 속에서 나는 인간의 진심이 드러나는 순간을 포착하는 법을 배웠다. 방송사에는 수많은 사람이 오가며 웃음과 긴장, 창의와 경쟁이 끊임없이 교차했지만, 그 복잡함 속에는 말로 설명하기보다 몸으로 먼저 느껴지는 리듬이 있었다. 사람의 이야기와 음악, 빛과 어둠이 서로 맞물리며 하나의 TV 프로그램으로 수렴되는, 방송이라는 세계의 고유한 작동 방식이었다. 설렘과 책임감 속에서 내가 PD로서

만든 첫 프로그램은 〈가족 오락관〉이었다. 이후 나는 〈연예가 중계〉, 〈슈퍼 선데이〉 등 주로 연예오락 프로그램을 연출하며 방송의 리듬과 현장의 호흡을 배웠다. 현장은 언제나 예측할 수 없었지만, 그 속에는 늘 삶의 진실이 있었다. 리허설에서 터진 웃음소리, 생방송 직전의 긴장, 화면 밖 눈물 한 방울, 그 모든 것이 나를 전율하게 만들었다. 웃음 속에도 기특한 생각이 담겨 있고, 정보 속에도 감동이 흐르는 방송— 그것이 내가 만들고자 했던 프로그램의 방향이었다. 방송은 단순한 오락이 아니라, 세상을 비추는 거울이자 사람들의 감정을 움직이는 거대한 파동이라 믿었다. 시청률이 늘 압박하였지만, 나는 숫자 뒤에 숨은 인간의 표정과 사회의 온도를 읽고자 했다. 웃음 한 줄기 속에 위로를, 눈물 한 방울 속에 공감을 담아내는 것이 내 일의 본질이라 믿었다.

〈체험 삶의 현장〉을 제작하면서 사회 저명인사나 잘나가는 연예인을 섭외하여 새벽같이 현장으로 나가 노동자와 농부, 어민과 함께 하루를 보냈다. 땀에 젖은 손, 얼굴의 주름, 한숨 속의 희망이 곧 내 교과서였다. 카메라를 비추면, 삶이 스스로 말하기 시작했다. 그때 나는 배웠다. 방송이란 단지 보여주는 일이 아니라, 삶을 대신 말하게 하는 일이라는 것을. 이후 〈TV는 사랑을 싣고〉에서는 사람들의 잊힌 인연을 찾아주는 일을 했다. 수십 년 만에 재회한 사람들의 포옹, 눈물 속에 묻어나는 세월의 무게—그 순간을 지켜보는 일은 늘 벅찼다. 그즈음 나는 확신했다. 방송은 사람을 움직이고, 그 감정의 파동이 사회를 변화시킨다고. 〈TV 문화기행〉에서는 직접 카메라를 들고 세계를 누볐다. 이 프로그램은 PD가 촬영하고 연출하는 1인 제작 시스템이었고,

이는 훗날 〈걸어서 세계 속으로〉의 원형이 되었다. 그 여정 속에서 나는 문화를 읽는 법을 배웠다. 〈TV 책을 말하다〉와 〈TV 문화지대〉에서는 문학과 철학, 예술을 대중의 언어로 풀어내고자 했다. 당시 내가 만든 프로그램은 시대의 공기와 사람들의 마음을 포착한 하나의 기록이었다. 화면 속에서 사람들은 서로의 삶을 발견했고, 방송은 때로는 희망의 통로이자 시대의 목소리가 되었다.

성과도 따라주었다. 회사 내 포상과 더불어 방송통신위원회 등 외부 기관의 상도 여러 차례 받았다. 무엇보다 내 마음을 울린 것은 시청자가 직접 선정한 '좋은 프로그램상'이었다. 진정한 보상은 시청률 숫자나 트로피가 아니라, 누군가의 마음속에 남는 울림이라는 것을 알게 되었다. 그 모든 시간은 나에게 PD라는 직업이 단순한 기술이나 직능이 아니라, 세상을 읽고 그 의미를 사람들의 공감 속으로 옮겨오는 매개자이자 실천가의 역할임을 일깨워주었다. 나는 카메라 뒤에서 세상을 바라보는 하나의 철학을 배웠고, 그 시선은 지금까지 나를 지탱해온 삶의 뿌리가 되었다.

그러나 어느 순간부터 그 모든 성취가 내 안을 가득 채우지 못하고 있었다. 분명히 보람은 있었지만, 더 이상 가슴이 뛰지 않았다. 매일 반복되는 제작 사이클 속에서 나는 뭔가 다른 자극과 서사를 원하고 있었다. 그 무렵 KBS가 회원사로 있는 국제방송기구(ABU, 아시아태평양 방송연맹, Asia-Pacific Broadcasting Union)에서 프로젝트 전문가를 공모한다는 소식을 들었다. 나는 주저하지 않고 지원하였고 운 좋게도 선발되었다. 새로운 자극, 새로운 언어, 새로운 세계―그 모든 낯섦이 나를 다시 살아 있게 만들 것 같았다. 그렇게 나는 15년의 KBS PD 생활을 잠시 접고, 해외로 파견되었다.

ABU는 아시아·태평양 60여 개국, 250여 개 방송사가 참여하는 거대한 네트워크다. 일본 NHK, 중국 CCTV, 싱가포르 MediaCorp 등 해외 방송사들이 한자리에 모여 '방송'이라는 언어로 서로를 이해하고 세계를 해석한다. 그 사무국이 자리한 말레이시아 쿠알라룸푸르는 다언어와 다문화가 교차하는 세계의 축소판이었다. 그곳에서 나는 '초청 전문가'로서 여러 국적의 동료들과 함께 국제 공동제작 프로젝트를 기획하고 실행하는 일을 주도하게 되었다. 그 과정에서 나는 영어 이름을 만들었다. 외국 동료들이 기억하기 쉽고 부르기 편한 이름으로 만들어 원활하게 소통하고 싶었다. 이름은 단지 호명 수단이 아니라, 타자와 나 사이의 거리, 그 미세한 간극을 조율하는 사회적 장치다. 다인종·다언어 공간에서 발음이 어렵고 낯선 이름은 종종 대화의 흐름을 멈추게 만든다. 반면, 쉽게 부를 수 있는 이름은 언어의 불편을 줄이고, 관계의 문을 여는 열쇠가 된다. 나는 그 순간, 나 자신을 '부르기 쉬운 존재'로 세계 앞에 내어주었다. 그것은 작은 타협이자, 동시에 배려였다.

나는 내 이름의 영어 표기인 Kihyung의 'K'를 떠올렸다. 그리고 내가 몸담고 있는 KBS의 K, 나의 근원이자 세계로 향한 출발점인 Korea의 K. 그래서 'Kay'라고 하고자 했는데 누군가 여성 이름이라고 지적해서, K로 시작하는 쉬운 이름을 찾다가 'Kenny'를 택했다. Kenny는 내가 세계 속에서 확장하고, 스스로를 번역하기 위해 선택한 이름이자, 세계가 나를 새롭게 읽어주는 하나의 기표였다.

　나는 언어 유희(혹은 '말장난')를 즐긴다. 언어의 틈새에서 새로운 의미를 꺼내는 일, 그것은 사실 인문학의 또 다른 얼굴이다. 어쩌다 외부 강의를 할 때면 행사 주제의 어원을 풀거나, 주최 기관의 이름으로 사행시를 만들어 재밌게 소개한다. 어쩌면 가벼운 유희일 수 있지만 내게는 감히 언어로 사유를 조각하는 일이다. 언어는 문화를 매개한다. 언어를 부리는 것은 인간의 세계를 넓히는 통로다. Kenny라는 이름 또한 그런 의미에서 나의 언어적 실험이자 문화적 선언이었다. 이름은 나를 가두는 틀이 아니라, 세상과 나를 잇는 하나의 열린 문이다. 내가 생각하는 'KENNY'라는 이름에 붙이는 해석은 이러하다. K는 Kaleidoscope(변화무쌍한 색깔을 포용하는 조화), E는 Encounter(세계와의 만남), N은 Narrative(이야기의 힘), 또 하나의 N은 Network(관계의 확장), Y는 Yearning(열망과 소명)이다. 나름 거창하다. 어쩌면 치기 어린 말장난일 수도 있지만, 내 영어 이름에는 한 사람의 한국 PD가 새로운 세계와 마주했을 때의 떨림과 마음가짐이 담겨 있었다. KENNY라는 철자의 키워드로 낯선 해외에서 삶의 방향과 세상을 엮어보려 한 시도로 이해해주면 좋겠다.

K – Kaleidoscope：
다양한 색채의 빛과 서사가 교차하는
문화 프리즘

○● 젊은 PD였던 나는 말레이시아의 뜨거운 공기 속에서 처음으로 '한국의 나'가 아닌 '세계 속의 나'를 마주했다. 언어도 억양도, 눈빛의 온도도 달랐지만 그 낯섦은 나를 밀어내지 않고 오히려 새로운 나로 번역하라라며 부드럽게 밀어붙였다. 쿠알라룸푸르는 서로 다른 색과 서사가 부딪히며 또 다른 빛을 만들어내는 문화의 만화경이었다.

쿠알라룸푸르는 늘 뜨겁고 습한 도시였다. 그곳의 하늘은 파랗다기보다 늘 희미하게 번져 있었고, 공기 속에는 향신료와 커피, 비가 막 내린 뒤의 흙냄새가 섞여 있었다. 공기의 온도만큼이나 사람들의 표정도 다채로웠다. 그곳에서 나는 나 자신을 '번역해야 하는' 사람으로 살았다. 말레이시아는 내가 PD로서 '세계 속의 나'를 시험받은 현장이었다. ABU 사무국은 작은 지구촌이었다. 말레이계, 인도계, 중국계 직원이 섞여 있었고, 각국 방송인들이 오가며 협업했다. 영국식 영어와 인도식 영어, 그리고 "Brother Kenny!"라는 따뜻한 인사가 한 문장 안에서 공존했다.

그곳에서 내가 처음 맡은 일은 'Asia Working'이라는 국제 공동제작 프로젝트였다. UN ILO(국제노동기구)와 협력하여, 아시아 15개국의 노동 현실을 다큐멘터리로 기록하는 프로젝트였다. 카트만두 벽돌공장, 자카르타 재봉공장, 방콕 의류공장, 마닐라 항만, 쿠알라룸푸르의 회색

빌딩 속 사무직 청년들까지—나는 이 프로젝트의 리더로서 각국 PD들이 만든 다양한 제작물을 하나의 '아시아 스토리'로 엮었다. 다양함은 처음엔 혼란이었다. 회의마다 영어 억양이 달라 알아듣기가 쉽지 않았고, 'Yes'라는 말 뒤에는 종종 'No'가 숨어 있었다. 그러나 곧 깨달았다. 이곳에서는 말보다 시선이, 논리보다 태도가 소통의 언어가 된다는 것을. 그때부터 나는 '대화'보다 '관계'를 이해하려 했다. 그것은 '글로벌 문화'의 첫걸음이었다. 하루에도 수십 번 언어가 엇갈리고, 뜻이 빗나가며, 오해가 생기기도 했다. 그러나 각자 카메라의 프레임은 달랐지만, 그들이 담은 것은 모두 인간의 존엄이었다. 그때 나는 배웠다. 방송은 기술이 아니라 공감의 언어를 만드는 일이라는 것을. 이러한 국제 협업은 내게 '공유의 미학'을 가르쳐주었다. 나라마다 사회구조와 경제 수준은 달랐지만, 인간의 노동과 감정에는 놀라울 만큼 비슷한 리듬이 있었다. 그 공통의 리듬이 이후 한류가 서로에게 닿을 수 있었던 감각적 토대란 것을 알게 되었다.

이어 진행된 프로젝트는 'Live Positive'. UNDP(유엔개발계획)와 함께 HIV 감염인의 삶을 다룬 국제 공동제작이었다. 이 주제는 민감했고, 카메라 앞에 선다는 건 용기가 필요한 일이었다. 그때 느꼈다. 방송은 사실을 전달하는 일이 아니라, 침묵을 깨는 일이라는 것을. 그들의 얼굴이 방송을 통해 세상에 전해졌을 때, 나는 PD로서 처음으로 '기록이 사람을 살릴 수 있다'는 확신을 가졌다. 문화는 콘텐츠 이전에 태도이고, 문화는 설득이 아니라 관계의 형식이라는 것을 배우기도 했다. KBS에서 배운 연출 기술보다 더 중요한 것은 서로의 다름을 받아들이는 감수성이었다.

말레이시아에서 보낸 시간은 매일 다채로운 실험이었다. 종교가 다르고, 언어가 다르고, 식사 방식도 달랐다. 라마단 기간엔 회의를 제대로 할 수가 없었고, 금요일엔 갑자기 회의가 중단되기도 했다. 처음엔 당황스러웠지만, 곧 그 생활 리듬이 문화의 일부임을 실감했다. 글로벌 문화를 지향한다면 효율보다 배려를, 속도보다 조화를 중시해야 한다는 것을 깨달았다. 그 경험은 훗날 내가 '국제통' 프로듀서로 성장하는 밑거름이 되었다. 방송은 전파로 전해지지만, 문화는 공감으로 확산된다. 그 공감의 리듬을 읽지 못하면, 콘텐츠는 그저 '수출하는 상품'에 머문다. 그 시절 나는 '아시아의 만화경'을 보는 기분이었다. 이슬람 여성의 히잡, 인도인의 사리, 일본인의 습관적인 인사, 말레이 PD의 끈적하지만 유쾌한 농담까지―모든 문화가 한 회의실 안에서 반짝이며 부딪혔다. 그 속에서 나는 느꼈다. 글로벌 문화는 하나의 색이 아니라, 색과 색이 섞이며 만들어내는 빛의 스펙트럼이라는 것을.

그때의 경험으로 이후 나는 〈ABU TV Song Festival〉을 기획할 수 있었다. 아시아 각국의 가수들이 모여 각자의 언어로 노래하는 방송 음악 축제였다. 그 첫 행사를 서울에서 개최했다. 처음엔 언어가 다르고 기대하는 바가 다 달라 조율하기가 쉽지 않았지만, 막상 행사가 시작되자 아시아 태평양의 참가자들은 마법처럼 하나가 되었다. 음악은 말보다 빠르고, 감정은 국경을 모른다. 아시아 각국의 젊은 가수들이 무대 위에서 자국 언어로 노래하고, 서로의 리듬에 몸을 맡겼다. 언어가 다르고 박자가 달라도, 음악은 모든 벽을 허물었다. 그 순간 나는 확신했다. 문화의 교류는 수출이 아니라 '공감'이다. K-팝이 세계를 사로잡은 이유도 바로 공감과 공명 때문이다. 리듬이 통하면 언어는 사라지고, 마음이 움직이면 국경은 무의미해진다. 나는 'K'의 또 다른 의미를 배웠다. 그것은 Kaleidoscope—서로 다른 색이 부딪히며 새로운 빛을 만들어내는 문화의 작동 원리였다. 나의 눈이 세계를 본 것이 아니라, 세계가 내 안에서 서로를 비추고 있었다.

하나의 시선으로는 결코 포착할 수 없는 세계, 그러나 모든 색이 모여야만 완성되는 아름다움. 그 안에서 나는 나 자신을 새롭게 보았다. 돌아보면 내가 'Kaleidoscope'의 시선을 가질 수 있게 된 것은 내 커리어의 중요한 전환점이었다. 나는 단순히 '콘텐츠를 만드는 사람'이 아니라 '문화로 소통하는 사람'이 되어야겠다고 생각했다. 그 변화는 단지 직업의 확장이 아니라, 세계를 향한 인식의 확장이었다. 그때 배운 '공감하는 문화'가 PD로서 나의 철학이 되었다. 한류는 직류가 아니라 교류이며, 상품 수출이 아니라 향유와 공명의 확장, 경쟁이 아니라 관계이고, 국가가 아니라 사람의 얼굴에서 시작된다는 믿음. 그 믿음이 지금의 글로벌 프로듀서로서 나를 만들었다.

쿠알라룸푸르 시절을 기억할 때마다 나는 여전히 그 만화경을 떠올린다. 그 속에서 빛은 끊임없이 섞이고, 형태는 변하고, 새로운 색이 태어난다. 그것이 글로벌 문화 정경이다. 그리고 나는 그 빛 속에서, 여전히 배운다.

E – Encounter :
나를 확장시킨 만남의 힘

○● 나는 늘 '만남'을 통해 세계를 확장해왔다. 렌즈 너머에서 마주한 한 사람의 눈빛, 인터뷰가 끝난 뒤 건네는 따뜻한 악수 하나가 내 여정의 방향을 조금씩, 그러나 분명하게 바꾸어 놓았다. 시간이 지나도 사라지지 않는 표정과 목소리는 지금도 한류와 나의 길을 비추는 작은 등불처럼 가슴속에 남아 있다.

쿠알라룸푸르에서 내가 '공감의 리듬'을 감지할 수 있었던 배경에는, KBS에서 PD로 일하며 이미 '대화의 언어'를 몸으로 익힌 경험이 자리하고 있었다. PD라는 직업은 본질적으로 만남의 연속이다. 렌즈를 사이에 두고 세상과 마주할 때마다, 나는 단순한 기록자가 아니라 감정을 매개하는 '대화의 통역자'로 서 있었다. 입사한 지 5년쯤 되었을 무렵, 처음으로 해외 출장을 나가게 되었다. 〈연예가 중계〉 제작을 위해 할리우드에서 해외 배우를 인터뷰하는 일정이었다. 그때까지 나에게 세계는 여전히 멀고 낯선 풍경에 가까웠다. 그러나 카메라를 들고, 영화 속에서만 보던 해외 톱스타와 예상보다 솔직하고 담백한 대화를 나누는 순간, 언어는 완벽하지 않아도 웃음과 호흡이 자연스럽게 맞아떨어지는 순간을 경험했다. 그때 나는 방송은 언어를 전달하는 일이 아니라, 감정을 번역하는 일이라는 것을 분명히 깨달았다.

2006년, KBS가 '아시아의 창'을 슬로건으로 내세웠을 때, 나는 1월

1일 신년 특집 방송을 준비하며 캄보디아 앙코르와트에 있었다. 송출 인프라와 제작 시스템이 거의 전무한 앙코르와트 현지에서 세계 최초로 신년 특집 생방송을 시도한 이 프로젝트는, 방송 제작을 넘어 아시아의 역사와 문화를 존중의 언어로 세계에 전달하려는 하나의 공공외교 실험이었다. 카메라는 단순한 기록 장비가 아니라, 국가와 문화를 잇는 외교적 매개가 되었다. 캄보디아 국립무용단을 섭외해 무대를 구성하고, 그들의 전통 민속무용인 '압살라' 춤으로 한국은 물론 전 세계 시청자들과 새해의 시작을 나누고자 했다. 새벽 안개 속에서 떠오른 태양 빛이 사원의 첨탑을 스칠 때마다, 위성 신호가 끊기지 않기를 바라며 손에 땀을 쥐었다. 그곳은 익숙한 방송 스튜디오가 아니라 밀림 한가운데 자리한 유적지였고, 문명과 문명이 맞닿아 있는 문화의 경계였다. 그 경계 위에 서 있던 나는 비로소 실감했다. 방송이란 단순한 콘텐츠 생산이 아니라, 서로 다른 세계를 연결하는 하나의 문화적 언어라는 사실을.

그 이후로도 내 여정은 '세계 속의 KBS'로 확장되고 있었다. 프랑크푸르트 도서전이 한국을 주빈국으로 맞이했을 때, 나는 현지 부스에서 매일 위성으로 프로그램을 송출했다. 그곳에서 나는 평소 흠모하던 작가들을 직접 만났다. 황석영, 조정래, 김지하, 이문열, 황지우, 공지영, 한강 등 한국문학의 거인들이 독일 청중 앞에서 "문학은 기억의 연대다"라고 말할 때, 그 말은 곧 문화 사절단의 선언처럼 들렸다. 그들의 언어를 세계로 전달하는 일, 그 순간 나는 카메라 뒤에서 '문화 외교관'이 되어 있었다. 책과 문화, 방송이 한 공간에서 얽히는 풍경 속에서, 나는 '이야기의 국경'이 사라지는 현장을 목격했다. 아테네와 베이징에서 올림픽 기간에 현지 소식을 위성으로 송출했으며, 독일 월드컵 당시에는 아예 현지에서 외국 중계차를 빌려 매일 생방송을 했다. 그때마다 나는 '한국의 방송'이 세계 무대에서 하나의 언어, 하나의 감정, 하나의 리듬으로 울려 퍼지는 데 일조하는 기쁨을 누렸다. 러시아 연해주의 고려인 마을에서 진행한 광복 60주년 생방송. 그날 방송이 끝난 뒤, 한 고려인 할머니가 내 손을 잡고 말했다. "당신들이 와서 우리 목소리를 세상에 들려줬어요. 이제야 우리가 다시 조국과 연결된 것 같아요." 그 짧은 한마디는 내 PD 인생의 모든 상을 능가했다. 방송은 콘텐츠가 아니라 기억의 회복이었다.

〈TV 책을 말하다〉를 통해 클린턴 전 미국 대통령 부부를 비롯해 세계 각국의 지도자와 학자들을 인터뷰하면서 나는 하나의 확신에 점점 가까워졌다. 방송은 국가가 사용하는 하나의 언어이며, PD는 그 언어를 운용하는 문화적 외교관이라는 인식이었다. 〈세계 석학과의 대화〉를 제작하던 시기에는 노벨문학상 수상자인 권터 그라스를 인터뷰할 기회도 있었다. 그는 나치에 대한 저항과 지식인의 책임을 상징해온 시인이자 소설가였다. 그가 "한국은 이제 아시아의 문화 리더"라고 말했을 때, 나는 현장에서는 담담히 미소로 응했지만, 내면에서는 묵직한 울림을 느꼈다. 한 나라의 문화가 타인의 인식 속에서 기대와 희망의 언어로 형성되는 순간—그것이 내가 체험한 한류의 가장 본질적인 모습이었다. 김대중 대통령과 함께 독일 통일을 이끈 리하르트 폰 바이츠제커 대통령을 만날 기회도 있었다. 그들은 정치적 통일을 이야기하면서도, 그 토대에 흐르는 '문화의 리듬'을 강조했다. 그 리듬을 세계와 나누는 일—

그것이 내가 스스로에게 부여한 소명이 되었다. 문화 외교는 경쟁이 아니라 조율의 예술이다. 언어보다 감정으로 소통하고, 계약보다 신뢰로 연결될 때, 콘텐츠는 비로소 하나의 문화적 파동으로 확장된다.

돌이켜보면, 내 삶을 이루어온 모든 'Encounter'는 그 자체로 하나의 메시지였다. 만남은 곧 방송의 본질이며, 한류 또한 문화와 문화가 마주하는 대화의 과정이다. 나는 PD로서 세계의 문을 두드렸고, 그 문 너머에서 수많은 시선과 목소리를 만났다. PD란 결국 세상을 향해 먼저 말을 거는 사람이며, 프로그램은 그 말을 담아내는 하나의 언어이자 대화의 형식이다. 내게 방송은 언제나 세계를 향해 열려 있는 문이었고, 한류는 그 문턱을 넘어 오간 수많은 사람의 발자국이었다. 이제 나는 분명히 안다. 한류의 확장은 단지 K-콘텐츠의 수출을 의미하지 않는다. 그것은 세계를 향해 건네는 한국의 이야기가 만들어내는 진심의 파장이며, 공감의 확장이다. 프레임 너머로 세계를 바라보는 일이 PD로서 나의 일이었고, 그 프레임 안에는 언제나 '만남'이 있었다. 그것이 내 인생의 E-Encounter, 곧 세계와의 만남이라는 가치다.

N-Network:
네트워크를 익히고, 그 안에서 사람을 배운 시간

○● 네트워크는 내게 기술이나 인맥이 아니라 사람과 상황 사이의 흐름을 읽는 감각이었다. 국제회의장의 긴 테이블에서도, 협상장의 짧은 침묵 속에

서도 나는 언제나 말보다 리듬이 먼저 통한다는 사실을 배웠다. 그 리듬을 조율하는 법을 익히며, 나는 일을 통해 네트워크를 이해했고, 그 네트워크 안에서 사람을 배우기 시작했다.

KBS에서 제작 현장을 떠나 국제협력실로 옮겼다. 직종은 계속 PD이지만 역할은 '크리에이터(creator)'에서 '커뮤니케이터(communicator)'로 바뀐 것이다. 영상 편집기의 프레임을 다듬던 손은 어느새 해외 파트너와의 만남을 읽고, 타임라인과 이해관계를 조정하는 손이 되었다. 하나의 프로그램을 잘 만드는 일을 넘어, 세계 속에서 우리 콘텐츠의 생태계가 실제로 작동하고 흐를 수 있도록 역할을 넓혀 보고 싶었다. 현장의 언어를 외교 언어로 번역하면 무엇이 달라지는지, 좋은 콘텐츠가 국경을 건널 때 어떤 신뢰가 이동하는지 직접 실험하고 싶었다. 국제협력 부서에서 팀장이 되었고 이후 국제협력실장을 맡게 되었다. 당시 내 책상 위에 펼쳐진 것은 단순한 세계지도가 아니라 관계의 지도였다. 일본 NHK와의 정례 대화에서는 절차의 치밀함과 장기 안목을 배웠고, 중국의 국가광전총국과의 협력에서는 사회주의 국가의 정책 설계와 미디어 거버넌스가 일상적으로 충돌·조정되는 과정을 마주했다. 호주 ABC, 이란 IRIB, 인도 PB 등 전혀 다른 문화권도 완전히 '타자'가 아니라 '다양한 리듬의 동료'로 인식하기 시작했다. 미팅의 목적은 단순히 거래 성사가 아니라 서로의 문법을 이해하는 일이 되었다. 상대의 입장과 캘린더를 존중하고, 의사결정 방식과 속도를 맞추는 태도야말로 국제협력의 첫 예법임을 배웠다.

당시 내 수첩에는 세 개의 키워드가 적혀 있었다. Right Time, Right Partner, Right Mode. 국제협력 부서에 몸담고 있던 시기, 이는 나의 태도이자 일의 기준이었다. 협력은 타이밍의 문제이자 사람의 문제이며, 무엇보다 방식의 문제라고 나는 믿었다. 세계공영TV총회(INPUT)를 한국으로 유치하는 과정에서도 나는 서울 행사의 본질이 '예산과 장소'에 있지 않다고 강조했다. 그것은 '신뢰와 비전'의 문제였다. 우리는 "세계적 창의의 공론장을 아시아에서, 한국이 마련하겠다"라는 약속을 분명히 했고, 느슨하지만 끊어지지 않는 협업 구조를 창의적인 운영으로 증명해 보였다. 한국·일본·싱가포르·대만이 함께한 〈The Asian Pitch〉에서는 기술적 합의보다 공감에 기반한 합의가 훨씬 더 멀리 나아간다는 사실이 분명해졌다. 공공성, 다양성, 서사의 완성도—이 세 가지 원칙만 지켜진다면, 대부분의 갈등은 조정 가능했다. 협력은 결국 규칙의 문제가 아니라, 신뢰를 축적하는 과정이라는 것을 그 경험은 다시 한번 확인시켜 주었다.

회사 안에서 '국제협력'이 곱지 않은 시선으로 받아들여지던 시절도 있었다. 재정 수지가 빠듯한 상황에서 왜 굳이 '해외' 사업이냐는 질문이 따라붙곤 했다. 그러나 이제는 모두가 알고 있다. 콘텐츠 산업의 생존과 확장은 해외 부문에서 해답을 찾아야 한다는 사실을. 국제협력은 콘텐츠 사업의 'Know-How'와 'Know-Who'를 동시에 축적하는 가장 효율적인 투자이자, 위기 국면에서 작동하는 중요한 안전망이다. 다만 국제협력의 목적이 단지 우리 콘텐츠를 해외에 '판매'하는 데만 있는 것은 아니다. 아시아태평양방송연맹(ABU)과 같은 국제기구는 시장의 언어가 아니라 '공공성'의 언어로 의제를 설계한다. 문화 다양성이라는 원칙 아래 공동제작을 통해 서로의 결핍을 보완하는 구조를 유지할 때, 우리는 미디어 헤게모니의 경쟁을 넘어 지역 공조의 가능성을 열 수 있다. ABU에서 활동하며 아쉬웠던 점은, 한국의 실제 기여와 존재감에 비해 국제방송기구 내 위상이 충분히 반영되지 못하고 있다는 사실이었다. 국제협력실에서 경험한 바를 통해 내 목표는 더욱 분명해졌다. 한국의 위상을 아시아의 리더에 걸맞은 '역할'로 세우는 것이었다. 이후 한국이 ABU 회장직을 맡고, 국장급 의사결정자를 파견하게 되었다. 그때 나는 '자리'를 확보하는 데서 멈추지 말고, 그 자리를 실질적인 '역할'로 전환해야 한다고 생각했다. 그 대표적인 사례가 KBS가 기획하고 실행한 〈ABU Song Festival〉이었다. 이는 단순한 이벤트가 아니라, 아시아 지역의 공영방송이 함께 기획하고 성과를 공유하는 새로운 협력 모델이었다. 이와 더불어 〈글로벌 뉴스 포럼〉이라는 연례 컨퍼런스를 KBS 주도로 출범시켰다. 이 포럼은 이후 아시아·태평양 지역에서 매년 열리는 중요한 방송 이벤트로 자리 잡았다. 이제 한국은 국제 무대에서 더 이상 과거처럼 '룰 팔로어(rule follower)'에 머물러서는 안 된다. 의제를 제안하고, 공동 규칙을 설계하며, 그 성과와 책임까지 함께 나누는 '룰 메이커(rule maker)' 역할을 감당해야 한다. 그것이 국제협력의 다음 단계이며, 한국 공영방송이 세계와 맺어야 할 새로운 관계의 방식이라고 나는 믿는다.

몇 년 후, 나는 국제협력실에서 KBS World 채널로 자리를 옮겼다. 국제협력실이 공론장과 규범을 다지는 일에 가까웠다면, KBS World는 공공성과 비즈니스를 동시에 달성해야 하는 현장이었다. 한 손에는 편성표와 콘텐츠 저작권 수익 계약 서류, 다른 손에는 공영성이라는 나침반을 쥐고 균형을 잡아야 했다. 수익을 내는 드라마·예능의 확장과 더불어 뉴스·다큐·교육 콘텐츠로 다층의 신뢰를 축적하는 구조, 지역별 언어·규제·접근권을 고려한 다플랫폼 전략, 그리고 편성과 심의의 경계에 공공적 기준선을 분명히 긋는 축이 국제방송의 오늘을 지탱하는 최소 조건이라 믿었다. 세계 국제방송의 역사는 프로파간다(propaganda)의 그늘을 지나왔지만, 한국의 국제방송은 단순한 '국가 홍보'의 루트를 넘어 한류의 파이프라인을 여는 플랫폼이어야 한다. 내가 맡은 일은 세계지도에서 KBS World라는 한국 국제방송 채널의 지역적 '공백'을 연결선으로 바꾸는 일이었다. 러시아와 CIS 국가들은 법·규제와 승인 절차가 복잡했고, 중동은 채널 배치의 정지 작업이 까다로웠으며, 아프리카는 인프라와 파트너 신뢰를 동시에 확보해야 했다. 현지 파트너의 맥락을 먼저 이해하는 데서 출발했다. 미디어 규제의 조항과 기준을 우리가 실제로 적용할 수 있는 언어로 풀어냈고, 국가 하나, 사업자 하나, 주파수 하나씩 연결해 나가자 화면 너머에서 만나는 시청자와 협력자들의 접점이 점점 넓어졌다.

러시아는 특히 난도가 높았다. 외국 미디어의 송출과 광고에 관한 제한, 프로그램 사전 등록과 등급·심의 준수, 시청자 연령 고지, 채널 브랜드 표기와 현지 미디어 등록 고지, 위성·케이블 플랫폼과의 EPG(채널 편성) 패키지 협상, 송출 신호 암호화 체계의 적합성, 세무와 회계 보고 기준 등 하나하나가 넘어야 할 산이었다. 당사국의 기준을 존중하는 방식으로 접근해 합법성을 먼저 확보했고, 그 위에서 신뢰를 쌓아갔다. 현지 법인을 설립해 규제 준거성을 높였으며, 광고 역시 지역의 규범과 관행에 맞게 조정해 운영의 일관성을 유지했다. 심의 기준과 편성 체계를 세밀하게 재설계해 시간대·연령 제한·고지 의무를 충족했고, 'KBS 러시아' 법인을 설립해 현지 미디어법이 요구하는 조건을 제도적으로 갖췄다. 계약서에는 사소해 보일 수 있는 운영 규칙까지 빠짐없이 명시했다.

성과는 서서히 드러났지만, 그 과정에서 위험은 줄었고 신뢰는 차곡차곡 쌓였다. 러시아에서의 경험은 곧 다른 CIS 국가로 확장되는 발판이 되었다. 우크라이나에 첫 신호가 송출되던 날, 현지 파트너로부터 짧은 메시지가 도착했다. "이제 우리 시청자들도 한국을 더 가까이 압니다." 그 한 문장은 그동안 축적해온 시간과 노력의 의미를 또렷하게 만들었다. 그것은 콘텐츠의 단순한 유통이 아니라, 관계가 실제로 연결되는 순간이었다. 한류의 지속 가능성은 콘텐츠 배급의 속도나 규모가 아니라, 그 유통을 가능하게 한 신뢰가 형성되는 과정에서 비롯된다.

어느 순간부터 국제무대에서 나를 알아봐 주는 사람들이 눈에 띄게 늘어났다. 해외의 다양한 콘텐츠 마켓과 페스티벌, 컨퍼런스에서 초청장이 이어졌고, 국제 에미상, 반프 록키 어워즈, 아시안 미디어 어워드와 같은 국제 시상식에서도 심사위원으로 꾸준히 초빙을 받았다. 그것이 개인의 역량만으로 가능했다고는 생각하지 않는다. KBS라는 배경이 있었고, 무엇보다 '창의의 나라' 한국의 창(窓)에서 일해왔다는 맥락이 나를 그 자리에 서게 했을 것이다. 돌이켜보면 내가 쌓아 올리려 했던 것은 탑이 아니라 다리였다. 언어가 달라도 계약서보다 손을 먼저 내밀어 준 파트너들, 직함보다 마음을 먼저 살펴 준 동료들이 있었기에 네트워크는 자연스럽게 확장될 수 있었다. 그 경험을 통해 나는 이렇게 정리하게 되었다. 네트워크는 기술이 아니라 태도로 만들어지며, 그것이 축적될 때 콘텐츠 비즈니스는 단순한 유통을 넘어 신뢰의 생태계로 진화한다는 사실이다. 그 생태계 속에서 한국은 더 이상 룰을 따르는 위치에 머무르지 않는다. 의제를 제안하고, 규범을 함께 만들며, 그 성과를 공동으로 책임지는 주체로 선다. 콘텐츠의 완성도로 신뢰를 얻고, 축적된 협업의 경험으로 기억되는 나라. K-콘텐츠는 어느새 한국을 설명하는 하나의 언어가 되었고, 한류는 공공외교의 중요한 자산으로 자리 잡았다. 나는 그 과정에 현장에서 '한국의 얼굴'을 세계로 전달하는 문화 일꾼으로 일할 수 있었던 사실에 감사함을 느낀다. 그리고 지금, 내가 이어가고 있는 N-Network의 다음 장은 분명하다. 더 넓게 연결되고, 더 깊이 작동하는 협업의 구조, 그 위에 쌓이는 신뢰, 그리고 더욱 창의적이면서도 공정한 규범을 함께 제안하는 일이다. 한류의 지평은 속도를 앞세우기보다, 지속 가능한 방식으로 앞으로도 확장되어 갈 것이다.

N-Narrative:
내가 만든 이야기, 나를 만든 이야기

◦● 나는 오랫동안 이야기를 만드는 사람이라고 생각해왔다. 하지만 시간이 지나 돌아보니, 오히려 이야기들이 나를 만들어왔다. 세상을 움직이는 힘은 숫자나 데이터가 아니라 마음을 건드리는 서사이며, 그 서사는 설득이

아니라 공감이 머무를 때 비로소 완성된다는 사실을 나는 수많은 현장의 얼굴을 통해 배워왔다.

어릴 적 내게는 세 가지 꿈이 있었다. 먼저 방송국 PD가 되고 싶었다. 텔레비전 화면 속에서 사람의 '이야기'를 기록하고, 그 속에서 진심을 끌어내는 일을 하고 싶었다. 한편으로는 세계지도를 펼쳐 놓고, 각 나라 이름을 따라 손가락으로 여행을 떠나며 국제무대에서 일하는 외교관을 꿈꾸기도 했다. 언어를 배우는 일이 즐거웠고, 다른 문화권 사람들과 이야기 나누는 일은 나에게 일찍부터 '세계를 향한 상상력'을 심어 주었다. 마지막으로, 나는 선생님이 되고 싶었다. 아니 선생님을 닮고 싶었다. 어린 시절 선생님들은 지식보다는 태도와 마음을 가르쳐 주셨다. 그들처럼 나도 누군가에게 배움의 불씨를 건네는 사람이 되고 싶었다.

이 모든 것을 현실적으로 다 할 수 없음은 당연했지만, 다행히 그중 하나인 방송 PD를 직업으로 삼을 수 있게 되었다. TV 프로그램을 연출했을 뿐 아니라, 운 좋게도 방송 외교 일을 맡게 되었다. 나는 이것이 두 번째 꿈이 다른 형태로 이루어진 것이라고 생각한다. 세 번째 선생님이 되고 싶다는 희망을 성취하기 위해서는 좀 더 많은 시간과 노력이 필요했다. 나는 30대 중반에 영국 연수를 통해 석사과정을 마치고 재충전 기회를 가졌다. 그리고 50대 중반에, 어쩌면 가장 늦었다고 생각될 때가 가장 빠른 때라는 경구를 되새기며 다시 대학원에 등록했다. 주중에는 회사 일, 주말에는 강의실. 밤에는 논문을 읽고, 새벽에는 글을 썼다. 삶의 많은 부분을 현장에서 배웠다면, 그 과정에서 드러난 부족함은 책과 사유로 메우고자 했다. 목표는 '박사'라는 호명이 아니라, 현장에서 체득한 경험을 스스로 설명하고 정리할 수 있는 사유의 틀과 언어를 갖추는 일이었다. 그 필요에 따라 선택한 공부였고, 긴 시간 공부하고 성찰하면서 나 자신을 설명할 언어를 다듬어가다 문화콘텐츠학 박사 학위에 이르렀다.

내 박사학위의 주제는 한류에 관한 것이었다. 사실 현장 감각만으로는 한류라는 문화 현상을 제대로 설명하기 어려웠다. 학습과 연구를 하면서 한류를 콘텐츠 산업의 성과가 아니라 수용자들이 만들어내는 '문화 정경'으로 이해하고자 했다. 특히 말레이시아 한류 정경을 분석하며 관찰한 것은, 그들이 한류를 문화적 점유가 아니라 문화적 벤치마킹으로 받아들이고, 한국을 문화 침입자가 아니라 '참조점(reference point)'으로 인식의 전환을 가져온 것에 주목했다. 그 과정은 K-콘텐츠에서 K-콘텍스트로의 전환, 곧 수용자가 스스로 의미를 재구성하는 서사적 주권이자 문화 실천이었다. 나는 한류를 일방적으로 전파되는 것이 아니라, 수용자와 상호작용하면서 끊임없이 내러티브가 재해석되고 재창조되는 역동적인 과정으로 파악했다.

나를 가르치신 스승들께서 한양대학교에서 〈디지털 마케팅〉과 〈한류 콘텐츠 세미나〉를 강의할 기회를 주셨다. 여기에다 그간 쌓아두었던 국제 네트워크는 해외 여러 대학에서 마스터클래스로 초청해주었다. 중국, 말레이시아뿐 아니라 유럽에서, 남미에서, 아프리카에서 강의하는 영광을 누렸다. 꿈에 도전했고, 그 배움으로 강단에 서며 선생님이 되고 싶다는 희망과 소명이 현실이 되었다. 강의실에서 나오는 질문은 언제나 현장보다 날카로웠다. 지식은 나눌 때 살아난다는 진리를, 나는 학생들의 눈빛에서 배웠다. PD의 편집기는 강단의 칠판으로 바뀌었지만, 내가 다루는 것은 여전히 사람의 이야기였다. 돌이켜 생각해보면 PD, 문화 외교관, 선생님 이 세 직분은 각각 서로 다른 길이 아니라, 하나의 서사—이야기로 세상을 잇고, 사람으로 세계를 연결하는 길—로 수렴되었다.

삶과 문화는 '이야기의 파동'이다. 나는 그것을 수많은 촬영 현장에서, 수많은 얼굴을 마주하며 체감했다. PD로서 현장을 지키던 시절, 나는 언제나 '사람의 이야기'를 좇았다. 그중 특히 기억나는 프로그램이 있다. 당시에는 정규 프로그램을 만들던 와중에도 명절마다 '특집'이라는 이름으로 새로운 실험을 해야 했다. 그중 하나가 약 30년 전에 제작한 〈한국말로 놀자〉였다. 한국어를 서툴게 배우던 외국인 참가자들이 스튜디오에 모여 노래하고, 퀴즈를 풀고, 진심을 담아 한국 사랑을 증언했다. 그들의 발음은 어눌했지만, 눈빛은 진심이었다. 시청자들은 웃다가도 금세 울었다. 문화 교류는 경쟁이 아니라 놀이에서 시작된다는 것을 깨달을 수 있었다. 그 순간, 언어는 도구가 아니라 마음의 통로가 되었다. 지금은 한국말 잘하는 외국인들을 TV에서 보는 것이 전혀 낯설지 않지만, 당시만 해도 외국인을 출연시키는 것은 매우 드물었다. 그 작은 실험이 훗날 수많은 외국인 참여형 프로그램의 원형이 되었고, 나는 이미 한류의 첫 물결 한가운데 서 있었다. 그때 만든 방송은 단지 한 편의 예능 특집이었지만, 지금 돌이켜보면 '글로벌 코리아의 서사(敍事)'였다.

공교롭게도 지난해 내가 PD로서 가장 마지막에 연출한 프로그램도 외국인 출연 프로그램이었다. 외교부와 함께 제작한 〈퀴즈 온 코리아〉

다. 세계 곳곳에서 한류 팬들을 모아 한국어로 퀴즈를 풀고, K-팝을 부르며, 한국 드라마의 대사를 인용해 웃고 울었다. 그들은 단순한 출연자가 아니었다. 그들은 한국을 다시 이야기하는 공동 제작자였다. 그들의 손에서 '한류'는 소비되는 상품이 아니라, 늘 새롭게 재구성되는 '이야기'로 변했다. 한류의 진짜 프로듀서는 바로 그들이었다. 문화 수용자의 열정과 떨리는 목소리, 환한 미소 속에서 나는 한류의 원형을 보았다. 이야기에는 국경이 없다. 이야기가 웃음을 만들고, 눈물을 불러오고, 세계를 움직인다. 한류는 산업이 아니라 사람의 마음이 만들어낸 서사의 생태계다.

돌이켜보면, 내가 KBS 월드 채널과 다양한 콘텐츠를 전 세계에 소개하고 배급해 온 일은 결국 한국의 이야기를 세계와 나누는 과정이었다. 이야기는 국경을 건너며 각자의 문화와 삶의 맥락 속에서 다르게 변주되었다. 말레이시아의 젊은 시청자에게는 가족의 기억으로 남았고, 폴란드 학생에게는 예술가의 고독과 성실을 배우는 하나의 교과서가 되었으며, 아프리카의 방송 현장에서는 공동체의 감동으로 다시 읽혔다. 콘텐츠의 힘은 형식이나 규모가 아니라, 이야기—곧 네러티브에서 나온다. 우크라이나에서 열린 한 콘텐츠 마켓에서, 현지 마케터는 한국 콘텐츠의 강점을 이렇게 표현했다. "지극히 한국적인데, 동시에 아주 보편적이다. 마치 내 이야기를 보는 것 같다." 그 말은 내가 오랫동안 현장에서 체감해 온 감각을 정확히 언어로 옮긴 평가였다.

그래서 나는 확신하게 되었다. 네러티브야말로 한류의 전략이자 지속 가능성이라는 것을. 산업의 파고가 아무리 달라져도, 서사가 쌓아 올린 감동은 쉽게 소멸되지 않는다. 한류의 파동에는 언제나 이야기가 있었고, 그 이야기가 길어 올린 공감과 열망이 함께했다. 나는 그 거대한 흐름의 중심이 아니라, 그 곁에서 작은 파문 하나를 보탰을 뿐이다. 그 파문이 또 다른 물결을 만들어 더 멀리 퍼져 나간다면, 그것이야말로 내가 평생 글로벌 프로듀서로 살아온 이유이자 가장 큰 보람일 것이다.

Y – Yearning :
멈추지 않는 갈망, 다음 파도를 부르는 마음

○● 지나온 시간을 천천히 되짚어보면, 나를 움직여온 힘은 성취의 달콤함이 아니라 언제나 다음 장면을 향한 갈증이었다. 지금도 마음 깊은 곳에서 일어나는 미세한 떨림은 또 하나의 변화를 예감하게 하고, 그 감각은 나를 안주하게 두지 않고 새로운 항로로 다시 나아가게 만든다.

내가 K를 만들어 온 것이 아니라, 오히려 K가 나의 삶을 끊임없이 다듬어 왔다. K – 콘텐츠 현장의 공기, 사람들의 눈빛, 땀과 웃음은 오늘의 나를 만들어 준 가장 중요한 스승이었다. 내 삶의 방향을 결정해 온 것은 언제나 '열망(Yearning)'이었다. 그 열망이 나를 움직였고, 길을 잃을 때마다 다시 나를 제자리에 세워 주었다. 뒤늦게 시작한 박사과정은 내게 또 하나의 제작 현장이었다. 현장에서 마주했던 사람들의 이야기를 학문적 언어로 다시 정리하는 일은 쉽지 않았지만, 내가 보고 듣고 체감한 한류의 실제 결을 설명하고 싶었다. 그 과정에서 내 생각은 더욱 분명해졌다. 한류는 콘텐츠 수출이 아니라, 공감과 열망이 축적되어 형성된 서사라는 사실을. 그것은 다른 문화와의 만남 속에서 끊임없이 다시 쓰이며, 매번 새로운 얼굴로 태어나는 이야기였다.

말레이시아에서 만난 한 무슬림 소녀는 내게 이렇게 말했다. "K-팝을 들으면 제 삶도 다른 색을 가질 수 있을 것 같아요." 그녀는 매일 밤 아이돌의 안무를 따라 하며 땀을 흘렸고, 한국어 단어를 한 줄씩 노트에 적어 내려갔다. 그 노력은 누구에게 보이기 위한 것도, 어떤 보상을 기대한 것도 아니었다. 삶을 조금 더 밝게 만들고 싶다는, 순수한 열망에서 비롯된 실천이었다. 이 열망은 어느 한 나라의 이야기로 머물지 않았다. 모로코의 한 청년은 "BTS를 보며 더 나은 삶을 살 수 있다는 희망을 얻었다"라고 말했다. K-드라마를 보고 변호사가 되겠다는 결심을 굳힌 청년도 있었다. 그들은 K-콘텐츠를 단순히 모방한 것이 아니라, 한국의 이야기를 자신들의 삶과 겹쳐 보며 각자의 서사를 다시 써가고 있었다. 한류는 생산자가 완성하는 현상이 아니라, 수용자들의 열망 위에서 비로소 완성되어 가는 파동이었다.

박사학위를 마친 뒤, 나는 포스트닥(Post-Doctor) 과정이라는 또 다른 문을 열어볼지 잠시 고민했다. 연구의 깊이를 더하고 학자로서의 커리어를 다지는 길도 의미 있었을 것이다. 그러나 내가 공부를 시작한 이유는 '학문적 지위'를 얻기 위함이 아니었다. 그래서 나는 계속 현장에 머물기로 했다. 나는 언제나, 지금도, 현장이 먼저인 사람이다. 그리고 내 열망은 늘 사람이 움직이는 자리, 이야기가 살아 숨 쉬는 곳을 향해 있었다. 앞으로도 나는 현장에서 산업과 학문, 창작자와 정책 사이의 빈틈을 메우는 일을 하고 싶다. 한류는 산업만으로 설명되지 않고, 학문만으로 규정되지 않으며, 정책만으로 유지되지 않는다. 그 모든 요소가 서로를 비추며 하나의 문화 생태계를 이룰 때에만, 지속 가능한 파동이 된다. 어쩌면 이 책을 펴내는 나의 노력 또한 그러한 생태계를 향한 작은 실천 중 하나일 것이다.

열망은 전해질 때 커진다. 나는 중국 보통대학, 네덜란드 폰티스대학, 아르헨티나 아메리카대학, 파키스탄 외국어대학 등 여러 강의실에서 이 이야기를 나눌 기회를 얻었다. 언어도 표정도 달랐지만, 학생들의 눈빛만큼은 놀라울 만큼 닮아 있었다. 자기 삶을 조금 더 넓게 바라보고 싶다는 마음, 어딘가 다른 가능성으로 이어질지도 모른다는 조용한 설렘. 나는 그 눈빛 속에서 늘 배웠다. 앞에서 말을 한다고 해서 '가르친다'고 느껴본 적은 없다. 오히려 그들의 반응을 통해 한류라는 현상이 어떻게 사람들의 일상 속으로 스며드는지를 더 선명하게 이해하게 되었다.

돌아보면 나는 PD로서 세상을 기록해 왔고, 공공외교 현장에서는 문화가 조용히 서로를 잇는 순간들을 그저 곁에서 지켜본 사람에 가깝다. 그 시간 속에서 내가 한 일보다, 나를 지나쳐 간 수많은 사람의 얼굴과 이야기가 더 오래 남아 있다. 이제는 그 과정에서 얻은 작은 경험을 나누는 일이, 내게 허락된 또 하나의 몫일지도 모른다고 조심스럽게 생각하게 되었다. 그리고 여전히 나는 배운다. 문화는 누군가를 설득하려는 힘에서가 아니라, 전하고자 하는 마음에서 시작된다는 것을. 열망은 소리 높여 주장될 때가 아니라, 누군가와 조용히 공유되는 순간 하나의 문화 정경을 이룬다는 사실을.

한류는 거대한 흐름이나 찬란한 성취의 이름이 아니다. 그것은 기록되지 않은 수많은 만남과 보이지 않는 실천, 각자의 삶을 조금 더 잘살아보고자 했던 작은 마음들이 겹겹이 쌓여 만들어진 섬세한 파동이다. 그 파동을 일으킨 것은 언제나 사람들의 열망이었고, 나는 그 곁에서 잠시 동행했을 뿐이다. K-콘텐츠, K-콘텍스트, K-컬처—이 모든 K가 결국 가리키는 것은 하나의 방향일 것이다. 세상을 조금 더 이해하고, 서로를 조금 더 깊이 잇고자 했던 사람들의 마음. 그리고 그 마음이 이어지며 만들어낸, 보이지 않지만 분명히 존재하는 한류의 정경. 이 글은 그 풍경 앞에서 쓰는 감사의 기록이자, 아직도 배우고 있는 한 사람의 조심스러운 고백이다.

한류를 만든 보이지 않는 손
— 우리가 몰랐던 12가지 한류 정경

초판 1쇄 발행 2026년 2월 23일

지은이　권호진·김현환·황동섭·이수지·한경아·김경희·홍성아·남현정·
　　　　　케이 세소코·야마모토 조호·이소윤·배기형
펴낸이　문채원
펴낸곳　도서출판 사우
출판　　등록 2014-000017호
전화　　02-2642-6420
팩스　　0504-156-6085
전자우편　sawoopub@gmail.com

ISBN 979-11-94126-14-0 03300